PRÉFACE

La collection de guides de conversation "Tout ira bien!", publié par T&P Books, est conçue pour les gens qui voyagent par affaire ou par plaisir. Les guides de conversations contiennent le plus important - l'essentiel pour la communication de base. Il s'agit d'une série indispensable de phrases pour survivre à l'étranger.

Ce guide de conversation vous aidera dans la plupart des cas où vous devez demander quelque chose, trouver une direction, découvrir le prix d'un souvenir, etc. Il peut aussi résoudre des situations de communication difficile lorsque la gesticulation n'aide pas.

Le livre contient beaucoup de phrases qui ont été groupées par thèmes. Vous trouverez aussi un vocabulaire des 3000 mots les plus couramment utilisés. Une autre section du guide contient un glossaire gastronomique qui peut être utile lorsque vous faites le marché ou commandez des plats au restaurant.

Emmenez avec vous un guide de conversation "Tout ira bien!" sur la route et vous aurez un compagnon de voyage irremplaçable qui vous aidera à vous sortir de toutes les situations et vous enseignera à ne pas avoir peur de parler aux étrangers.

TABLE DES MATIÈRES

T&P Books Publishing

T&P Books Publishing

GUIDE DE CONVERSATION
— LITUANIEN —

Par Andrey Taranov

LES PHRASES LES PLUS UTILES

Ce guide de conversation
contient les phrases et
les questions les plus
communes et nécessaires
pour communiquer avec
des étrangers

T&P BOOKS

Guide de conversation + dictionnaire de 3000 mots

Guide de conversation Français-Lituanien et vocabulaire thématique de 3000 mots

Par Andrey Taranov

La collection de guides de conversation "Tout ira bien!", publiée par T&P Books, est conçue pour les gens qui voyagent par affaire ou par plaisir. Les guides contiennent l'essentiel pour la communication de base. Il s'agit d'une série indispensable de phrases pour "survivre" à l'étranger.

Ce livre inclut un dictionnaire thématique qui contient près de 3000 des mots les plus fréquemment utilisés. Une autre section du guide contient un glossaire gastronomique qui peut être utile lorsque vous faites le marché ou commandez des plats au restaurant.

T&P Books Publishing
www.tpbooks.com

ISBN: 978-1-78716-286-0

Ce livre existe également en format électronique.
Pour plus d'informations, veuillez consulter notre site: www.tpbooks.com
ou rendez-vous sur ceux des grandes librairies en ligne.

PRONONCIATION

Lettre	Exemple en lituanien	Alphabet phonétique T&P	Exemple en français
Aa	adata	[a]	classe
Ąą	ąžuolas	[aː]	camarade
Bb	badas	[b]	bureau
Cc	cukrus	[ʦ]	gratte-ciel
Čč	česnakas	[ʧ]	match
Dd	dumblas	[d]	document
Ee	eglė	[æ]	maire
Ęę	vedęs	[æː]	poète
Ėė	ėdalas	[eː]	aller
Ff	fleita	[f]	formule
Gg	gandras	[g]	gris
Hh	husaras	[ɣ]	g espagnol - amigo, magnífico
I i	ižas	[i]	stylo
Į į	mįslė	[iː]	industrie
Yy	vynas	[iː]	industrie
J j	juokas	[j]	maillot
Kk	kilpa	[k]	bocal
L l	laisvė	[l]	vélo
Mm	mama	[m]	minéral
Nn	nauda	[n]	ananas
Oo	ola	[o], [oː]	mauvais
Pp	pirtis	[p]	panama
Rr	ragana	[r]	racine, rouge
Ss	sostinė	[s]	syndicat
Šš	šūvis	[ʃ]	chariot
Tt	tėvynė	[t]	tennis
Uu	upė	[u]	boulevard
Ųų	siųsti	[uː]	tour
Ūū	ūmėdė	[uː]	tour
Vv	vabalas	[ʋ]	verdure
Zz	zuikis	[z]	gazeuse
Žž	žiurkė	[ʒ]	jeunesse

Remarques

Les accents aigus et graves et le macron peuvent servir à indiquer l'accent ou la longueur des voyelles. Le lituanien possède un accent de hauteur à deux intonations — rude et douce — mobiles. Ailleurs que dans les ouvrages didactiques, l'accent n'est pas noté dans l'écriture.

LISTE DES ABRÉVIATIONS

Abréviations en français

adj	-	adjective
adv	-	adverbe
anim.	-	animé
conj	-	conjonction
dénombr.	-	dénombrable
etc.	-	et cetera
f	-	nom féminin
f pl	-	féminin pluriel
fam.	-	familiar
fem.	-	féminin
form.	-	formal
inanim.	-	inanimé
indénombr.	-	indénombrable
m	-	nom masculin
m pl	-	masculin pluriel
m, f	-	masculin, féminin
masc.	-	masculin
math	-	mathematics
mil.	-	militaire
pl	-	pluriel
prep	-	préposition
pron	-	pronom
qch	-	quelque chose
qn	-	quelqu'un
sing.	-	singulier
v aux	-	verbe auxiliaire
v imp	-	verbe impersonnel
vi	-	verbe intransitif
vi, vt	-	verbe intransitif, transitif
vp	-	verbe pronominal
vt	-	verbe transitif

Abréviations en lituanien

dgs	-	pluriel
m	-	nom féminin

m dgs	-	féminin pluriel
v	-	nom masculin
v dgs	-	masculin pluriel

T&P BOOKS

GUIDE DE CONVERSATION LITUANIEN

Cette section contient
des phrases importantes
qui peuvent être utiles dans
des situations courantes.
Le guide vous aidera
à demander des directions,
clarifier le prix, acheter
des billets et commander
des plats au restaurant

T&P Books Publishing

CONTENU DU GUIDE
DE CONVERSATION

T&P Books Publishing

Les essentiels

Excusez-moi, ...
Atsiprašaũ, ...
[atsɪpraˈʃɑʊ, ...]

Bonjour
Sveiki.
[svʲɛɪˈkʲɪ.]

Merci
Áčiū.
[ˈaːtʂuː.]

Au revoir
Ikì.
[ɪˈkʲɪ.]

Oui
Taĩp.
[ˈtʌɪp.]

Non
Nè.
[ˈnʲɛ.]

Je ne sais pas.
Nežinaũ.
[nʲɛʒⁱɪˈnɑʊ.]

Où? | Où? | Quand?
Kur̃? | Kur? | Kadà?
[ˈkʊr? | ˈkʊr? | kaˈda?]

J'ai besoin de ...
Mán reĩkia ...
[ˈman ˈrʲɛɪkʲɛ ...]

Je veux ...
Nóriu ...
[ˈnorʲʊ ...]

Avez-vous ... ?
Ar̃ tùrite ...?
[ar ˈtʊrʲɪtʲɛ ...?]

Est-ce qu'il y a ... ici?
Ar̃ čià yrà ...?
[ar ˈtʂⁱæ iːˈra ...?]

Puis-je ... ?
Ar̃ galiù ...?
[ar gaˈlʲʊ ...?]

s'il vous plaît (pour une demande)
Prašaũ ...
[praˈʃɑʊ ...]

Je cherche ...
Ieškau ...
[ˈrʲɛʃkɑʊ ...]

les toilettes
tualèto
[tʊaˈlʲɛtɔ]

un distributeur
bankomãto
[baŋkoˈmaːtɔ]

une pharmacie
váistinės
[ˈvʌɪstⁱɪnʲeːs]

l'hôpital
ligóninės
[lʲɪˈɡonⁱɪnʲeːs]

le commissariat de police
polìcijos skỹriaus
[poˈlʲɪtsɪjos ˈskʲiːrʲɛʊs]

une station de métro
metrò
[mʲɛˈtro]

un taxi	**taksì** [tak'sʲɪ]
la gare	**traukinių̃ stotiẽs** [trɑʊkʲɪ'nʲu: sto'tʲɛs]

Je m'appelle ...	**Mãno var̃das ...** ['ma:nɔ 'vardas ...]
Comment vous appelez-vous?	**Kuõ jū̃s vardù?** ['kʊɑ 'ju:s var'dʊ?]
Aidez-moi, s'il vous plaît.	**Atsiprašaũ, ar̃ gãlite padéti?** [atsʲɪpra'ʃɑʊ, ar 'ga:lʲɪte pa'dʲe:tʲɪ?]
J'ai un problème.	**Atsitìko problemà.** [atsʲɪ'tʲɪkɔ problʲɛ'ma.]
Je ne me sens pas bien.	**Màn blogà.** ['man blʲo'ga.]
Appelez une ambulance!	**Kviẽskite greĩtają!** ['kvʲɛskʲɪtʲɛ 'grʲɛɪta:ja:!]
Puis-je faire un appel?	**Ar̃ galiù paskam̃binti?** [ar ga'lʲʊ pas'kambʲɪntʲɪ?]

Excusez-moi.	**Atsiprašaũ.** [atsʲɪpra'ʃɑʊ.]
Je vous en prie.	**Nėrà ùž kã.** [nʲe:'ra 'ʊʒ ka:.]

je, moi	**àš** ['aʃ]
tu, toi	**tù** ['tʊ]
il	**jìs** [jɪs]
elle	**jì** [jɪ]
ils	**jiẽ** ['jiɛ]
elles	**jõs** ['jɔ:s]
nous	**mẽs** ['mʲæs]
vous	**jū̃s** ['ju:s]
Vous	**Jū̃s** ['ju:s]

ENTRÉE	**ĮĖJÌMAS** [i:ʲɛ:'jɪmas]
SORTIE	**IŠĖJÌMAS** [ɪʃe:'jɪmas]
HORS SERVICE | EN PANNE	**NEVEĨKIA** [nʲɛ'vʲɛɪkʲɛ]
FERMÉ	**UŽDARÝTA** [ʊʒda'rʲi:ta]

OUVERT	**ATIDARYTA** [atɪda'rʲiːta]
POUR LES FEMMES	**MÓTERŲ** ['motʲɛruː]
POUR LES HOMMES	**VYRŲ** ['vʲiːruː]

Questions

Où? (lieu)	**Kur̃?** ['kʊr?]
Où? (direction)	**Į̃ kur̃?** [iː 'kʊr?]
D'où?	**Ìš kur̃?** [ɪʃ 'kʊr?]
Pourquoi?	**Kodėl?** [kɔ'dʲeːlʲ?]
Pour quelle raison?	**Kodėl?** [kɔ'dʲeːlʲ?]
Quand?	**Kadà?** [ka'da?]

Combien de temps?	**Kíek laĩko?** ['kʲiɛk 'lʲʌɪko?]
À quelle heure?	**Kadà?** [ka'da?]
C'est combien?	**Kíek?** ['kʲiɛk?]
Avez-vous … ?	**Ar̃ tùrite …?** [ar 'tʊrʲɪtʲɛ …?]
Où est …, s'il vous plaît?	**Kur̃ yrà …?** ['kʊr iː'ra …?]

Quelle heure est-il?	**Kíek dabar̃ valandų̃?** ['kʲiɛk da'bar valʲan'duː?]
Puis-je faire un appel?	**Ar̃ galiù paskam̃binti?** [ar ga'lʲʊ pas'kambʲɪntʲɪ?]
Qui est là?	**Kàs teñ?** ['kas tʲɛn?]
Puis-je fumer ici?	**Ar̃ čià galimà rūkýti?** [ar 'tʂʲæ galʲɪ'ma ruː'kʲiːtɪ?]
Puis-je …?	**Ar̃ galiù …?** [ar ga'lʲʊ …?]

Besoins

Je voudrais ...	**Noréčiau ...** [no'rʲe:tʃʲɛʊ ...]
Je ne veux pas ...	**Nenóriu ...** [nʲɛ'norʲʊ ...]
J'ai soif.	**Nóriu atsigérti.** ['norʲʊ atsʲɪ'gʲɛrtʲɪ.]
Je veux dormir.	**Nóriu miẽgo.** ['norʲʊ 'mʲɛgɔ.]

Je veux ...	**Nóriu ...** ['norʲʊ ...]
me laver	**nusipraũsti** [nʊsʲɪ'praʊstʲɪ]
brosser mes dents	**išsivalýti dantìs** [ɪʃsʲɪva'lʲi:tʲɪ dan'tʲɪs]
me reposer un instant	**trupùtį pailséti** [trʊ'pʊtʲɪ: pʌɪlʲ'sʲe:tʲɪ]
changer de vêtements	**pérsirengti** ['pʲɛrsʲɪrʲɛŋktʲɪ]

retourner à l'hôtel	**grįžti i viẽšbutį** ['grʲi:ʒtʲɪ ɪ 'vʲɛʃbʊtʲi:]
acheter ...	**nusipírkti ...** [nʊsʲɪ'pʲɪrktʲɪ ...]
aller à ...	**eĩti į̃ ...** ['ɛɪtʲɪ i: ...]
visiter ...	**aplankýti ...** [apʲlaŋ'kʲi:tʲɪ ...]
rencontrer ...	**susitìkti sù ...** [sʊsʲɪ'tʲɪktʲɪ 'sʊ ...]
faire un appel	**paskam̃binti** [pas'kambʲɪntʲɪ]

Je suis fatigué /fatiguée/	**Àš pavar̃gęs /pavar̃gusi/.** ['aʃ pa'vargʲɛ:s /pa'vargʊsʲɪ/.]
Nous sommes fatigués /fatiguées/	**Mẽs pavar̃gome.** ['mʲæs pa'vargomʲɛ.]
J'ai froid.	**Mán šálta.** ['man 'ʃalʲta.]
J'ai chaud.	**Mán karštà.** ['man karʃ'ta.]
Je suis bien.	**Mán vìskas geraĩ.** ['man 'vʲɪskas gʲɛ'rʌɪ.]

Il me faut faire un appel.	**Mán reĩkia paskam͂binti.**
	['man 'rʲɛɪkʲɛ pas'kambʲɪntʲɪ.]
J'ai besoin d'aller aux toilettes.	**Mán reĩkia į̃ tualètą.**
	['man rʲɛɪkʲɛ iː tʊa'lʲɛtaː.]
Il faut que j'aille.	**Mán reĩkia eĩti.**
	['man 'rʲɛɪkʲɛ 'ɛɪtʲɪ.]
Je dois partir maintenant.	**Mán jaũ reĩkia eĩti.**
	['man jɛʊ 'rʲɛɪkʲɛ 'ɛɪtʲɪ.]

Comment demander la direction

Excusez-moi, ...	**Atsiprašaũ, ...** [ats'ɪpra'ʃɑʊ, ...]
Où est ..., s'il vous plaît?	**Kur̃ yrà ...?** ['kʊr iː'ra ...?]
Dans quelle direction est ... ?	**Į̃ kurią̃ pùsę yrà ...?** [iː kʊ'rʲæː 'pʊsʲɛ iː'ra ...?]
Pouvez-vous m'aider, s'il vous plaît ?	**Atsiprašaũ, ar̃ gãlite padéti?** [ats'ɪpra'ʃɑʊ, ar 'gaːlʲɪte pa'dʲeːtʲɪ?]
Je cherche ...	**Àš íeškau ...** ['aʃ 'ʲɛʃkɑʊ ...]
La sortie, s'il vous plaît?	**Àš íeškau išėjìmo.** ['aʃ 'ɪeʃkɑʊ iʃʲeː'jɪmɔ.]
Je vais à ...	**Àš einù į̃ ...** ['aʃ ɛɪ'nʊ iː ...]
C'est la bonne direction pour ...?	**Ar̃ àš teisìngai einù į̃ ...?** [ar 'aʃ tʲɛɪ'sʲɪːngʌɪ ɛɪ'nʊ iː ...?]
C'est loin?	**Ar̃ tolì?** [ar to'lʲɪ?]
Est-ce que je peux y aller à pied?	**Ar̃ galiù nueĩti teñ pėsčiomìs?** [ar ga'lʲʊ 'nʊʲɛɪtʲɪ ten pʲeːstʃʲo'mʲɪs?]
Pouvez-vous me le montrer sur la carte?	**Ar̃ gãlite paródyti žemėlapyje?** [ar 'gaːlʲɪte pa'rodʲiːtʲɪ ʒeʲmʲeːlapʲiːje?]
Montrez-moi où sommes-nous, s'il vous plaît.	**Paródykite, kur̃ dabar̃ ẽsame.** [pa'rodʲiːkʲɪtʲɛ, kʊr da'bar 'ɛsamʲɛ.]
Ici	**Čià** ['tʂʲæ]
Là-bas	**Teñ** ['tʲɛn]
Par ici	**Eĩmė čià** [ɛɪ'mʲɛ tʂʲæ]
Tournez à droite.	**Sùkite dešinẽn.** ['sʊkʲɪte deʃʲɪ'nʲeːn.]
Tournez à gauche.	**Sùkite kairẽn.** ['sʊkʲɪte kʌɪ'rʲeːn.]
Prenez la première (deuxième, troisième) rue.	**pìrmas (añtras, trẽčias) pósūkis** ['pʲɪrmas ('antras, 'trɛtʃʲɛs) 'posuːkʲɪs]
à droite	**į̃ dẽšinę** [iː 'dʲæʃʲɪnʲɛː]

à gauche

į kairę
[i: 'kʌɪrʲɛ:]

Continuez tout droit.

Eikite tiesiai.
['ɛɪkʲɪtʲɛ 'tʲɛsʲɛɪ.]

Affiches, Pancartes

BIENVENUE!	**SVEIKÌ ATVY̌KĘ!** [svˈɛɪˈkʲɪ atˈvʲiːkʲɛːˈ]
ENTRÉE	**ĮĖJÌMAS** [iːˈɛːˈjɪmas]
SORTIE	**IŠĖJÌMAS** [ɪʃˈeːˈjɪmas]
POUSSEZ	**STÙMTI** [ˈstʊmtʲɪ]
TIREZ	**TRÁUKTI** [ˈtrɑʊktʲɪ]
OUVERT	**ATIDARÝTA** [atʲɪdaˈrʲiːta]
FERMÉ	**UŽDARÝTA** [ʊʒdaˈrʲiːta]
POUR LES FEMMES	**MÓTERŲ** [ˈmotʲɛruˑ]
POUR LES HOMMES	**VÝRŲ** [ˈvʲiːruˑ]
MESSIEURS (m)	**VÝRŲ** [ˈvʲiːruˑ]
FEMMES (f)	**MÓTERŲ** [ˈmotʲɛruˑ]
RABAIS | SOLDES	**NÚOLAIDOS** [ˈnʊolʲʌɪdos]
PROMOTION	**IŠPARDAVÌMAS** [ɪʃpardaˈvʲɪmas]
GRATUIT	**NEMÓKAMAI** [nʲɛˈmokamʌɪ]
NOUVEAU!	**NAUJÍENA!** [nɑʊˈjiɛna!]
ATTENTION!	**DĖMESIO!** [ˈdʲeːmesʲo!]
COMPLET	**LAISVŲ VIĖTŲ NĖRÀ** [lʲʌɪsˈvuˑ ˈvʲɛtuˑ nʲeːˈra]
RÉSERVÉ	**REZERVÚOTA** [rʲɛzʲɛrˈvuota]
ADMINISTRATION	**ADMINISTRĂCIJA** [admʲɪnʲɪsˈtraːtsʲɪja]
PERSONNEL SEULEMENT	**TÌK PERSONÁLUI** [ˈtʲɪk pʲɛrsoˈnalʲui]

ATTENTION AU CHIEN!	**ATSARGIAĨ, ŠUÕ!** [atsarˈɡʲɛɪ, ˈʃʊɑ!]
NE PAS FUMER!	**NERŪKŶTI!** [nʲɛruːˈkʲiːtʲɪ!]
NE PAS TOUCHER!	**NELIẼSTI!** [nʲɛˈlʲɛstʲɪ!]
DANGEREUX	**PAVOJÌNGA** [pavoˈjɪnɡa]
DANGER	**PAVÕJUS** [paˈvoːjʊs]
HAUTE TENSION	**AUKŠTÀ ĮTAMPA** [ɑʊkʃˈta ˈiːtampa]
BAIGNADE INTERDITE!	**NESIMÁUDYTI!** [nʲɛsʲɪˈmɑʊdʲiːtʲɪ!]

HORS SERVICE | EN PANNE	**NEVEĨKIA** [nʲɛˈvʲɛɪkʲæ]
INFLAMMABLE	**DEGÙ** [dʲɛˈɡʊ]
INTERDIT	**UŽDRAUSTÀ** [ʊʒdrɑʊsˈta]
ENTRÉE INTERDITE!	**PRAÉJÌMO NĖRÀ!** [praʲeːˈjɪmɔ nʲeːˈra!]
PEINTURE FRAÎCHE	**DAŽŶTA** [daˈʒʲiːta]

FERMÉ POUR TRAVAUX	**UŽDARŶTA REMÒNTUI** [ʊʒdaˈrʲiːta rʲɛˈmontʊi]
TRAVAUX EN COURS	**KĖLIO DARBAĨ** [ˈkʲælʲɔ darˈbʌɪ]
DÉVIATION	**APŶLANKA** [aˈpʲiːlʲaŋka]

Transport - Phrases générales

avion	**léktùvas** [lʲeːkˈtʊvas]
train	**traukinỹs** [trɑʊkʲɪˈnʲiːs]
bus, autobus	**autobùsas** [ɑʊtoˈbʊsas]
ferry	**kéltas** [ˈkʲɛlʲtas]
taxi	**taksì** [takˈsʲɪ]
voiture	**automobìlis** [ɑʊtomoˈbʲɪlʲɪs]
horaire	**tvarkãraštis** [tvarˈkaːraʃtʲɪs]
Où puis-je voir l'horaire?	**Kur̃ galiù ràsti tvarkãraštį?** [ˈkʊr gaˈlʲʊ ˈrastʲɪ tvarˈkaːraʃtʲɪ:?]
jours ouvrables	**dárbo dienomìs** [ˈdarbɔ dʲiɛnoˈmʲɪs]
jours non ouvrables	**saváitgaliais** [saˈvaɪtgalʲɛɪs]
jours fériés	**šveñtinėmis dienomìs** [ˈʃventʲɪnʲeːmʲɪs dʲiɛnoˈmʲɪs]
DÉPART	**IŠVYKÌMAS** [ɪʃvʲiːˈkʲɪmas]
ARRIVÉE	**ATVYKÌMAS** [atvʲiːˈkʲɪmas]
RETARDÉE	**ATIDĖTAS** [atʲɪˈdʲeːtas]
ANNULÉE	**ÀTŠAUKTAS** [ˈatʃɑʊktas]
prochain (train, etc.)	**kìtas** [ˈkʲɪtas]
premier	**pìrmas** [ˈpʲɪrmas]
dernier	**paskutìnis** [paskʊˈtʲɪnʲɪs]
À quelle heure est le prochain ...?	**Kadà kìtas ...?** [kaˈda ˈkʲɪtas ...?]
À quelle heure est le premier ...?	**Kadà pìrmas ...?** [kaˈda ˈpʲɪrmas ...?]

À quelle heure est le dernier ...? **Kadà paskutìnis ...?**
[ka'da pasku'tʲɪnʲɪs ...?]

correspondance **pérsėdimas**
['pʲɛrsʲeːdʲɪmas]

prendre la correspondance **pérsėsti**
['pʲɛrsʲeːstʲɪ]

Dois-je prendre la correspondance? **Aȓ màn reìkia pérsėsti?**
[ar 'man 'rʲɛɪkʲɛ 'pʲærsʲeːstʲɪ?]

Acheter un billet

Où puis-je acheter des billets?	**Kur̃ galiù nusipir̃kti bìlietą?** ['kʊr ga'lʲʊ nʊsʲɪ'pʲɪrktʲɪ 'bʲɪlʲiɛta:?]
billet	**bìlietas** ['bʲɪlʲiɛtas]
acheter un billet	**nusipir̃kti bìlietą** [nʊsʲɪ'pʲɪrktʲɪ 'bʲɪlʲiɛta:]
le prix d'un billet	**bìlieto káina** ['bʲɪlʲiɛtɔ 'kʌɪna]

Pour aller où?	**Į̃ kur̃?** [i: 'kʊr?]
Quelle destination?	**Į̃ kurią̃ stótį?** [i: kʊ'rʲæ: 'stoːtʲɪ:?]
Je voudrais ...	**Mán reĩkia ...** ['man 'rʲɛɪkʲɛ ...]
un billet	**víeno bìlieto** ['vʲiɛnɔ 'bʲɪlʲiɛtɔ]
deux billets	**dviejų̃ bìlietų** [dvʲiɛ'ju: 'bʲɪlʲiɛtu:]
trois billets	**trijų̃ bìlietų** [trʲɪ'ju: 'bʲɪlʲiɛtu:]

aller simple	**į̃ víeną pùsę** [i: 'vʲiɛna: 'pʊsʲɛ:]
aller-retour	**pirmỹn - atgal̃** [pʲɪr'mʲiːn - at'galʲ]
première classe	**pirmája klasė̃** [pʲɪr'maːja klʲa'sʲɛ]
classe économique	**antrája klasė̃** [ant'raːja klʲa'sʲɛ]

aujourd'hui	**šiañdien** ['ʃʲændʲiɛn]
demain	**rytój** [rʲiː'toj]
après-demain	**porýt** [po'rʲiːt]
dans la matinée	**rytè** [rʲiː'tʲɛ]
l'après-midi	**põ pietų̃** ['po: pʲiɛ'tu:]
dans la soirée	**vakarè** [vaka'rʲɛ]

siège côté couloir	**vietà priẽ praėjìmo** [vʲiɛˈta prʲɛ praʲeːˈjɪmɔ]
siège côté fenêtre	**vietà priẽ lángo** [vʲiɛˈta prʲɛ ˈlʲangɔ]
C'est combien?	**Kíek?** [ˈkʲiɛk?]
Puis-je payer avec la carte?	**Aῖ galiù mokéti kredìto kortelė?** [ar gaˈlʲʊ mɔˈkʲeːtʲɪ kreˈdʲɪtɔ kɔrteˈlʲɛ?]

L'autobus

bus, autobus	**autobùsas** [aʊtoˈbʊsas]
autocar	**tarpmiestìnis autobùsas** [tarpmʲiɛsˈtʲɪnʲɪs aʊtoˈbʊsas]
arrêt d'autobus	**autobùsų stotėlė̃** [aʊtoˈbʊsu: stoˈtʲælʲeː]
Où est l'arrêt d'autobus le plus proche?	**Kur̃ yrà arčiáusia autobùsų stotelė́?** [ˈkʊr iːˈra arˈtʃʲæʊsʲɛ aʊtoˈbʊsu: stoˈtʲælʲeː?]

numéro	**nùmeris** [ˈnʊmʲɛrʲɪs]
Quel bus dois-je prendre pour aller à ...?	**Kuriuõ autobusù galimà nuvažiúoti į̃ ...?** [kʊˈrʲʊoː aʊtobʊˈsʊ galʲɪˈma nʊvaˈʒʲʊotʲɪ iː ...?]
Est-ce que ce bus va à ...?	**Ar̃ šìs autobùsas važiúoja į̃ ...?** [ar ʃʲɪːs aʊtoˈbʊsas vaˈʒʲʊoːjɛ iː ...?]
L'autobus passe tous les combien?	**Kàs kíek laĩko važiúoja autobùsai?** [ˈkas ˈkʲiɛk ˈlʲʌɪkɔ vaˈʒʲʊɑːjɛ aʊtoˈbʊsʌɪ?]

chaque quart d'heure	**kàs penkiólika minùčių** [ˈkas pʲɛŋˈkʲolʲɪka mʲɪˈnʊtʃʲu:]
chaque demi-heure	**kàs pùsvalandį** [ˈkas ˈpʊsvalʲandʲɪ:]
chaque heure	**kàs vãlandą** [ˈkas ˈvaːlʲandaː]
plusieurs fois par jour	**Kelìs kartùs peř diẽną** [kʲɛˈlʲɪs karˈtʊs pʲɛr ˈdʲɛnaː]
... fois par jour	**... kartùs peř diẽną** [... karˈtʊs pʲɛr ˈdʲɛnaː]

horaire	**tvarkãraštis** [tvarˈkaːraʃtʲɪs]
Où puis-je voir l'horaire?	**Kur̃ galiù ràsti tvarkãraštį?** [ˈkʊr gaˈlʲʊ ˈrastʲɪ tvarˈkaːraʃtʲɪ:?]
À quelle heure passe le prochain bus?	**Kadà kìtas autobùsas?** [kaˈda ˈkʲɪtas aʊtoˈbʊsas?]
À quelle heure passe le premier bus?	**Kadà pìrmas autobùsas?** [kaˈda ˈpʲɪrmas aʊtoˈbʊsas?]
À quelle heure passe le dernier bus?	**Kadà paskutìnis autobùsas?** [kaˈda paskuˈtʲɪnʲɪs aʊtoˈbʊsas?]

arrêt	**stotėlė**
	[sto'tʲælʲeː]
prochain arrêt	**kita stotėlė**
	[kʲɪ'ta sto'tʲælʲeː]
terminus	**paskutinė maršruto stotėlė**
	[pasku'tʲɪnʲeː marʃrʊtɔ sto'tʲælʲeː]
Pouvez-vous arrêter ici, s'il vous plaît.	**Prašau, sustokite čia.**
	[pra'ʃɑʊ, sʊs'tokʲɪtʲɛ tʃʲæ.]
Excusez-moi, c'est mon arrêt.	**Atsiprašau, tai mano stotėlė.**
	[atsʲɪpra'ʃɑʊ, tʌɪ 'maːnɔ sto'tʲælʲeː.]

Train

train	**traukinỹs** [trɑʊkⁱɪ'nⁱi:s]
train de banlieue	**priemiestìnis traukinỹs** [prⁱiɛmⁱiɛs'tⁱɪnⁱɪs trɑʊkⁱɪ'nⁱi:s]
train de grande ligne	**tarpmiestìnis traukinỹs** [tarpmⁱiɛs'tⁱɪnⁱɪs trɑʊkⁱɪ'nⁱi:s]
la gare	**traukinių̃ stotìs** [trɑʊkⁱɪnⁱu: sto'tⁱɪs]
Excusez-moi, où est la sortie vers les quais?	**Atsiprašaũ, kur̃ yrà išė́jìmas į̃ peroną̀?** [atsⁱɪpra'ʃɑʊ, kʊr i:'ra iʃ'e:'jɪmas i: pe'rona:?]

Est-ce que ce train va à …?	**Ar̃ šìs traukinỹs važiúoja į̃ …?** [ar ʃi:s trɑʊkⁱɪ'nⁱɪ:s va'ʒⁱʊo:jɛ i: …?]
le prochain train	**kìtas traukinỹs** ['kⁱɪtas trɑʊkⁱɪ'nⁱi:s]
À quelle heure est le prochain train?	**Kadà kìtas traukinỹs?** [ka'da kⁱɪtas trɑʊkⁱɪ'nⁱi:s?]
Où puis-je voir l'horaire?	**Kur̃ galiù ràsti tvarkã̃raštį?** ['kʊr ga'lⁱʊ 'rastⁱɪ tvar'ka:raʃtⁱɪ:?]
De quel quai?	**Ìš kuriõ peròno?** [ɪʃ kʊ'rⁱo: pⁱɛ'rono?]
À quelle heure arrive le train à …?	**Kadà traukinỹs atvažiuõs į̃ …?** [ka'da trɑʊkⁱɪ'nⁱɪ:s atva'ʒⁱʊo:s i: …?]

Pouvez-vous m'aider, s'il vous plaît?	**Prašaũ, padė́kite mán.** [pra'ʃɑʊ, pa'dⁱe:kⁱɪte 'man.]
Je cherche ma place.	**Ìeškau sàvo viẽtos.** ['ⁱɪɛʃkɑʊ 'savɔ 'vⁱɛtos.]
Nous cherchons nos places.	**Ìeškome sàvo viẽtų.** ['ⁱɪɛʃkomⁱɛ 'savɔ 'vⁱɛtu:.]
Ma place est occupée.	**Màno vietà užìmtà.** ['manɔ vⁱɪɛ'ta ʊʒⁱɪm'ta.]
Nos places sont occupées.	**Mū́sų viẽtos užìmtos.** ['mu:su: 'vⁱɛtos 'ʊʒⁱɪmtos.]

Excusez-moi, mais c'est ma place.	**Atsiprašaũ, bèt taĩ màno vietà.** [atsⁱɪpra'ʃɑʊ, bⁱɛt tɑɪ 'ma:nɔ vⁱɪɛ'ta.]
Est-ce que cette place est libre?	**Ar̃ šì vietà užìmtà?** [ar ʃɪ vⁱɪɛ'ta ʊʒⁱɪm'ta?]
Puis-je m'asseoir ici?	**Ar̃ galiù čià atsisė́sti?** [ar ga'lⁱʊ 'tʂⁱæ atsⁱɪ's⁄e:stⁱɪ?]

Sur le train - Dialogue (Pas de billet)

Votre billet, s'il vous plaît.

Prašau parodyti bilietą.
[pra'ʃɑʊ pa'rodⁱiːtⁱɪ bⁱɪlⁱiɛtaː.]

Je n'ai pas de billet.

Aš neturiu bilieto.
['aʃ nⁱetʊ'rⁱʊ 'bⁱɪlⁱiɛtɔ.]

J'ai perdu mon billet.

Pamečiau savo bilietą.
['pamⁱetʂⁱeʊ 'savɔ 'bⁱɪlⁱiɛtaː.]

J'ai oublié mon billet à la maison.

Pamiršau savo bilietą namuose.
[pamⁱɪr'ʃɑʊ 'savɔ 'bⁱɪlⁱiɛta: namʊɑ'sⁱɛ.]

Vous pouvez m'acheter un billet.

Galite nusipirkti bilietą iš manęs.
['gaːlⁱɪtⁱɛ nʊsⁱɪ'pⁱɪrktⁱɪ 'bⁱɪlⁱiɛta: ɪʃ ma'nⁱɛːs.]

Vous devrez aussi payer une amende.

Taip pat turėsite sumokéti baudą.
['tʌɪp 'pat tʊ'rⁱeːsⁱɪte sʊmo'kⁱeːtⁱɪ 'bɑʊda:.]

D'accord.

Gerai.
[gⁱɛ'rʌɪ.]

Où allez-vous?

Kur važiuojate?
['kʊr va'ʒⁱʊɔːjɛtⁱɛ?]

Je vais à …

Važiuoju ļ …
[va'ʒⁱʊɔːjʊ ĩ: …]

Combien? Je ne comprend pas.

Kíek? Aš nesuprantu.
['kⁱiɛk? aʃ nⁱɛsʊpran'tʊ.]

Pouvez-vous l'écrire, s'il vous plaît.

Ar galite užrašyti?
[ar 'gaːlⁱɪtⁱɛ ʊʒra'ʃɪːtⁱɪ?]

D'accord. Puis-je payer avec la carte?

Gerai. Ar galiu mokéti kredito kortele?
[gⁱɛ'rʌɪ. ar ga'lⁱʊ mo'kⁱeːtⁱɪ kre'dⁱɪtɔ korte'lⁱɛ?]

Oui, bien sûr.

Taip, galite.
['tʌɪp, 'gaːlⁱɪtⁱɛ.]

Voici votre reçu.

Štai jūsų čekis.
['ʃtʌɪ 'juːsʊ 'tʂⁱɛkⁱɪs.]

Désolé pour l'amende.

Atsiprašau dėl baudos.
[atsⁱɪpra'ʃɑʊ dⁱeːlⁱ bɑʊ'dɔːs.]

Ça va. C'est de ma faute.

Nieko, tai māno kaltė.
['nⁱɛko, 'tʌɪ 'maːnɔ kalⁱ'tⁱeː.]

Bon voyage.

Gėros kelionės.
['gⁱɛroːs kⁱɛ'lⁱonⁱɛs.]

Taxi

taxi
taksì
[tak'sʲɪ]

chauffeur de taxi
taksì vairúotojas
[tak'sʲɪ vaɪ'rʊoto:jɛs]

prendre un taxi
susistabdýti taksì
[sʊsʲɪstab'dʲi:tʲɪ tak'sʲɪ]

arrêt de taxi
taksì stotẽlé
[tak'sʲɪ sto'tʲælʲe:]

Où puis-je trouver un taxi?
Kur̃ galiù išsikviẽsti taksì?
['kʊr ga'lʲʊ ɪʃsʲɪk'vʲɛstʲɪ tak'sʲɪ?]

appeler un taxi
išsikviẽsti taksì
[ɪʃsʲɪ'kvʲɛstʲɪ tak'sʲɪ]

Il me faut un taxi.
Mán reĩkia taksì.
['man 'rʲɛɪkʲɛ tak'sʲɪ.]

maintenant
Dabar̃.
[da'bar.]

Quelle est votre adresse?
Kóks jū́sų ãdresas?
['koks 'ju:su: 'a:drʲɛsas?]

Mon adresse est ...
Màno ãdresas yrà...
['mano 'a:drʲɛsas i:'ra...]

Votre destination?
Kur̃ važiúosite?
['kʊr va'ʒʲʊosʲɪtʲɛ?]

Excusez-moi, ...
Atsiprašaũ, ...
[atsʲɪpra'ʃɑʊ, ...]

Vous êtes libre ?
Ar̃ Jū̃s neùžimtas?
[ar 'ju:s 'nʲɛʊ ʒʲɪmtas?]

Combien ça coûte pour aller à ...?
Kíek kainúotų nuvažiúoti ̨ ...?
['kʲiɛk kʌɪ'nʊotu: nʊva'ʒʲʊotʲɪ i: ...?]

Vous savez où ça se trouve?
Ar̃ žìnote, kur̃ taĩ yrà?
[ar 'ʒʲɪnotʲɛ, kʊr tʌɪ i:'ra?]

À l'aéroport, s'il vous plaît.
Į́ óro úostą.
[i: 'orɔ 'ʊasta:.]

Arrêtez ici, s'il vous plaît.
Sustókite čià, prašaũ.
[sʊs'tokʲɪtʲɛ tʃʲæ, pra'ʃɑʊ.]

Ce n'est pas ici.
Taĩ nè čià.
['tʌɪ nʲɛ 'tʃʲæ.]

C'est la mauvaise adresse.
Čià nè tàs ãdresas.
['tʃʲæ nʲɛ 'tas 'a:drʲɛsas.]

tournez à gauche
Sùkite kairḗn.
['sʊkʲɪtʲɛ kʌɪ'rʲe:n.]

tournez à droite
Sùkite dešinḗn.
['sʊkʲɪtʲɛ deʃʲɪ'nʲe:n.]

Combien je vous dois?	**Kíek aš skolìngas/skolìnga?** ['kⁱiɛk aʃ sko'lⁱɪngas /sko'lⁱɪnga?/]
J'aimerais avoir un reçu, s'il vous plaît.	**Noréčiau čėkio.** [no'rⁱeːtsⁱɛʊ 'tsⁱɛkⁱɔ.]
Gardez la monnaie.	**Grąžą pasilìkite.** [graː'ʒaː pasⁱɪ'lⁱɪkⁱɪtⁱɛ.]

Attendez-moi, s'il vous plaît ...	**Prašaũ mãnęs palaúkti.** [pra'ʃoʊ 'maːnⁱɛːs pa'lⁱoʊktⁱɪ.]
cinq minutes	**penkiàs minutès** [pⁱɛŋ'kⁱæs mⁱɪnu'tⁱɛs]
dix minutes	**dẽšimt minùčių** ['dⁱæʃɪmt mⁱɪ'nʊtsⁱuː]
quinze minutes	**penkiólika minùčių** [pⁱɛŋ'kⁱolⁱɪka mⁱɪ'nʊtsⁱuː]
vingt minutes	**dvìdešimt minùčių** ['dvⁱɪdⁱɛʃɪmt mⁱɪ'nʊtsⁱuː]
une demi-heure	**pùsvalandį** ['pʊsvalⁱandⁱɪː]

Hôtel

Bonjour.	**Sveiki.** [sv^{ɛɪ}'kⁱɪ.]
Je m'appelle …	**Mãno vardas …** ['maːnɔ 'vardas …]
J'ai réservé une chambre.	**Ãš rezervavaũ kambarį.** ['aʃ rʲɛzʲɛrva'vɑu 'kambarʲɪː.]
Je voudrais …	**Mán reĩkia …** ['man 'rʲɛɪkʲɛ …]
une chambre simple	**kambario vienám žmógui** ['kambarʲɔ vʲɛ'nam 'ʒmogui]
une chambre double	**kambario dviems žmonéms** ['kambarʲɔ 'dvʲiɛms ʒmo'nʲeːms]
C'est combien?	**Kíek taĩ kainuõs?** ['kʲiɛk 'tʌɪ kʌɪ'nuɑs?]
C'est un peu cher.	**Trupùtį brangù.** [trʊ'pʊti: bran'gʊ.]
Avez-vous autre chose?	**Ar̃ tùrite kažką kìto?** [ar 'tʊrʲɪtʲɛ kaʒ'ka: 'kʲɪto?]
Je vais la prendre.	**Paim̃siu.** ['pʌɪmsʲʊ.]
Je vais payer comptant.	**Mokésiu grynaĩs.** [mo'kʲeːsʲʊ grʲiː'nʌɪs.]
J'ai un problème.	**Turiù problèmą.** [tʊ'rʲʊ prob'lʲɛmaː.]
Mon … est cassé /Ma … est cassée/	**Sulūžo màno … .** [sʊ'lʲuːʒɔ 'manɔ …]
Mon /Ma/ … ne fonctionne pas.	**Neveĩkia màno … .** [nʲɛ'vʲɛɪkʲɛ 'manɔ …]
télé	**televìzorius** [tʲɛlʲɛ'vʲɪzorʲʊs]
air conditionné	**óro kondicionièrius** ['orɔ kondʲɪts'ɪjo'nʲɛrʲʊs]
robinet	**čiáupas** ['tʃʲæupas]
douche	**dùšas** ['dʊʃas]
évier	**praustùvė** [prɑus'tʊvʲeː]
coffre-fort	**seĩfas** ['sʲɛɪfas]

serrure de porte	**durų spyna** [dʊ'ru: spⁱi:'na]
prise électrique	**elektros lizdas** [ɛ'lⁱɛktros 'lⁱɪzdas]
sèche-cheveux	**plaukų džiovintuvas** [plⁱɑʊ'ku: dʒⁱovⁱɪn'tʊvas]

Je n'ai pas …	**Aš neturiu …** ['aʃ nⁱɛtʊ'rⁱʊ …]
d'eau	**vandens** [van'dⁱɛns]
de lumière	**šviesos** [ʃvⁱiɛ'so:s]
d'électricité	**elektros** [ɛ'lⁱɛktros]

Pouvez-vous me donner …?	**Ar galite duoti …?** [ar 'ga:lⁱɪtⁱɛ 'dʊotⁱɪ …?]
une serviette	**rankšluostį** ['raŋkʃlⁱʊɑsti:]
une couverture	**antklodę** ['antklⁱodⁱɛ:]
des pantoufles	**šlepetes** [ʃlⁱɛpⁱɛ'tⁱɛs]
une robe de chambre	**chalatą** [xa'lⁱa:ta:]
du shampoing	**šampūno** [ʃam'pu:no]
du savon	**muilo** ['mʊɪlⁱo]

Je voudrais changer ma chambre.	**Norėčiau pakeisti kambarį.** [no'rⁱe:tʃⁱɛʊ pa'kⁱɛɪstⁱɪ 'kambarⁱɪ:.]
Je ne trouve pas ma clé.	**Nerandu savo rakto.** [nⁱɛran'dʊ 'savo 'ra:kto.]
Pourriez-vous ouvrir ma chambre, s'il vous plaît?	**Ar galite atrakinti mano kambarį?** [ar 'ga:lⁱɪtⁱɛ atrakⁱɪ:ntⁱɪ 'mano 'kambarⁱɪ:?]
Qui est là?	**Kas ten?** ['kas tⁱɛn?]
Entrez!	**Užeikite!** [ʊ'ʒⁱɛɪkⁱɪtⁱɛ!]
Une minute!	**Palaukite minutę!** [pa'lⁱɑʊkⁱɪtⁱɛ mⁱɪ'nʊtⁱɛ:!]
Pas maintenant, s'il vous plaît.	**Ne dabar, prašau.** ['nⁱɛ da'bar, pra'ʃɑʊ.]

Pouvez-vous venir à ma chambre, s'il vous plaît.	**Prašau, užeikite į mano kambarį.** [pra'ʃɑʊ, ʊ'ʒⁱɛɪkⁱɪtⁱɛ i: 'mano 'kambarⁱɪ:.]
J'aimerais avoir le service d'étage.	**Norėčiau užsisakyti maisto.** [no'rⁱe:tʃⁱɛʊ ʊʒsⁱɪsa'kⁱi:tⁱɪ 'mʌɪsto.]
Mon numéro de chambre est le …	**Mano kambario numeris …** ['ma:no 'kambarⁱo 'nʊmⁱɛrⁱɪs …]

Je pars ...	**Aš išvykstù ...** ['aʃ iʃvʲiːksˈtʊ ...]
Nous partons ...	**Mẽs išvỹkstame ...** ['mʲæs iʃˈvʲiːkstamʲɛ ...]
maintenant	**dabař** [da'bar]
cet après-midi	**põ pietų̃** ['po: pʲiɛ'tu:]
ce soir	**šią̃nakt** ['ʃʲæːnakt]
demain	**rytój** [rʲiːˈtoj]
demain matin	**rýt rytè** ['rʲiːt rʲiː'tʲɛ]
demain après-midi	**rýt vakarè** ['rʲiːt vaka'rʲɛ]
après-demain	**porýt** [po'rʲiːt]

Je voudrais régler mon compte.	**Norė́čiau sumokė́ti.** [no'rʲeːtʂʲɛʊ sʊmo'kʲeːtʲɪ.]
Tout était merveilleux.	**Vìskas bùvo nuostabù.** ['vʲɪskas 'bʊvɔ nʊɑsta'bʊ.]
Où puis-je trouver un taxi?	**Kuř galiù išsikviẽsti taksì?** ['kʊr ga'lʲʊ ɪʃsʲɪkˈvʲɛstʲɪ tak'sʲɪ?]
Pourriez-vous m'appeler un taxi, s'il vous plaît?	**Ar̃ galė́tumėte mán iškviẽsti taksì?** [ar ga'lʲeːtʊmʲeːte 'man iʃkˈvʲɛstʲɪ tak'sʲɪ?]

Restaurant

Puis-je voir le menu, s'il vous plaît?
Ar̃ galiù gáuti meniù?
[ar ga'lʲʊ 'gaʊtʲɪ mʲɛ'nʲʊ?]

Une table pour une personne.
Stãlą vienám.
['staːlʲa: vʲiɛ'nam.]

Nous sommes deux (trois, quatre).
Mū̃sų dù (trỹs, keturì).
['muːsu: 'dʊ ('tryi:s, ketʊ'rʲɪ).]

Fumeurs
Rū̃kantiems
['ruːkantʲiɛms]

Non-fumeurs
Nerū̃kantiems
[nʲɛ'ruːkantʲiɛms]

S'il vous plaît!
Atsiprašaũ!
[atsʲɪpra'ʃaʊ!]

menu
meniù
[mʲɛ'nʲʊ]

carte des vins
vỹno meniù
['vʲiːnɔ mʲɛ'nʲʊ]

Le menu, s'il vous plaît.
Meniù, prašaũ.
[mʲɛ'nʲʊ, pra'ʃaʊ.]

Êtes-vous prêts à commander?
Ar̃ jaũ norésite užsisakýti?
[ar jɛʊ no'rʲeːsʲɪte ʊʒsʲɪsa'kʲiːtʲɪ?]

Qu'allez-vous prendre?
Ką̃ užsisakýsite?
[ka: ʊʒsʲɪsa'kʲiːsʲɪtʲɛ?]

Je vais prendre …
Àš paim̃siu …
['aʃ 'pʌɪmsʲʊ …]

Je suis végétarien.
Àš vegetãras /vegetãrė/.
['aʃ vege'taːras /vege'taːrʲeː/.]

viande
mėsõs
[mʲeː'soːs]

poisson
žuviẽs
[ʒʊ'vʲɛs]

légumes
daržóvės
[dar'ʒovʲeːs]

Avez-vous des plats végétariens?
Ar̃ tùrite vegetãriškų patiekalų̃?
[ar 'tʊrʲɪtʲɛ vʲɛgʲɛ'taːrʲɪʃku: patʲiɛka'lʲʊ:?]

Je ne mange pas de porc.
Àš neválgau kiaulíenos.
['aʃ nʲɛ'valʲgaʊ kʲɛʊ'lʲiɛnos.]

Il /elle/ ne mange pas de viande.
Jìs /jì/ neválgo mėsõs.
[jɪs /jɪ/ nʲɛ'valʲgɔ mʲeː'soːs.]

Je suis allergique à …
Àš alèrgiškas /alèrgiška/ …
['aʃ a'lʲɛrgʲɪʃkas /a'lʲɛrgʲɪʃka/ …]

35

Pourriez-vous m'apporter …, s'il vous plaît.
Prašaũ atnèšti mán …
[pra'ʃɑʊ at'nʲɛʃtʲɪ 'man …]

le sel | le poivre | du sucre
drùskos | pipìrų | cùkraus
['drʊskɔs | pʲɪ'pʲɪru: | 'tsʊkrɑʊs]

un café | un thé | un dessert
kavõs | arbãtos | desèrtą
[ka'vo:s | ar'ba:tos | dʲɛ'sʲɛrta:]

de l'eau | gazeuse | plate
vandeñs | gazúoto | negazúoto
[van'dʲɛns | ga'zʊotɔ | nʲɛga'zʊotɔ]

une cuillère | une fourchette | un couteau
šáukštą | šakùtę | peĩlį
['ʃɑʊkʃta: | ʃa'kʊtʲɛ: | 'pʲɛɪlʲɪ:]

une assiette | une serviette
lě̃kštę | servetě̃lę
[lʲe:kʃtʲɛ: | serve'tʲe:lʲɛ:]

Bon appétit!
Skanaũs!
[ska'nɑʊs!]

Un de plus, s'il vous plaît.
Prašaũ dár víeną.
[pra'ʃɑʊ 'dar 'vʲiɛna:.]

C'était délicieux.
Bùvo lãbai skanù.
['bʊvɔ 'lʲa:bʌɪ ska'nʊ.]

---

l'addition | de la monnaie | le pourboire
sąskaita | grąžą | arbãtpinigiai
['sa:skʌɪta | gra:'ʒa | ar'ba:tpʲɪnʲɪgʲɛɪ]

L'addition, s'il vous plaît.
Sąskaitą, prašaũ.
['sa:skʌɪta:, pra'ʃɑʊ.]

Puis-je payer avec la carte?
Ar̃ galiù mokéti kredìto kortelè?
[ar ga'lʲʊ mo'kʲe:tʲɪ kre'dʲɪtɔ korte'lʲɛ?]

Excusez-moi, je crois qu'il y a une erreur ici.
Atsiprašaũ, bèt jũs suklýdote.
[atsʲɪpra'ʃɑʊ, bʲɛt 'ju:s sʊk'lʲi:dotʲɛ.]

Shopping. Faire les Magasins

Est-ce que je peux vous aider?

Kuõ galiù padéti?
['kʊɑ ga'lʲʊ pa'dʲeːtʲɪ?]

Avez-vous ... ?

Ar̃ tùrite ...?
[ar 'tʊrʲɪtʲɛ ...?]

Je cherche ...

Íeškau ...
['ɪʲɛʃkɑʊ ...]

Il me faut ...

Mán reĩkia ...
['man 'rʲɛɪkʲɛ ...]

Je regarde seulement, merci.

Àš tìk apžiūrinéju.
['aʃ tʲɪk apʒʲuːrʲɪ'nʲeːjʊ.]

Nous regardons seulement, merci.

Mẽs tìk apžiūrinéjame.
['mʲæs 'tʲɪk apʒʲuːrʲɪ'nʲeːjame.]

Je reviendrai plus tard.

Sugrį̃šiu véliaũ.
[sʊg'rʲɪːʃʊ vʲeː'lʲɛʊ.]

On reviendra plus tard.

Sugrį̃šime véliaũ.
[sʊg'rʲɪːʃʲɪme vʲeː'lʲɛʊ.]

Rabais | Soldes

núolaidos | išpardavìmas
['nʊolʲʌɪdos | iʃparda'vʲɪmas]

Montrez-moi, s'il vous plaît ...

Paródykite mán, prašaũ, ...
[pa'rodʲiːkʲɪtʲɛ 'man, pra'ʃɑʊ, ...]

Donnez-moi, s'il vous plaît ...

Dúokite mán, prašaũ, ...
['dʊokʲɪtʲɛ 'man, pra'ʃɑʊ, ...]

Est-ce que je peux l'essayer?

Ar̃ galiù pasimatúoti?
[ar ga'lʲʊ pasʲɪma'tʊotʲɪ?]

Excusez-moi, où est la cabine d'essayage?

Atsiprašaũ, kur̃ yrà matãvimosi kabìnos?
[atsʲɪpra'ʃɑʊ, kʊr iː'ra ma'taːvʲɪmosʲɪ ka'bʲɪnos?]

Quelle couleur aimeriez-vous?

Kokiõs spalvõs norétuméte?
[kɔ'kʲoːs spalʲʲ'voːs no'rʲeːtʊmʲeːte?]

taille | longueur

dýdis | ílgis
['dʲiːdʲɪs | 'ilʲgʲɪs]

Est-ce que la taille convient ?

Ar̃ tiñka?
[ar 'tʲɪŋka?]

Combien ça coûte?

Kíek taĩ kainúoja?
['kʲiɛk 'tʌɪ kʌɪ'nʊoːjɛ?]

C'est trop cher.

Per̃ brangù.
['pʲɛr bran'gʊ.]

Je vais le prendre.

Paim̃siu.
['pʌɪmsʲʊ.]

Excusez-moi, où est la caisse?	**Atsiprašaũ, kur̃ galiù sumokéti?** [atsʲɪpraˈʃɑʊ, kur ɡaˈlʲʊ sʊmoˈkʲeːtʲɪ?]
Payerez-vous comptant ou par carte de crédit?	**Mokésite grynaĩs ar̃ kredìto kortelè?** [moˈkʲeːsʲɪte ɡrʲiːˈnʌɪs ar krʲɛˈdʲɪtɔ korteˈlʲɛ?]
Comptant | par carte de crédit	**grynaĩs | kredìto kortelè** [ɡrʲiːˈnʌɪs | krʲɛˈdʲɪtɔ korteˈlʲɛ]

Voulez-vous un reçu?	**Ar̃ reĩkia čẽkio?** [ar ˈrʲɛɪkʲe ˈtʃʲɛkʲo?]
Oui, s'il vous plaît.	**Taĩp.** [ˈtʌɪp.]
Non, ce n'est pas nécessaire.	**Nè, nereĩkia.** [ˈnʲɛ, nʲɛˈrʲɛɪkʲæ.]
Merci. Bonne journée!	**Ãčiū. Vìso gẽro.** [ˈaːtʃʲuː. ˈvʲɪsɔ ˈɡʲærɔ.]

En ville

Excusez-moi, ...   **Atsiprašaū, ...**
                          [atsʲɪpraˈʃɑʊ.]

Je cherche ...   **Íeškau ...**
                          [ˈɪɛʃkɑʊ ...]

le métro   **metrò**
                          [mʲɛˈtro]

mon hôtel   **savo viēšbučio**
                          [ˈsavɔ ˈvʲɛʃbʊtsʲɔ]

le cinéma   **kìno teātro**
                          [ˈkʲɪnɔ tʲɛˈaːtrɔ]

un arrêt de taxi   **taksì stotēlę**
                          [takˈsʲɪ stoˈtʲælʲɛː]

un distributeur   **bankomãto**
                          [baŋkoˈmaːtɔ]

un bureau de change   **valiùtos keitỹklos**
                          [vaˈlʲʊtos kʲɛɪˈtʲiːklos]

un café internet   **internèto kavìnės**
                          [ɪnterˈnʲɛtɔ kavʲɪˈnʲeːs]

la rue ...   **... gãtvės**
                          [... gaːtˈvʲeːs]

cette place-ci   **šiõs viētos**
                          [ˈʃʲoːs ˈvʲɛtos]

Savez-vous où se trouve ...?   **Aȓ žìnote, kuȓ yrà ...?**
                               [ar ˈʒʲɪnotʲɛ, kʊr iːˈra ...?]

Quelle est cette rue?   **Kokià čià gãtvė?**
                               [koˈkʲæ tʂʲæ ˈgaːtvʲeː?]

Montrez-moi où sommes-nous,   **Paródykite, kuȓ dabaȓ ēsame.**
s'il vous plaît.   [paˈrodʲiːkʲɪtʲɛ, kʊr daˈbar ˈɛsamʲɛ.]

Est-ce que je peux y aller à pied?   **Aȓ galiù nueĩti teñ pėsčiomìs?**
                                     [ar gaˈlʲʊ ˈnʊɛɪtʲɪ ten pʲeːstʂʲoˈmʲɪs?]

Avez-vous une carte de la ville?   **Aȓ tùrite miēsto žemélapį?**
                                     [ar ˈtʊrʲɪte ˈmʲɪːɛsto ʒeˈmʲeːlʲapʲɪː?]

C'est combien pour un ticket?   **Kíek kainúoja įėjìmo bìlietas?**
                                     [ˈkʲiɛk kʌɪˈnʊɑːja iːɛˈjɪmɔ ˈbʲɪlʲiɛtas?]

Est-ce que je peux faire des photos?   **Aȓ čià galimà fotgrafúoti?**
                                       [ar ˈtʂʲæ gaˈlʲɪma fotograˈfʊotʲɪ?]

Êtes-vous ouvert?   **Aȓ jŭs veĩkiate?**
                           [ar ˈjuːs ˈvʲɛɪkʲætʲɛ?]

À quelle heure ouvrez-vous?

Kadà atsidãrote?
[ka'da atsɪr'daːrotʲɛ?]

À quelle heure fermez-vous?

Kadà užsidãrote?
[ka'da ʊʒsɪr'daːrotʲɛ?]

L'argent

argent	**pinigaî** [pʲɪnʲɪˈɡʌɪ]
argent liquide	**grynîeji** [ɡrʲiːˈnʲiɛjɪ]
des billets	**banknòtai** [baŋkˈnotʌɪ]
petite monnaie	**monètos** [moˈnʲɛtos]
l'addition | de la monnaie | le pourboire	**sáskaita | grąžà | arbãtpinigiai** [ˈsaːskʌɪta | graːˈʒa | arˈbaːtpʲɪnʲɪɡʲɛɪ]

carte de crédit	**kredìto kortēlė** [krʲɛˈdʲɪto korˈtʲælʲeː]
portefeuille	**piniginė** [pʲɪnʲɪˈɡʲɪnʲeː]
acheter	**pîrkti** [ˈpʲɪrktʲɪ]
payer	**mokéti** [moˈkʲeːtʲɪ]
amende	**baudà** [bɑʊˈda]
gratuit	**nemókamai** [nʲɛˈmokamʌɪ]

Où puis-je acheter … ?	**Kur̃ galiù nusipîrkti …?** [ˈkʊr ɡaˈlʲʊ nʊsʲɪˈpʲɪrktʲɪ …?]
Est-ce que la banque est ouverte en ce moment?	**Ar̃ bánkas jaũ dìrba?** [ar ˈbaŋkas ˈjɛʊ ˈdʲɪrba?]
À quelle heure ouvre-t-elle?	**Kadà atsidãro?** [kaˈda atsʲɪˈrˈdaːro?]
À quelle heure ferme-t-elle?	**Kadà užsidãro?** [kaˈda ʊʒsʲɪˈrˈdaːro?]

C'est combien?	**Kíek?** [ˈkʲiɛk?]
Combien ça coûte?	**Kíek taĩ kainúoja?** [ˈkʲiɛk ˈtʌɪ kʌɪˈnʊoːjɛ?]
C'est trop cher.	**Per̃ brangù.** [ˈpʲɛr branˈɡʊ.]

Excusez-moi, où est la caisse?	**Atsiprašaũ, kur̃ galiù sumokéti?** [atsʲɪpraˈʃɑʊ, kʊr ɡaˈlʲʊ sʊmoˈkʲeːtʲɪ?]
L'addition, s'il vous plaît.	**Čèkį, prašaũ.** [ˈtʂʲɛkʲɪː, praˈʃɑʊ.]

Puis-je payer avec la carte?   **Ar̃ galiù mokéti kredìto kortelė?**
[ar ga'lʲʊ mo'kʲe:tʲɪ kre'dʲɪtɔ korte'lʲɛ?]

Est-ce qu'il y a un distributeur ici?   **Ar̃ čià yrà bankomãtas?**
[ar 'tʂʲæ i:'ra baŋko'ma:tas?]

Je cherche un distributeur.   **Íeškau bankomãto.**
['ɪɛʃkɑʊ baŋko'ma:tɔ.]

Je cherche un bureau de change.   **Íeškau valiùtos keitỹklos.**
['ɪɛʃkɑʊ va'lʲʊtos kʲɛɪ'tʲi:klos.]

Je voudrais changer ...   **Nóriu pasikeìsti ...**
['norʲʊ pasʲɪ'kʲɛɪstʲɪ ...]

Quel est le taux de change?   **Kóks valiùtos kùrsas?**
['koks va'lʲʊtos 'kʊrsas?]

Avez-vous besoin de mon passeport?   **Ar̃ reìkia màno pãso?**
[ar 'rʲɛɪkʲɛ 'manɔ 'pa:so?]

Le temps

Quelle heure est-il?	**Kíek dabař valandū?** ['kʲiɛk da'bar val'an'du:?]
Quand?	**Kadà?** [ka'da?]
À quelle heure?	**Kadà?** [ka'da?]
maintenant | plus tard | après ...	**dabař | vėliaū | põ ...** [da'bar | vʲe:'lʲɛʊ | 'po: ...]

une heure	**pìrmą vãlandą** ['pʲɪrma: 'va:lʲanda:]
une heure et quart	**põ pirmõs penkiólika** ['po: pʲɪr'mo:s pʲɛŋ'kʲolʲɪka]
une heure et demie	**pùsė dviejū̃** ['pʊsʲe: dvʲiɛ'ju:]
deux heures moins quart	**bè penkiólikos dvì** ['bʲɛ pʲɛŋ'kʲolʲɪkos dvʲɪ]

un | deux | trois	**pirmà | antrà | trečià** [pʲɪr'ma | an'tra | trʲɛ'tʃʲæ]
quatre | cinq | six	**ketvirtà | penktà | šeštà** [kʲɛtvʲɪr'ta | pʲɛŋk'ta | ʃɛʃ'ta]
sept | huit | neuf	**septintà | aštuntà | devintà** [sʲɛptʲɪn'ta | aʃtʊn'ta | dʲɛvʲɪn'ta]
dix | onze | douze	**dešimtà | vienúolikta | dvýlikta** [dʲɛʃɪm'ta | vʲiɛ'nʊolʲɪkta | 'dvʲi:lʲɪkta]

dans ...	**už ...** ['ʊʒ ...]
cinq minutes	**penkiū̃ minùčių** [pʲɛŋ'kʲu: mʲɪ'nʊtʃʲu:]
dix minutes	**dẽšimt minùčių** ['dʲæʃɪmt mʲɪ'nʊtʃʲu:]
quinze minutes	**penkiólikos minùčių** [pʲɛŋ'kʲolʲɪkos mʲɪ'nʊtʃʲu:]
vingt minutes	**dvìdešimt minùčių** ['dvʲɪdʲɛʃɪmt mʲɪ'nʊtʃʲu:]

une demi-heure	**pùsvalandžio** ['pʊsvalʲandʒʲo]
une heure	**valandõs** [valʲan'do:s]
dans la matinée	**rytè** [rʲi:'tʲɛ]

tôt le matin	ankstì rytè [aŋk'stʲɪ rʲiː'tʲɛ]
ce matin	šį̇̃ryt ['ʃɪ:rʲɪ:t]
demain matin	rýt rytè ['rʲiːt rʲiː'tʲɛ]

à midi	peř pietùs ['pʲɛr pʲiɛ'tʊs]
dans l'après-midi	põ pietų̃ ['po: pʲiɛ'tu:]
dans la soirée	vakarè [vaka'rʲɛ]
ce soir	šią̃nakt ['ʃæ:nakt]

la nuit	nãktį ['na:ktiː]
hier	vãkar ['va:kar]
aujourd'hui	šiañdien ['ʃændʲiɛn]
demain	rytój [rʲiː'toj]
après-demain	porýt [po'rʲiːt]

Quel jour sommes-nous aujourd'hui?	Kokià šiañdien dienà? [kɔ'kʲæ 'ʃændʲiɛn dʲiɛ'na?]
Nous sommes ...	Šiañdien yrà ... ['ʃændʲiɛn iː'ra ...]
lundi	pirmãdienis [pʲɪr'ma:dʲiɛnʲɪs]
mardi	antrãdienis [an'tra:dʲiɛnʲɪs]
mercredi	trečiãdienis [trʲɛ'tʂædʲiɛnʲɪs]

jeudi	ketvirtãdienis [kʲɛtvʲɪr'ta:dʲiɛnʲɪs]
vendredi	penktãdienis [pʲɛŋk'ta:dʲiɛnʲɪs]
samedi	šeštãdienis [ʃɛʃ'ta:dʲiɛnʲɪs]
dimanche	sekmãdienis [sʲɛk'ma:dʲiɛnʲɪs]

Salutations - Introductions

Bonjour.	**Sveikì.** [sⁱvɛɪˈkⁱɪ.]
Enchanté /Enchantée/	**Malonù susipažìnti.** [malⁱoˈnʊ sʊsⁱɪpaˈʒⁱɪntⁱɪ.]
Moi aussi.	**Mán ir̃gi.** [ˈman ˈirgⁱɪ.]
Je voudrais vous présenter …	**Nóriu, kàd susipažìntum sù …** [ˈnorⁱʊ, ˈkad sʊsⁱɪpaˈʒⁱɪntʊm ˈsʊ …]
Ravi /Ravie/ de vous rencontrer.	**Malonù susipažìnti.** [malⁱoˈnʊ sʊsⁱɪpaˈʒⁱɪntⁱɪ.]
Comment allez-vous?	**Kaĩp laĩkotés?** [ˈkʌɪp ˈlⁱʌɪkotⁱe:s?]
Je m'appelle …	**Māno var̃das …** [ˈmaːnɔ vardas …]
Il s'appelle …	**Jõ var̃das …** [jɔ: ˈvardas …]
Elle s'appelle …	**Jì vardù …** [ˈjɪ varˈdʊ …]
Comment vous appelez-vous?	**Kuõ jũs vardù?** [ˈkʊɑ ˈjuːs varˈdʊ?]
Quel est son nom?	**Kuõ jìs vardù?** [ˈkʊɑ jɪs varˈdʊ?]
Quel est son nom?	**Kuõ jì vardù?** [ˈkʊɑ jɪ varˈdʊ?]
Quel est votre nom de famille?	**Kokià jū́sų pavardě?** [kɔˈkⁱæ ˈjuːsu: pavarˈdⁱe:?]
Vous pouvez m'appeler …	**Gāli manè vadìnti …** [ˈgaːlⁱɪ maˈnⁱɛ vaˈdⁱɪntⁱɪ …]
D'où êtes-vous?	**Ìš kur̃ jũs ēsate?** [ɪʃ ˈkʊr ˈjuːs ˈɛsatⁱɛ?]
Je suis de …	**Àš ìš …** [ˈaʃ ɪʃ …]
Qu'est-ce que vous faites dans la vie?	**Kuõ užsìimate?** [ˈkʊɑ ʊʒˈsⁱɪimatⁱɛ?]
Qui est-ce?	**Kàs tàs žmogùs?** [ˈkas ˈtas ʒmoˈgʊs?]
Qui est-il?	**Kàs jìs?** [ˈkas ˈjɪs?]
Qui est-elle?	**Kàs jì?** [ˈkas jɪ?]

Qui sont-ils?	**Kàs jiẽ?** ['kas jɪɛ?]
C'est ...	**Taì ...** ['tʌɪ ...]
mon ami	**mãno draũgas** ['maːnɔ 'drɑʊgas]
mon amie	**mãno draugė̃** ['maːnɔ drɑʊˈgʲeː]
mon mari	**mãno výras** ['maːnɔ 'vʲiːras]
ma femme	**mãno žmonà** ['maːnɔ ʒmoˈna]

mon père	**màno tévas** ['manɔ 'tʲeːvas]
ma mère	**mãno mamà** ['maːnɔ maˈma]
mon frère	**mãno brólis** ['maːnɔ 'brolʲɪs]
ma sœur	**mãno sesuõ** ['maːnɔ sʲɛˈsʊɑ]
mon fils	**mãno sūnùs** ['maːnɔ suːˈnʊs]
ma fille	**mãno dukrà** ['maːnɔ dʊkˈra]

C'est notre fils.	**Taì mū́sų sūnùs.** ['tʌɪ 'muːsu suːˈnʊs.]
C'est notre fille.	**Taì mū́sų dukrà.** ['tʌɪ 'muːsu dʊkˈra.]
Ce sont mes enfants.	**Taì mãno vaikaì.** ['tʌɪ 'maːnɔ vʌɪˈkʌɪ.]
Ce sont nos enfants.	**Taì mū́sų vaikaì.** ['tʌɪ 'muːsu vʌɪˈkʌɪ.]

Les adieux

Au revoir!	**Vìso gẽro!** ['vʲɪsɔ 'gʲæro!]
Salut!	**Ikì!** [ɪ'kʲɪ!]
À demain.	**Pasimatýsim rýt.** [pasʲɪma'tʲiːsʲɪm 'rʲiːt.]
À bientôt.	**Greĩtai pasimatýsime.** ['grʲɛɪtʌɪ pasʲɪma'tʲiːsʲɪmʲɛ.]
On se revoit à sept heures.	**Pasimatýsime septiñtą.** [pasʲɪma'tʲiːsʲɪmʲɛ sʲɛp'tʲɪnta:.]
Amusez-vous bien!	**Pasilìnksminkite!** [pasʲɪ'lʲɪŋksmʲɪŋkʲɪtʲɛ!]
On se voit plus tard.	**Pašnekésim vėliaũ.** [paʃnʲɛ'kʲeːsʲɪm vʲeːʲlʲɛʊ.]
Bonne fin de semaine.	**Gẽro savaĩtgalio.** ['gʲærɔ sa'vʌɪtgalʲɔ.]
Bonne nuit.	**Labãnakt.** [lʲa'baːnakt.]
Il est l'heure que je parte.	**Mán jaũ laĩkas eĩti.** ['man 'jɛʊ 'lʲʌɪkas 'ɛɪtʲɪ.]
Je dois m'en aller.	**Mán reĩkia eĩti.** ['man 'rʲɛɪkʲɛ 'ɛɪtʲɪ.]
Je reviens tout de suite.	**Tuõj grį̃šiu.** ['tʊɑj 'grʲɪːʃʊ.]
Il est tard.	**Jaũ vėlù.** ['jɛʊ vʲeːʲlʲʊ.]
Je dois me lever tôt.	**Mán reĩkia ankstì kéltis.** ['man 'rʲɛɪkʲɛ aŋk'stʲɪ 'kʲɛlʲtʲɪs.]
Je pars demain.	**Àš išvykstù rýt.** ['aʃ iʃvʲiːks'tʊ 'rʲiːt.]
Nous partons demain.	**Mẽs išvỹkstame rýt.** ['mʲæs iʃ'vʲiːkstamʲɛ 'rʲiːt.]
Bon voyage!	**Gẽros keliõnės!** [gʲæros kʲɛ'lʲoːnʲeːs!]
Enchanté de faire votre connaissance.	**Bùvo malonù susipažìnti.** ['bʊvɔ malʲo'nʊ sʊsʲɪpa'ʒʲɪntʲɪ.]
Heureux /Heureuse/ d'avoir parlé avec vous.	**Bùvo malonù pasišnekéti.** ['bʊvɔ malʲo'nʊ pasʲɪʃnʲe'kʲeːtʲɪ.]
Merci pour tout.	**Ãčiū ùž vìską.** ['aːtʂʲu: 'ʊʒ 'vʲɪska:.]

Je me suis vraiment amusé /amusée/	**Puikiai praleidau laiką.** [pʊɪkʲɛɪ praˈlʲɛɪdɑʊ ˈlʌɪkaː.]
Nous nous sommes vraiment amusés /amusées/	**Mes puikiai praleidome laiką.** [ˈmʲæs ˈpʊɪkʲɛɪ praˈlʲɛɪdomʲɛ ˈlʌɪkaː.]
C'était vraiment plaisant.	**Buvo tikrai smagu.** [ˈbʊvɔ tʲɪkˈrʌɪ smaˈgʊ.]
Vous allez me manquer.	**Pasiilgsiu tavęs.** [pasʲɪˈɪlʲgsʲʊ taˈvʲɛːs.]
Vous allez nous manquer.	**Pasiilgsime jūsų.** [pasʲɪˈɪlʲgsʲɪmʲɛ ˈjuːsuː.]

Bonne chance!	**Sėkmės!** [sʲeːkˈmʲeːs!]
Mes salutations à …	**Perduokite linkėjimus …** [ˈpʲɛrdʊɑkʲɪtʲɛ lʲɪŋˈkʲɛjɪmʊs …]

Une langue étrangère

Je ne comprends pas.	**Nesuprantù.** [nʲɛsʊpran'tʊ.]
Écrivez-le, s'il vous plaît.	**Užrašýkite, prašaũ.** [ʊʒra'ʃɪːkʲɪtʲɛ, pra'ʃɑʊ.]
Parlez-vous ...?	**Ar̃ kaĺbate ...?** [ar 'kalʲbatʲɛ ...?]
Je parle un peu ...	**Trupùtį kalbù ...** [trʊ'pʊti: kalʲ'bʊ ...]
anglais	**ángliškai** ['anglʲɪʃkʌɪ]
turc	**tur̃kiškai** ['tʊrkʲɪʃkʌɪ]
arabe	**arãbiškai** [a'raːbʲɪʃkʌɪ]
français	**prancū̃ziškai** [pran'tsuːzʲɪʃkʌɪ]
allemand	**vókiškai** ['vokʲɪʃkʌɪ]
italien	**itãliškai** [ɪ'taːlʲɪʃkʌɪ]
espagnol	**ispãniškai** [ɪs'paːnʲɪʃkʌɪ]
portugais	**portugãliškai** [portʊ'gaːlʲɪʃkʌɪ]
chinois	**kìniškai** ['kʲɪnʲɪʃkʌɪ]
japonais	**japòniškai** [ja'ponʲɪʃkʌɪ]
Pouvez-vous le répéter, s'il vous plaît.	**Ar̃ gãlite pakartóti?** [ar 'gaːlʲɪtʲɛ pakar'totʲɪ?]
Je comprends.	**Suprantù.** [sʊpran'tʊ.]
Je ne comprends pas.	**Nesuprantù.** [nʲɛsʊpran'tʊ.]
Parlez plus lentement, s'il vous plaît.	**Ar̃ gãlite kalbéti lėčiaũ?** [ar 'gaːlʲɪte kalʲ'bʲeːtʲɪ lʲeːˈtɕʲɛʊ?]
Est-ce que c'est correct?	**Ar̃ teisìngai?** [ar tʲɛɪ'sʲɪngʌɪ?]
Qu'est-ce que c'est?	**Ką̃ taĩ réiškia?** [kaː 'tʌɪ 'rʲɛɪʃkʲæ?]

Les excuses

Excusez-moi, s'il vous plaît.	**Atleiskite.** [at'lɛɪskʲɪtʲɛ.]
Je suis désolé /désolée/	**Atsiprašaũ.** [atsʲɪpra'ʃɑʊ.]
Je suis vraiment /désolée/	**Mán labaĩ gaĩla.** ['man lʲa'bʌɪ 'gʌɪlʲa.]
Désolé /Désolée/, c'est ma faute.	**Atsiprašaũ, taĩ àš káltas /kaltà/.** [atsʲɪpra'ʃɑʊ, 'tʌɪ aʃ 'kalʲtas /kal'ta/.]
Au temps pour moi.	**Taĩ mãno klaidà.** ['tʌɪ 'maːnɔ klʲʌɪ'da.]

Puis-je … ?	**Aȓ galiù …?** [ar ga'lʲʊ …?]
Ça vous dérange si je …?	**Aȓ jũs niẽko priẽš, jéi …?** [ar 'juːs 'nʲɛkɔ 'prʲɛʃ, jɛɪ …?]
Ce n'est pas grave.	**Niẽko tókio.** ['nʲɛkɔ 'tokʲɔ.]
Ça va.	**Vìskas geraĩ.** ['vʲɪskas gʲɛ'rʌɪ.]
Ne vous inquiétez pas.	**Nesijáudinkite děl tõ.** [nʲɛsʲɪ'jɑʊdʲɪŋkʲɪte 'dʲeːlʲ 'toː.]

Les accords

Oui	**Taĩp.** ['tʌɪp.]
Oui, bien sûr.	**Žìnoma.** ['ʒ⁼ɪnoma.]
Bien.	**Geraĩ.** [gʲɛ'rʌɪ.]
Très bien.	**Puikù.** [pʊi'kʊ.]
Bien sûr!	**Būtinaĩ!** [buːtʲɪ'nʌɪ!]
Je suis d'accord.	**Sutinkù.** [sʊtʲɪŋ'kʊ.]
C'est correct.	**Tikraĩ.** [tʲɪk'rʌɪ.]
C'est exact.	**Teisìngai.** [tʲɛɪ'sʲɪngʌɪ.]
Vous avez raison.	**Jũs teisùs /teisì/.** ['juːs tʲɛɪ'sʊs /tʲɛɪ'sʲɪ/.]
Je ne suis pas contre.	**Màn tiñka.** ['man 'tʲɪŋka.]
Tout à fait correct.	**Tikraĩ taĩp.** [tʲɪk'rʌɪ 'tʌɪp.]
C'est possible.	**Įmãnoma.** [iː'maːnoma.]
C'est une bonne idée.	**Gerà mintìs.** [gʲɛ'ra mʲɪn'tʲɪs.]
Je ne peux pas dire non.	**Negaliù atsisakýti.** [nʲɛga'lʲʊ atsʲɪsa'kʲiːtʲɪ.]
J'en serai ravi /ravie/	**Mielaĩ.** [mʲiɛ'lʲʌɪ.]
Avec plaisir.	**Sù míelu nóru.** ['sʊ 'mʲiɛlʲʊ 'norʊ.]

Refus, exprimer le doute

Non	**Nė.** ['nʲɛ.]
Absolument pas.	**Tikraĩ nė.** [tʲɪkˈrʌɪ nʲɛ.]
Je ne suis pas d'accord.	**Àš nesutinkù.** ['aʃ nʲɛsʊtʲɪŋˈkʊ.]
Je ne le crois pas.	**Nemanaũ.** [nʲɛmaˈnɑʊ.]
Ce n'est pas vrai.	**Taĩ netiesà.** ['tʌɪ nʲɛtʲiɛˈsa.]
Vous avez tort.	**Jũs klýstate.** ['ju:s 'klʲi:statʲɛ.]
Je pense que vous avez tort.	**Manaũ, jũs klýstate.** [maˈnɑʊ, 'ju:s 'klʲi:statʲɛ.]
Je ne suis pas sûr /sûre/	**Nesù tìkras /tikrà/.** [nʲɛˈsʊ 'tʲɪkras /tʲɪkˈra/.]
C'est impossible.	**Neįmãnoma.** [nʲɛɪ:ˈma:noma.]
Pas du tout!	**Niẽko panašaũs!** ['nʲɛkɔ panaˈʃɑʊs!]
Au contraire!	**Vìsiškai príešingai.** ['vʲɪsʲɪʃkʌɪ 'prʲiɛʃ'ɪŋɡʌɪ.]
Je suis contre.	**Àš prieštaráuju.** ['aʃ prʲiɛʃtaˈrɑʊjʊ.]
Ça m'est égal.	**Mán nerũpi.** ['man nʲɛˈru:pʲɪ.]
Je n'ai aucune idée.	**Neįsivaizdúoju.** [nʲɛɪ:sʲɪvʌɪzˈdʊo:jʊ.]
Je doute que cela soit ainsi.	**Abejóju.** [abʲɛˈjɔjʊ.]
Désolé /Désolée/, je ne peux pas.	**Atsiprašaũ, bèt negaliù.** [atsʲɪpraˈʃɑʊ, bʲɛt nʲɛɡaˈlʲʊ.]
Désolé /Désolée/, je ne veux pas.	**Atsiprašaũ, bèt nenóriu.** [atsʲɪpraˈʃɑʊ, bʲɛt nʲɛˈnorʲʊ.]
Merci, mais ça ne m'intéresse pas.	**Ãčiū, bèt mán nereĩkia.** ['a:tʂʲu:, bʲɛt 'man nʲɛˈrʲɛɪkʲæ.]
Il se fait tard.	**Jaũ vėlù.** ['jɛʊ vʲeːˈlʲʊ.]

Je dois me lever tôt. **Mán reĩkia ankstì kéltis.**
['man 'rɛɪkⁱɛ aŋk'stⁱɪ 'kⁱɛlⁱtⁱɪs.]

Je ne me sens pas bien. **Nesijaučiù geraĩ.**
[nⁱɛsⁱɪ'jɛʊ'tʂⁱʊ gⁱɛ'rʌɪ.]

Exprimer la gratitude

Merci.	**Ačiū.** ['a:tʃʲu:.]
Merci beaucoup.	**Labaĩ ačiū.** [lʲa'bʌɪ 'a:tʃʲu:.]
Je l'apprécie beaucoup.	**Aš labaĩ dėkingas /dėkinga/.** ['aʃ lʲa'bʌɪ dʲe:'kʲɪngas /dʲe:'kʲɪngа/.]
Je vous suis très reconnaissant.	**Labaĩ jùms dėkóju.** [lʲa'bʌɪ 'jʊms dʲe:'ko:jʊ.]
Nous vous sommes très reconnaissant.	**Mẽs jùms labaĩ dėkìngi.** ['mʲæs 'jʊms lʲa'bʌɪ dʲe:'kʲɪngʲɪ.]

Merci pour votre temps.	**Ačiū už júsų laĩką.** ['a:tʃʲu: 'ʊʒ 'ju:su: 'lʲʌɪka:.]
Merci pour tout.	**Ačiū už vìską.** ['a:tʃʲu: 'ʊʒ 'vʲɪska:.]
Merci pour ...	**Ačiū už ...** ['a:tʃʲu: 'ʊʒ ...]
votre aide	**pagálbą** [pa'galʲba:]
les bons moments passés	**smagiaĩ praléistą laĩką** [sma'gʲɛɪ pra'lʲɛɪsta: 'lʲʌɪka:]

un repas merveilleux	**nuostãbų pãtiekalą** [nʊɑ'sta:bu: 'pa:tʲiɛkalʲa:]
cette agréable soirée	**malõnų vãkarą** [ma'lʲo:nu: 'va:kara:]
cette merveilleuse journée	**nuostãbią diẽną** [nʊɑ'sta:bʲæ: 'dʲɛna:]
une excursion extraordinaire	**nuostãbią keliõnę** [nʊɑ'sta:bʲæ: kʲɛ'lʲo:nʲɛ:]

Il n'y a pas de quoi.	**Nėrà už kã.** [nʲe:'ra 'ʊʒ ka:.]
Vous êtes les bienvenus.	**Nedėkókite.** [nʲɛdʲe:'kokʲɪte.]
Mon plaisir.	**Bẽt kadà.** ['bʲɛt ka'da.]
J'ai été heureux /heureuse/ de vous aider.	**Bùvo malonù padéti.** ['bʊvɔ malʲo'nʊ pa'dʲe:tʲɪ.]
Ça va. N'y pensez plus.	**Kã jũs, vìskas geraĩ.** [ka: 'ju:s, 'vʲɪskas gʲɛ'rʌɪ.]
Ne vous inquiétez pas.	**Nesijáudinkite dėl tõ.** [nʲɛsʲɪ'jɑʊdʲɪŋkʲɪte 'dʲe:lʲ 'to:.]

Félicitations. Vœux de fête

Félicitations!	**Sveikinu!** ['svʲɛɪkʲɪnʊ!]
Joyeux anniversaire!	**Sù gimìmo dienà!** ['sʊ gʲɪ'mʲɪmɔ dʲiɛ'na!]
Joyeux Noël!	**Linksmų̃ Kalė̃dų!** [lʲɪŋks'muː ka'lʲeːduː!]
Bonne Année!	**Sù Naujãsiais mẽtais!** ['sʊ nɑʊ'jʌɪsʲɛɪs 'mʲætʌɪs!]
Joyeuses Pâques!	**Sù Šventõm Velýkom!** ['sʊ ʃvʲɛn'tom vʲɛ'lʲiːkom!]
Joyeux Hanoukka!	**Sù Chanùka!** ['sʊ xa'nʊka!]
Je voudrais proposer un toast.	**Nóriu paskélbti tóstą.** ['norʲʊ pas'kʲɛlʲptʲɪ 'tosta:.]
Santé!	**Į̃ sveikãtą!** [iː svʲɛɪ'kaːta:!]
Buvons à …!	**Išgérkime ùž …!** [ɪʃ'gʲɛrkʲɪmʲɛ 'ʊʒ …!]
À notre succès!	**Ùž mū̃sų sė̃kmę!** ['ʊʒ 'muːsu: 'sʲeːkmʲɛ:!]
À votre succès!	**Ùž jū̃sų sė̃kmę!** ['ʊʒ 'juːsu: 'sʲeːkmʲɛ:!]
Bonne chance!	**Sė̃kmė̃s!** [sʲeːk'mʲeːs!]
Bonne journée!	**Gẽros diẽnos!** ['gʲɛros 'dʲɛnos!]
Passez de bonnes vacances !	**Gerų̃ atóstogų!** [gʲɛ'ru: a'tostogu:!]
Bon voyage!	**Saũgios keliõnės!** ['sɑʊgʲos kʲe'lʲoːnʲeːs!]
Rétablissez-vous vite.	**Lìnkiu greĩtai pasveĩkti!** ['lʲɪŋkʲʊ 'grʲɛɪtʌɪ pas'vʲɛɪktʲɪ!]

Socialiser

Pourquoi êtes-vous si triste?	**Kodėl táu liūdnà?** [kɔ'dʲeːl 'tɑʊ lʲuːd'na?]
Souriez!	**Nusišypsók! Pralinksmék!** [nʊsʲɪʃɪːp'sok! pralʲɪŋk'smʲeːk!]
Êtes-vous libre ce soir?	**Ar jūs šiandien neužsiėmę?** [ar 'juːs 'ʃændʲiɛn neʊʒ'sʲɪeːmʲɛː?]
Puis-je vous offrir un verre?	**Ar galiù táu pasiūlyti išgérti?** [ar ga'lʲʊ 'tɑʊ pa'sʲuːlʲiːtʲɪ iʃ'gʲɛrtʲɪ?]
Voulez-vous danser?	**Ar norétum pašókti?** [ar no'rʲeːtʊm pa'ʃoktʲɪ?]
Et si on va au cinéma?	**Gal eĩkime į̃ kìną?** ['galʲ 'ɛɪkʲɪmʲɛ iː 'kʲɪːna:?]
Puis-je vous inviter ...	**Ar galiù tavè pakviẽsti ...?** [ar ga'lʲʊ ta'vʲɛ pak'vʲɛstʲɪ ...?]
au restaurant	**į̃ restorãną** [iː rʲɛsto'raːnaː]
au cinéma	**į̃ kìną** [iː 'kʲɪːnaː]
au théâtre	**į̃ teãtrą** [iː tʲɛ'aːtraː]
pour une promenade	**pasiváikščioti** [pasʲɪ'vʌɪkʃtʂʲotʲɪ]
À quelle heure?	**Kadà?** [ka'da?]
ce soir	**šiãnakt** ['ʃæːnakt]
à six heures	**šẽštą** ['ʃæʃta:]
à sept heures	**septiñtą** [sʲɛp'tʲɪnta:]
à huit heures	**aštuñtą** [aʃ'tʊnta:]
à neuf heures	**deviñtą** [dʲɛ'vʲɪnta:]
Est-ce que vous aimez cet endroit?	**Ar táu čià patiñka?** [ar 'tɑʊ tʂʲæ pa'tʲɪŋka?]
Êtes-vous ici avec quelqu'un?	**Ar tù nè víena?** [ar 'tʊ nʲɛ 'vʲiɛna?]
Je suis avec mon ami.	**Àš sù draugù /draugè/.** ['aʃ 'sʊ drɑʊ'gʊ /drɑʊ'gʲɛ/.]

Je suis avec mes amis.	**Aš su draugais /draugėmis/.** [aʃ 'su drɑu'gʌɪs /drɑugʲeː'mʲɪs/.]
Non, je suis seul /seule/	**Ne, aš viena.** ['nʲɛ, aʃ 'vʲiɛna.]

As-tu un copain?	**Ar turi vaikiną?** [ar 'tʊrʲɪ vʌɪ'kʲɪna:?]
J'ai un copain.	**Turiu vaikiną.** [tʊ'rʲʊ vʌɪ'kʲɪna:.]
As-tu une copine?	**Ar turi merginą?** [ar 'tʊrʲɪ mʲɛrʲgʲɪna:?]
J'ai une copine.	**Turiu merginą.** [tʊ'rʲʊ mʲɛrʲgʲɪna:.]

Est-ce que je peux te revoir?	**Ar galime dar kada pasimatyti?** [ar 'gaːlʲɪmʲɛ 'dar ka'da pasʲɪma'tʲiːtʲɪ?]
Est-ce que je peux t'appeler?	**Ar galiu tau paskambinti?** [ar ga'lʲʊ 'tɑʊ pas'kambʲɪntʲɪ?]
Appelle-moi.	**Paskambink man.** [pas'kambʲɪŋk 'man.]
Quel est ton numéro?	**Koks tavo numeris?** ['koks 'tavɔ 'nʊmʲɛrʲɪs?]
Tu me manques.	**Pasiilgau tavęs.** [pasʲɪ'ɪlʲgɑʊ ta'vʲɛːs.]

Vous avez un très beau nom.	**Tavo gražus vardas.** ['tavɔ gra'ʒus 'vardas.]
Je t'aime.	**Myliu tave.** ['mʲiːlʲʊ ta'vʲɛ.]
Veux-tu te marier avec moi?	**Ar tekėsi už manęs?** [ar te'kʲeːsʲɪ 'ʊʒ ma'nʲɛːs?]

Vous plaisantez!	**Tu juokauji!** ['tʊ jʊɑ'kɑʊjɪ!]
Je plaisante.	**Aš juokauju.** ['aʃ jʊɑ'kɑʊjʊ.]

Êtes-vous sérieux /sérieuse/?	**Ar tu rimtai?** [ar 'tʊ rʲɪm'tʌɪ?]
Je suis sérieux /sérieuse/	**Aš rimtai.** ['aʃ rʲɪm'tʌɪ.]
Vraiment?!	**Tikrai?** [tʲɪk'rʌɪ?]
C'est incroyable!	**Neįtikėtina!** [nʲɛɪ:tʲɪ'kʲeːtʲɪna!]
Je ne vous crois pas.	**Netikiu.** ['nʲɛtʲɪkʲʊ.]

Je ne peux pas.	**Aš negaliu.** ['aʃ nʲɛga'lʲʊ.]
Je ne sais pas.	**Nežinau.** [nʲɛʒʲɪ'nɑʊ.]

Je ne vous comprends pas	**Nesuprantu tavęs.** [nʲɛsʊpranʲtʊ taˈvʲɛːs.]
Laissez-moi! Allez-vous-en!	**Prašau atstók.** [praˈʃoʊ atsˈtok.]
Laissez-moi tranquille!	**Palìk manė víeną!** [paˈlʲɪk maˈnʲɛ ˈvʲiɛnaːǃ]

Je ne le supporte pas.	**Aš negaliu jõ pakęst.** [ˈaʃ nʲɛgaˈlʲʊ joː paˈkʲɛːst.]
Vous êtes dégoûtant!	**Tù šlykštùs!** [ˈtʊ ʃlʲiːkʃˈtʊsǃ]
Je vais appeler la police!	**Aš iškviẽsiu polìciją!** [ˈaʃ iʃkˈvʲɛsʲʊ poˈlʲɪtsʲɪjaːǃ]

Partager des impressions. Émotions

J'aime ça.
Mán patiñka.
['man pa't'ɪŋka.]

C'est gentil.
Labaĩ gražù.
[lʲa'bʌɪ gra'ʒʊ.]

C'est super!
Puikù!
[pʊi'kʊ!]

C'est assez bien.
Neblogaĩ.
[nʲɛblʲo'gʌɪ.]

Je n'aime pas ça.
Mán nepatiñka.
['man nʲɛpa't'ɪŋka.]

Ce n'est pas bien.
Taĩ nėrà geraĩ.
['tʌɪ nʲe:'ra ge'rʌɪ.]

C'est mauvais.
Taĩ blogaĩ.
['tʌɪ blʲogʌɪ.]

Ce n'est pas bien du tout.
Taĩ labaĩ blogaĩ.
['tʌɪ lʲa'bʌɪ blʲo'gʌɪ.]

C'est dégoûtant.
Taĩ šlykštù.
[tʌɪ ʃlʲi:kʃ'tʊ.]

Je suis content /contente/
Àš laimìngas /laimìnga/.
['aʃ lʲʌɪm'ɪŋgas /lʲʌɪm'ɪnga/.]

Je suis heureux /heureuse/
Àš paténkintas /paténkinta/.
['aʃ pa't'ɛŋkʲɪntas /pat'ɛŋkʲɪnta/.]

Je suis amoureux /amoureuse/
Àš įsimyléjęs /įsimyléjusi/.
['aʃ i:sʲɪmʲɪ:'lʲe:jɛ:s /i:sʲɪmʲɪ:'lʲe:jʊsʲɪ/.]

Je suis calme.
Àš ramùs /ramì/.
['aʃ ra'mʊs /ra'mʲɪ/.]

Je m'ennuie.
Mán nuobodù.
['man nʊabo'dʊ.]

Je suis fatigué /fatiguée/
Àš pavar̃gęs /pavar̃gusi/.
['aʃ pa'vargʲɛ:s /pa'vargʊsʲɪ/.]

Je suis triste.
Mán liūdnà.
['man 'lʲu:d'na.]

J'ai peur.
Àš išsigañdęs /išsigañdusi/.
['aʃ iʃsʲɪ'gandʲɛ:s /iʃsʲɪ'gandʊsʲɪ/.]

Je suis fâché /fâchée/
Àš supỹkęs /supỹkusi/.
['aʃ sʊ'pʲi:kʲɛ:s /sʊ'pʲi:kʊsʲɪ/.]

Je suis inquiet /inquiète/
Àš susirū́pinęs /susirū́pinusi/.
['aʃ sʊsʲɪ'ru:pʲɪnʲɛ:s /sʊsʲɪ'ru:pʲɪnʊsʲɪ/.]

Je suis nerveux /nerveuse/
Àš susinèrvinęs /susinèrvinusi/.
['aʃ sʊsʲɪ'nʲɛrvʲɪnʲɛ:s /sʊsʲɪ'nʲɛrvʲɪnʊsʲɪ/.]

Je suis jaloux /jalouse/ | **Àš pavýdžiu.**
['aʃ pa'vˈiːdʒˈʊ.]

Je suis surpris /surprise/ | **Àš nustẽbęs /nustẽbusi/.**
['aʃ nʊstˈæbˈɛːs /nʊstˈæbʊsˈɪ/.]

Je suis gêné /gênée/ | **Àš sumìšęs /sumìšusi/.**
['aʃ sʊˈmˈɪʃɛːs /sʊˈmˈɪʃʊsˈɪ/.]

Problèmes. Accidents

J'ai un problème.	**Atsitiko problemà.**
	[ats'ɪ't'ɪkɔ probl'ɛ'ma.]
Nous avons un problème.	**Mẽs tùrime problemà.**
	['m'æs 'tʊr'ɪm'ɛ probl'ɛ'ma.]
Je suis perdu /perdue/	**Àš pasiklýdau.**
	['aʃ pas'ɪk'l'i:dɑʊ.]
J'ai manqué le dernier bus (train).	**Neṣpéjau į̃ paskutìnį autobùsą (traukinį).**
	[n'ɛs'p'e:'jɛʊ i: paskʊ't'ɪ:n'ɪ: ɑʊto'bʊsa: ('trɑʊk'ɪn'ɪ:).]
Je n'ai plus d'argent.	**Nebeturiù pinigũ̃.**
	[n'ɛb'ɛtʊ'r'ʊ p'ɪn'ɪ'gu:.]
J'ai perdu mon ...	**Àš pàmečiau ...**
	['aʃ 'pam'ɛtʂ'ɛʊ ...]
On m'a volé mon ...	**Kažkàs pàvogé màno ...**
	[kaʒ'kas 'pavog'e: 'manɔ ...]
passeport	**pãsą**
	['pa:sa:]
portefeuille	**piniginę**
	[p'ɪn'ɪ'g'ɪn'ɛ:]
papiers	**dokumentùs**
	[dokʊm'ɛn'tʊs]
billet	**bìlietą**
	['b'ɪl'i'l'ɛta:]
argent	**pìnigus**
	['p'ɪn'ɪgʊs]
sac à main	**rañkinę**
	['raŋk'ɪn'ɛ:]
appareil photo	**fotoaparãtą**
	[fotoapa'ra:ta:]
portable	**nešiójamąjį̃ kompiùterį**
	[n'ɛ'ʃojama:ji: kom'p'ʊt'ɛr'ɪ:]
ma tablette	**planšètinį̃ kompiùterį**
	[pl'an'ʃɛt'ɪn'ɪ: kom'p'ʊt'ɛr'i:]
mobile	**mobìlųjį̃ telefòną**
	[mo'b'ɪlu:ji: t'ɛl'ɛ'fona:]
Au secours!	**Padékite màn!**
	[pa'd'e:k'ɪte 'man!]
Qu'est-il arrivé?	**Kàs atsitìko?**
	['kas ats'ɪ't'ɪko?]

un incendie	**gaĩsras** ['gʌɪsras]
des coups de feu	**kažkàs šáudė** [kaʒ'kas 'ʃɑʊdʲeː]
un meurtre	**žmogžudỹstė** [ʒmogʒʊ'dʲiːstʲeː]
une explosion	**sprogìmas** [spro'gʲɪmas]
une bagarre	**muštỹnės** [mʊʃ'tʲiːnʲeːs]

Appelez la police!	**Kviẽskite polìciją!** ['kvʲɛskʲɪtʲɛ po'lʲɪtsʲɪjaː!]
Dépêchez-vous, s'il vous plaît!	**Prašaũ, paskubékite!** [pra'ʃɑʊ, paskʊ'bʲeːkʲɪtʲe!]
Je cherche le commissariat de police.	**Ieškau polìcijos skỹriaus.** ['ɪʲɛʃkɑʊ po'lʲɪtsɪjos 'skʲiːrʲɛʊs.]
Il me faut faire un appel.	**Màn reĩkia paskam̃binti.** ['man 'rʲɛɪkʲɛ pas'kambʲɪntʲɪ.]
Puis-je utiliser votre téléphone?	**Ar̃ galiù pasinaudóti jū́sų telefonù?** [ar ga'lʲʊ pasʲɪnɑʊ'dotʲɪ 'juːsu: tʲɛlʲɛfo'nʊ?]

J'ai été …	**Manè …** [ma'nʲɛ …]
agressé /agressée/	**apiplė́šė** [apʲɪ'pʲlʲeːʃeː]
volé /volée/	**àpvogė** ['apvogʲeː]
violée	**išprievartãvo** [ɪʃprʲɪɛvar'taːvɔ]
attaqué /attaquée/	**užpúolė** [ʊʒ'pʊolʲeː]

Est-ce que ça va?	**Ar̃ vìskas geraĩ?** [ar 'vʲɪskas gʲɛ'rʌɪ?]
Avez-vous vu qui c'était?	**Ar̃ mãtėte, kàs taĩ bùvo?** [ar 'maːtʲeːte, 'kas tʌɪ 'bʊvo?]
Pourriez-vous reconnaître cette personne?	**Ar̃ sugebétuméte atpažìnti tą̃ žmogų?** [ar sʊge'bʲeːtʊmʲeːte atpa'ʒʲɪntʲɪ ta: 'ʒmogu:?]
Vous êtes sûr?	**Ar̃ jū̃s tìkras /tikrà/?** [ar 'ju:s tʲɪkras /tʲɪk'ra/?]

Calmez-vous, s'il vous plaît.	**Prašaũ, nurìmkite.** [pra'ʃɑʊ, nʊ'rʲɪmkʲɪtʲɛ.]
Calmez-vous!	**Ramiaũ!** [ra'mʲɛʊ!]
Ne vous inquiétez pas.	**Nesijáudinkite!** [nʲɛsʲɪ'jɑʊdʲɪŋkʲɪtʲɛ!]
Tout ira bien.	**Vìskas bùs geraĩ.** ['vʲɪskas 'bʊs gʲɛ'rʌɪ.]

Ça va. Tout va bien.

Vìskas geraĩ.
[ˈvʲɪskas gʲɛˈrʌɪ.]

Venez ici, s'il vous plaît.

Prašaũ, ateĩkite čià.
[praˈʃɑʊ, aˈtʲɛɪkʲɪtʲɛ ʈʂʲæ.]

J'ai des questions à vous poser.

Turiù jùms kẽletą kláusimų.
[tʊˈrʲʊ ˈjʊms ˈkʲælʲɛta: ˈklɑʊsʲɪmu:.]

Attendez un moment, s'il vous plaît.

Prašaũ trupùtį paláukti.
[praˈʃɑʊ trʊˈpʊtʲɪ: paˈlʲɑʊktʲɪ.]

Avez-vous une carte d'identité?

Aȓ tùrite kokiùs nórs asmeñs dokumentùs?
[ar ˈtʊrʲɪtʲɛ koˈkʲʊs ˈnors asˈmʲɛns dokʊmʲɛnˈtʊs?]

Merci. Vous pouvez partir maintenant.

Áčiū. Gãlite eĩti.
[ˈa:ʈʂʲu:. ˈga:lʲɪtʲɛ ˈɛɪtʲɪ.]

Les mains derrière la tête!

Rankàs ùž galvõs!
[ranˈkas ˈʊʒ galʲvoːs!]

Vous êtes arrêté!

Jũs sùimamas!
[ˈjuːs ˈsʊimamas!]

Problèmes de santé

Aidez-moi, s'il vous plaît.	**Prašaũ, padékite mán.** [praˈʃɑʊ, padʲeːkʲɪte ˈman.]
Je ne me sens pas bien.	**Mán blogà.** [ˈman blʲoˈga.]
Mon mari ne se sent pas bien.	**Mãno výrui blogà.** [ˈmaːnɔ ˈvʲiːrʊɪ blʲoˈga.]
Mon fils ...	**Mãno sũnui ...** [ˈmanɔ ˈsuːnʊɪ ...]
Mon père ...	**Mãno tévui ...** [ˈmanɔ ˈtʲeːvʊɪ ...]
Ma femme ne se sent pas bien.	**Mãno žmónai blogà.** [ˈmanɔ ˈʒmonʌɪ blʲoˈga.]
Ma fille ...	**Mãno dùkrai ...** [ˈmanɔ ˈdʊkrʌɪ ...]
Ma mère ...	**Mãno mãmai ...** [ˈmanɔ ˈmaːmʌɪ ...]
J'ai mal ...	**Mán ...** [ˈman ...]
à la tête	**skaũda gálvą** [ˈskɑʊda ˈɡalʲvaː]
à la gorge	**skaũda gérklę** [ˈskɑʊda ˈɡʲɛrklʲɛː]
à l'estomac	**skaũda skrañdį** [ˈskɑʊda ˈskrandʲɪː]
aux dents	**skaũda dañtį** [ˈskɑʊda ˈdanti:]
J'ai le vertige.	**Mán svaĩgsta galvà.** [ˈman ˈsvʌɪɡsta ɡalʲˈva.]
Il a de la fièvre.	**Jìs karščiúoja.** [jɪs karʃˈtsʲʊoːjɛ.]
Elle a de la fièvre.	**Jì karščiúoja.** [jɪ karʃˈtsʲʊoːjɛ.]
Je ne peux pas respirer.	**Negaliù kvėpúoti.** [nʲɛɡaˈlʲʊ kvʲeːˈpʊotʲɪ.]
J'ai du mal à respirer.	**Mán sunkù kvėpúoti.** [ˈman sʊŋˈkʊ kvʲeːˈpʊotʲɪ.]
Je suis asthmatique.	**Sergù astmà.** [sʲɛrˈɡʊ astˈma.]
Je suis diabétique.	**Sergù diabetù.** [sʲɛrˈɡʊ dʲæbʲɛˈtʊ.]

Je ne peux pas dormir.

Negaliu užmigti.
[nʲɛgaˈlʲʊ ʊʒˈmʲɪktʲɪ.]

intoxication alimentaire

apsinuōdijimas maistu̇
[apsʲɪˈnʊɑdʲɪjimas mʌɪsˈtʊ]

Ça fait mal ici.

Skaũda čià.
[ˈskɑʊda ˈtʂʲæ.]

Aidez-moi!

Padékite màn!
[paˈdʲe:kʲɪte ˈman!]

Je suis ici!

Àš čià!
[ˈaʃ tʂʲæ!]

Nous sommes ici!

Mẽs čià!
[ˈmʲæs tʂʲæ!]

Sortez-moi d'ici!

Ištráukite manè ìš čià!
[ɪʃˈtrɑʊkʲɪtʲɛ maˈnʲɛ ɪʃ tʂʲæ!]

J'ai besoin d'un docteur.

Màn reĩkia dãktaro.
[ˈman ˈrʲɛɪkʲɛ ˈda:ktarɔ.]

Je ne peux pas bouger!

Negaliu pajudéti.
[nʲɛgaˈlʲʊ pajuˈdʲe:tʲɪ.]

Je ne peux pas bouger mes jambes.

Negaliu pajùdinti kójų.
[nʲɛgaˈlʲʊ paˈjʊdʲɪntʲɪ ˈkoju:.]

Je suis blessé /blessée/

Àš sùžeistas /sužeistà/.
[ˈaʃ ˈsʊʒʲɛɪstas /sʊʒʲɛɪsˈta/.]

Est-ce que c'est sérieux?

Ar̃ žaizdà sunkì?
[ar ʒʌɪzˈda sʊŋˈkʲɪ?]

Mes papiers sont dans ma poche.

Mãno dokumeñtai kišēnėje.
[ˈma:nɔ dokʊˈmentʌɪ kʲɪˈʃænʲe:je.]

Calmez-vous!

Nurìmkite!
[nʊrʲɪmkʲɪtʲɛ!]

Puis-je utiliser votre téléphone?

Ar̃ galiu pasinaudóti jū́sų telefonù?
[ar gaˈlʲʊ pasʲɪnɑʊˈdotʲɪ ˈju:su: tʲɛlʲɛfoˈnʊ?]

Appelez une ambulance!

Kviẽskite greĩtaja̧!
[ˈkvʲɛskʲɪtʲɛ ˈɡrʲɛɪta:ja:!]

C'est urgent!

Taĩ skubù!
[ˈtʌɪ skʊˈbʊ!]

C'est une urgence!

Taĩ skubùs ãtvejis!
[ˈtʌɪ skʊˈbʊs ˈa:tvʲɛjis!]

Dépêchez-vous, s'il vous plaît!

Prašaũ, paskubékite!
[praˈʃɑʊ, paskʊˈbʲe:kʲɪtʲɛ!]

Appelez le docteur, s'il vous plaît.

Ar̃ gãlite iškviẽsti dãktara̧?
[ar ˈga:lʲɪtʲɛ iʃkʲvʲɛstʲɪ ˈda:ktara:?]

Où est l'hôpital?

Kur̃ ligóninė?
[ˈkʊr lʲɪˈgonʲɪnʲe:?]

Comment vous sentez-vous?

Kaĩp jaũčiatės?
[ˈkʌɪp ˈjɛʊtʂʲætʲe:s?]

Est-ce que ça va?

Ar̃ vìskas geraĩ?
[ar ˈvʲɪskas gʲɛˈrʌɪ?]

Qu'est-il arrivé?

Kàs atsitìko?
[ˈkas atsʲɪˈtʲɪko?]

Je me sens mieux maintenant.	**Jaučiúosi geriaũ.** [jɛʊ'tʂ^ıʊosʲɪ gʲɛ'rʲɛʊ.]
Ça va. Tout va bien.	**Vìskas tvarkojè.** ['vʲɪskas tvarko'jæ.]
Ça va.	**Vìskas geraĩ.** ['vʲɪskas gʲɛ'rʌɪ.]

À la pharmacie

pharmacie	**váistinė** ['vʌɪstʲɪnʲe:]
pharmacie 24 heures	**vìsą pãrą dìrbanti váistinė** ['vʲɪsɑ: 'pɑːrɑ: 'dʲɪrbantʲɪ 'vʌɪstʲɪnʲe:]
Où se trouve la pharmacie la plus proche?	**Kur̃ yrà artimiáusia váistinė?** ['kur iː'ra artʲɪ'mʲæʊsʲɛ 'vʌɪstʲɪnʲe:?]
Est-elle ouverte en ce moment?	**Ar̃ jì dabar̃ dìrba?** [ar jɪ da'bar 'dʲɪrba?]
À quelle heure ouvre-t-elle?	**Kadà jì atsidãro?** [ka'da jɪ atsʲɪ'da:ro?]
à quelle heure ferme-t-elle?	**Kadà jì užsidãro?** [ka'da jɪ ʊʒsʲɪ'da:ro?]
C'est loin?	**Ar̃ jì tõli?** [ar jɪ 'to:lʲɪ?]
Est-ce que je peux y aller à pied?	**Ar̃ galiù nueĩti teñ pėsčiomìs?** [ar ga'lʲʊ 'nʊʲɛɪtʲɪ ten pʲeːstsʲo'mʲɪs?]
Pouvez-vous me le montrer sur la carte?	**Ar̃ gãlite paródyti žemėlapyje?** [ar 'ga:lʲɪte pa'rodʲiːtʲɪ ʒe'mʲeːlapʲiːje?]
Pouvez-vous me donner quelque chose contre ...	**Dúokite mán kažką̃ nuõ ...** ['dʊokʲɪtʲɛ 'man kaʒ'ka: nʊɑ ...]
le mal de tête	**galvõs skaũsmo** [galʲˠ'voːs 'skaʊsmɔ]
la toux	**kosùlio** [kɔ'sʊlʲɔ]
le rhume	**péršalimo** ['pʲɛrʃalʲɪmɔ]
la grippe	**grìpo** ['grʲɪpɔ]
la fièvre	**karščiãvimo** [karʃ'tsʲævʲɪmɔ]
un mal d'estomac	**skrañdžio skaũsmo** ['skrandʒʲɔ 'skaʊsmɔ]
la nausée	**pýkinimo** ['pʲiːkʲɪnʲɪmɔ]
la diarrhée	**viduriãvimo** [vʲɪdʊ'rʲævʲɪmɔ]
la constipation	**vidurių̃ užkietėjimo** [vʲɪdʊ'rʲuː ʊʒkʲɪɛ'tʲɛjɪmɔ]
un mal de dos	**nùgaros skaũsmo** ['nʊgaros 'skaʊsmɔ]

les douleurs de poitrine	**krutinės skaùsmo** [krutʲɪ'nʲeːs 'skaʊsmɔ]
les points de côté	**šóno diegìmo** ['ʃɔnɔ dʲiɛ'gʲɪmɔ]
les douleurs abdominales	**pìlvo skaũsmo** ['pʲɪlʲvɔ 'skaʊsmɔ]

une pilule	**tabletė** [tab'lʲɛtʲeː]
un onguent, une crème	**tẽpalas, krèmas** ['tʲæpalʲas, 'krʲɛmas]
un sirop	**sìrupas** ['sʲɪrʊpas]
un spray	**puřškalas** ['pʊrʃkalʲas]
les gouttes	**lašaì** [lʲa'ʃʌɪ]

Vous devez allez à l'hôpital.	**Jùms reìkia į ligóninę.** ['jʊms 'rʲɛɪkʲɛ iː lʲɪ'gɔnʲɪnʲɛː..]
assurance maladie	**sveikãtos draudìmas** [svʲɛɪ'kaːtos draʊ'dʲɪmas]
prescription	**vaìsto recèptas** ['vʌɪstɔ rʲɛ'tsʲɛptas]
produit anti-insecte	**vabzdžių repeleñtas** [vabz'dʒʲuː rʲɛpʲɛ'lʲɛntas]
bandages adhésifs	**pleìstras** ['plʲɛɪstras]

Les essentiels

Excusez-moi, ...	**Atsiprašaũ, ...** [atsʲɪpra'ʃɑʊ, ...]
Bonjour	**Sveikì.** [svʲɛɪ'kʲɪ.]
Merci	**Ãčiū.** ['a:tʂʲu:.]
Au revoir	**Ikì.** [ɪ'kʲɪ.]
Oui	**Taĩp.** ['tʌɪp.]
Non	**Nè.** ['nʲɛ.]
Je ne sais pas.	**Nežinaũ.** [nʲɛʒʲɪ'nɑʊ.]
Où? | Où? | Quand?	**Kuř? | Kur? | Kadà?** ['kʊr? | 'kʊr? | kɑ'da?]
J'ai besoin de ...	**Mán reĩkia ...** ['man 'rʲɛɪkʲɛ ...]
Je veux ...	**Nóriu ...** ['norʲʊ ...]
Avez-vous ... ?	**Ař tùrite ...?** [ar 'tʊrʲɪtʲɛ ...?]
Est-ce qu'il y a ... ici?	**Ař čià yrà ...?** [ar 'tʂʲæ i:'ra ...?]
Puis-je ... ?	**Ař galiù ...?** [ar ga'lʲʊ ...?]
s'il vous plaît (pour une demande)	**Prašaũ ...** [pra'ʃɑʊ ...]
Je cherche ...	**Íeškau ...** ['ɪʲɛʃkɑʊ ...]
les toilettes	**tualèto** [tʊa'lʲɛtɔ]
un distributeur	**bankomãto** [baŋko'ma:tɔ]
une pharmacie	**váistinès** ['vʌɪstʲɪnʲe:s]
l'hôpital	**ligóninès** [lʲɪ'gonʲɪnʲe:s]
le commissariat de police	**polìcijos skỹriaus** [po'lʲɪtsɪjɔs 'skʲi:rʲɛʊs]
une station de métro	**metrò** [mʲɛ'tro]

un taxi	**taksì** [tak'sʲɪ]
la gare	**traukinių stotiẽs** [trɑʊkʲɪ'nʲu: sto'tʲɛs]

Je m'appelle ...	**Mãno var̃das ...** ['ma:nɔ 'vardas ...]
Comment vous appelez-vous?	**Kuõ jū̃s vardù?** ['kʊɑ 'ju:s var'dʊ?]
Aidez-moi, s'il vous plaît.	**Atsiprašaũ, ar̃ gãlite padéti?** [atsʲɪpra'ʃɑʊ, ar 'ga:lʲɪte pa'dʲe:tʲɪ?]
J'ai un problème.	**Atsitìko problemà.** [atsʲɪ'tʲɪkɔ problʲɛ'ma.]
Je ne me sens pas bien.	**Mán blogà.** ['man blʲo'ga.]
Appelez une ambulance!	**Kviẽskite greĩtają!** ['kvʲɛskʲɪtʲɛ 'grʲɛɪta:ja:!]
Puis-je faire un appel?	**Ar̃ galiù paskam̃binti?** [ar ga'lʲʊ pas'kambʲɪntʲɪ?]

Excusez-moi.	**Atsiprašaũ.** [atsʲɪpra'ʃɑʊ.]
Je vous en prie.	**Nėrà ùž ką̃.** [nʲe:'ra 'ʊʒ ka:.]

je, moi	**àš** ['aʃ]
tu, toi	**tù** ['tʊ]
il	**jìs** [jɪs]
elle	**jì** [jɪ]
ils	**jiẽ** ['jiɛ]
elles	**jõs** ['jɔ:s]
nous	**mẽs** ['mʲæs]
vous	**jū̃s** ['ju:s]
Vous	**Jū̃s** ['ju:s]

ENTRÉE	**ĮÉJÌMAS** [i:ʲɛ:'jɪmas]
SORTIE	**IŠÉJÌMAS** [ɪʃe:'jɪmas]
HORS SERVICE | EN PANNE	**NEVEĨKIA** [nʲɛ'vʲɛɪkʲɛ]
FERMÉ	**UŽDARÝTA** [ʊʒda'rʲi:ta]

OUVERT

ATIDARÝTA
[atɪda'rʲiːta]

POUR LES FEMMES

MÓTERŲ
['motʲɛruː]

POUR LES HOMMES

VÝRŲ
['vʲiːruː]

VOCABULAIRE THÉMATIQUE

Cette section contient plus de 3000 des mots les plus importants. Le dictionnaire sera d'une aide indispensable lors de voyages à l'étranger puisque les mots individuels sont souvent assez pour être compris. Le dictionnaire comprend une transcription utile de chaque mot

T&P Books Publishing

CONTENU DU DICTIONNAIRE

T&P Books Publishing

CONCEPTS DE BASE

T&P Books Publishing

1. Les pronoms

je	àš	['aʃ]
tu	tù	['tu]
il	jìs	[jɪs]
elle	jì	[jɪ]
nous	mẽs	['mʲæs]
vous	jũs	['juːs]
ils, elles	jiẽ	['jiɛ]

2. Adresser des vœux. Se dire bonjour

Bonjour! (fam.)	Sveĩkas!	['svʲɛɪkas!]
Bonjour! (form.)	Sveikì!	[svʲɛɪ'kʲɪ!]
Bonjour! (le matin)	Lãbas rýtas!	['lʲaːbas 'rʲiːtas!]
Bonjour! (après-midi)	Labà dienà!	[lʲa'ba dʲiɛ'na!]
Bonsoir!	Lãbas vãkaras!	['lʲaːbas 'va:karas!]

dire bonjour	sveĩkintis	['svʲɛɪkʲɪntʲɪs]
Salut!	Lãbas!	['lʲaːbas!]
salut (m)	linkéjimas (v)	[lʲɪŋ'kʲɛjɪmas]
saluer (vt)	sveĩkinti	['svʲɛɪkʲɪntʲɪ]
Comment ça va?	Kaĩp sēkasi?	['kʌɪp 'sʲækasʲɪ?]
Quoi de neuf?	Kàs naũjo?	['kas 'nɑujɔ?]

Au revoir!	Ikì pasimãtymo!	[ɪkʲɪ pasʲɪmatʲiːmo!]
À bientôt!	Ikì greĩto susìtikimo!	[ɪ'kʲɪ 'grʲɛɪtɔ susʲɪtʲɪr'kʲɪmo!]
Adieu!	Lìkite sveikì!	['lʲɪkʲɪtʲɛ svʲɛɪ'kʲɪ!]
dire au revoir	atsisveĩkinti	[atsʲɪ'svʲɛɪkʲɪntʲɪ]
Salut! (À bientôt!)	Ikì!	[ɪ'kʲɪ!]

Merci!	Ãčiū!	['a:tʃʲuː!]
Merci beaucoup!	Labaĩ ãčiū!	[lʲa'bʌɪ 'a:tʃʲuː!]
Je vous en prie	Prãšom.	['pra:ʃom]
Il n'y a pas de quoi	Nevertà padėkõs.	[nʲɛver'ta padʲe:'ko:s]
Pas de quoi	Nėrà už kã.	[nʲe:'ra 'ʊʒ ka:]

Excuse-moi!	Atleĩsk!	[at'lʲɛɪsk!]
Excusez-moi!	Atleĩskite!	[at'lʲɛɪskʲɪtʲɛ!]
excuser (vt)	atleĩsti	[at'lʲɛɪstʲɪ]
s'excuser (vp)	atsiprašýti	[atsʲɪpra'ʃʲɪːtʲɪ]
Mes excuses	Mãno atsiprãšymas.	['ma:nɔ atsʲɪ'pra:ʃʲɪːmas]

Pardonnez-moi!	**Atléiskite!**	[at'lʲɛɪskʲɪtʲɛ!]
pardonner (vt)	**atléisti**	[at'lʲɛɪstʲɪ]
C'est pas grave	**Niẽko baisaũs.**	['nʲɛkɔ bʌɪ'sɑʊs]
s'il vous plaît	**prãšom**	['praːʃom]
N'oubliez pas!	**Nepamíŕškite!**	[nʲɛpa'mʲɪrʃkʲɪtʲɛ!]
Bien sûr!	**Žĩnoma!**	['ʒʲɪnoma!]
Bien sûr que non!	**Žĩnoma nè!**	['ʒʲɪnoma nʲɛ!]
D'accord!	**Sutinkù!**	[sʊtʲɪŋ'kʊ!]
Ça suffit!	**Užtèks!**	[ʊʒ'tʲɛks!]

3. Les questions

Qui?	**Kàs?**	['kas?]
Quoi?	**Kã̀?**	['kaː?]
Où? (~ es-tu?)	**Kur̃?**	['kʊr?]
Où? (~ vas-tu?)	**Kur̃?**	['kʊr?]
D'où?	**Ìš kur̃?**	[ɪʃ 'kʊr?]
Quand?	**Kadà?**	[ka'da?]
Pourquoi? (~ es-tu venu?)	**Kám?**	['kam?]
Pourquoi? (~ t'es pâle?)	**Kodėl?**	[kɔ'dʲeːlʲ?]
À quoi bon?	**Kám?**	['kam?]
Comment?	**Kaĩp?**	['kʌɪp?]
Quel? (à ~ prix?)	**Kóks?**	['koks?]
Lequel?	**Kurìs?**	[kʊ'rʲɪs?]
À qui? (pour qui?)	**Kám?**	['kam?]
De qui?	**Apiẽ kã̀?**	[a'pʲɛ 'kaː?]
De quoi?	**Apiẽ kã̀?**	[a'pʲɛ 'kaː?]
Avec qui?	**Sù kuõ?**	['sʊ 'kʊɑ?]
Combien?	**Kíek?**	['kʲɪɛk?]
À qui?	**Kienõ?**	[kʲɪɛ'noː?]

4. Les prépositions

avec (~ toi)	**sù ...**	['sʊ ...]
sans (~ sucre)	**bè**	['bʲɛ]
à (aller ~ ...)	**ĩ**	[iː]
de (au sujet de)	**apiẽ**	[a'pʲɛ]
avant (~ midi)	**ikì**	[ɪ'kʲɪ]
devant (~ la maison)	**priẽš**	['prʲɛʃ]
sous (~ la commode)	**põ**	['poː]
au-dessus de ...	**vír̃š**	['vʲɪrʃ]
sur (dessus)	**añt**	['ant]
de (venir ~ Paris)	**ìš**	[ɪʃ]

en (en bois, etc.)	**ìš**	[ɪʃ]
dans (~ deux heures)	**põ ..., ùž ...**	['po: ...], ['ʊʒ ...]
par dessus	**peř**	['pʲɛr]

5. Les mots-outils. Les adverbes. Partie 1

Où? (~ es-tu?)	**Kuř?**	['kʊr?]
ici (c'est ~)	**čià**	['tʂʲæ]
là-bas (c'est ~)	**teñ**	['tʲɛn]

| quelque part (être) | **kažkuř** | [kaʒ'kʊr] |
| nulle part (adv) | **niẽkur** | ['nʲɛkʊr] |

| près de ... | **priẽ ...** | ['prʲɛ ...] |
| près de la fenêtre | **priẽ lángo** | ['prʲɛ 'lʲaŋɡɔ] |

Où? (~ vas-tu?)	**Kuř?**	['kʊr?]
ici (Venez ~)	**čià**	['tʂʲæ]
là-bas (j'irai ~)	**teñ**	['tʲɛn]
d'ici (adv)	**ìš čià**	[ɪʃ tʂʲæ]
de là-bas (adv)	**ìš teñ**	[ɪʃ tʲɛn]

| près (pas loin) | **šalià** | [ʃa'lʲæ] |
| loin (adv) | **tolì** | [to'lʲɪ] |

près de (~ Paris)	**šalià**	[ʃa'lʲæ]
tout près (adv)	**artì**	[ar'tʲɪ]
pas loin (adv)	**netolì**	[nʲɛ'tolʲɪ]

gauche (adj)	**kairỹs**	[kʌɪ'rʲi:s]
à gauche (être ~)	**ìš kairė̃s**	[ɪʃ kʌɪ'rʲe:s]
à gauche (tournez ~)	**į̃ kaìrę**	[i: 'kʌɪrʲɛ:]

droit (adj)	**dešinỹs**	[dʲɛʃɪ'nʲi:s]
à droite (être ~)	**ìš dešinė̃s**	[ɪʃ deʃɪ'nʲe:s]
à droite (tournez ~)	**į̃ dẽšinę**	[i: 'dʲæʃɪnʲɛ:]

devant (adv)	**príekyje**	['prʲiɛkʲi:jɛ]
de devant (adj)	**príekinis**	['prʲiɛkʲɪnʲɪs]
en avant (adv)	**pirmỹn**	[pʲɪr'mʲi:n]

derrière (adv)	**galè**	[ga'lʲɛ]
par derrière (adv)	**ìš gãlo**	[ɪʃ 'ga:lʲɔ]
en arrière (regarder ~)	**atgal̃**	[at'galʲ]

| milieu (m) | **vidurỹs** (v) | [vʲɪdu'rʲi:s] |
| au milieu (adv) | **peř vìdurį** | ['pʲɛr 'vʲɪ:dʊrʲɪ:] |

| de côté (vue ~) | **šóne** | ['ʃonʲɛ] |
| partout (adv) | **visuř** | [vʲɪ'sʊr] |

autour (adv)	**apliñkui**	[ap'lʲɪŋkʊi]
de l'intérieur	**iš vidaũs**	[ɪʃ vʲɪ'dɑʊs]
quelque part (aller)	**kažkuř**	[kaʒ'kʊr]
tout droit (adv)	**tiẽsiai**	['tʲɛsʲɛɪ]
en arrière (revenir ~)	**atgaľ**	[at'galʲ]
de quelque part (n'import d'où)	**iš kuř nórs**	[ɪʃ 'kʊr 'nors]
de quelque part (on ne sait pas d'où)	**iš kažkuř**	[ɪʃ kaʒ'kʊr]
premièrement (adv)	**pìrma**	['pʲɪrma]
deuxièmement (adv)	**añtra**	['antra]
troisièmement (adv)	**trẽčia**	['trʲætʂʲæ]
soudain (adv)	**staigà**	[stʌɪ'ga]
au début (adv)	**pradžiõj**	[prad'ʒʲoːj]
pour la première fois	**pìrmą kařtą**	['pʲɪrma: 'karta:]
bien avant ...	**daũg laĩko priẽš ...**	['dɑʊg 'lʲʌɪkɔ 'prʲɛʃ ...]
de nouveau (adv)	**iš naũjo**	[ɪʃ 'nɑʊjɔ]
pour toujours (adv)	**visám laĩkui**	[vʲɪ'sam 'lʲʌɪkʊi]
jamais (adv)	**niekadà**	[nʲiɛkad'a]
de nouveau, encore (adv)	**vėl**	['vʲeːlʲ]
maintenant (adv)	**dabař**	[da'bar]
souvent (adv)	**dažnaĩ**	[daʒ'nʌɪ]
alors (adv)	**tadà**	[ta'da]
d'urgence (adv)	**skubiaĩ**	[skʊ'bʲɛɪ]
d'habitude (adv)	**įprastaĩ**	[iːpras'tʌɪ]
à propos, ...	**bejè, ...**	[bɛ'jæ, ...]
c'est possible	**įmãnoma**	[iː'maːnoma]
probablement (adv)	**tikétina**	[tʲɪ'kʲeːtʲɪna]
peut-être (adv)	**gãli bū́ti**	['ga:lʲɪ 'buːtʲɪ]
en plus, ...	**bè tõ, ...**	['bʲɛ toː, ...]
c'est pourquoi ...	**todė́l ...**	[to'dʲeːlʲ ...]
malgré ...	**nepáisant ...**	[nʲɛ'pʌɪsant ...]
grâce à ...	**... dėkà**	[... dʲeː'ka]
quoi (pron)	**kàs**	['kas]
que (conj)	**kàs**	['kas]
quelque chose (Il m'est arrivé ~)	**kažkàs**	[kaʒ'kas]
quelque chose (peut-on faire ~)	**kažkàs**	[kaʒ'kas]
rien (m)	**niẽko**	['nʲɛkɔ]
qui (pron)	**kàs**	['kas]
quelqu'un (on ne sait pas qui)	**kažkàs**	[kaʒ'kas]
quelqu'un (n'importe qui)	**kažkàs**	[kaʒ'kas]
personne (pron)	**niẽkas**	['nʲɛkas]

nulle part (aller ~)	niẽkur	['nʲɛkʊr]
de personne	niẽkieno	['nʲɛ'kʲieno]
de n'importe qui	kažkienõ	[kaʒkʲiɛ'no:]
comme ça (adv)	taĩp	['tʌɪp]
également (adv)	taĩp pàt	['tʌɪp 'pat]
aussi (adv)	ir̃gi	['ɪrgʲɪ]

6. Les mots-outils. Les adverbes. Partie 2

Pourquoi?	Kodė̃l?	[kɔ'dʲe:lʲ?]
pour une certaine raison	kažkodė̃l	[kaʒko'dʲe:lʲ]
parce que ...	... todė̃l, kàd	[... to'dʲe:lʲ, 'kad]
pour une raison quelconque	kažkodė̃l	[kaʒko'dʲe:lʲ]
et (conj)	ir̃	[ɪr]
ou (conj)	arbà	[ar'ba]
mais (conj)	bèt	['bʲɛt]
trop (adv)	pernelýg	[pʲɛrnʲɛ'lʲi:g]
seulement (adv)	tiktaĩ	[tʲɪk'tʌɪ]
précisément (adv)	tiksliaĩ	[tʲɪks'lʲɛɪ]
près de ... (prep)	maždaũg	[maʒ'dɑʊg]
approximativement	apýtikriai	[a'pʲi:tʲɪkrʲɛɪ]
approximatif (adj)	apýtikriai	[a'pʲi:tʲɪkrʲɛɪ]
presque (adv)	beveĩk	[bʲɛ'vʲɛɪk]
reste (m)	vìsa kìta (m)	['vʲɪsa 'kʲɪta]
chaque (adj)	kiekvíenas	[kʲiɛk'vʲiɛnas]
n'importe quel (adj)	bèt kurìs	['bʲɛt kʊ'rʲɪs]
beaucoup (adv)	daũg	['dɑʊg]
plusieurs (pron)	daũgelis	['dɑʊgʲɛlʲɪs]
tous	visì	[vʲɪ's'ɪ]
en échange de ...	mainaĩs į̃ ...	[mʌɪ'nʌɪs i: ..]
en échange (adv)	mainaĩs	[mʌɪ'nʌɪs]
à la main (adv)	rañkiniu būdù	['raŋkʲɪnʲʊ bu:'dʊ]
peu probable (adj)	kažì	[ka'ʒʲɪ]
probablement (adv)	tikriáusiai	[tʲɪk'rʲæʊsʲɛɪ]
exprès (adv)	týčia	['tʲi:tʂʲæ]
par accident (adv)	netýčia	[nʲɛ'tʲi:tʂʲæ]
très (adv)	labaĩ	[lʲa'bʌɪ]
par exemple (adv)	pãvyzdžiui	['pa:vʲi:zdʒʲʊi]
entre (prep)	tar̃p	['tarp]
parmi (prep)	tar̃p	['tarp]
autant (adv)	tiẽk	['tʲɛk]
surtout (adv)	ýpač	['ɪ:patʂ]

NOMBRES. DIVERS

T&P Books Publishing

zéro	**nùlis**	['nʊlʲɪs]
un	**víenas**	['vʲiɛnas]
deux	**dù**	['dʊ]
trois	**trìs**	['trʲɪs]
quatre	**keturì**	[kʲɛtʊˈrʲɪ]
cinq	**penkì**	[pʲɛŋˈkʲɪ]
six	**šešì**	[ʃɛˈʃɪ]
sept	**septynì**	[sʲɛptʲiːˈnʲɪ]
huit	**aštuonì**	[aʃtʊɑˈnʲɪ]
neuf	**devynì**	[dʲɛvʲiːˈnʲɪ]
dix	**dẽšimt**	['dʲæʃɪmt]
onze	**vienúolika**	[vʲiɛˈnʊɑlʲɪka]
douze	**dvýlika**	['dvʲiːlʲɪka]
treize	**trýlika**	['trʲiːlʲɪka]
quatorze	**keturiólika**	[kʲɛtʊˈrʲolʲɪka]
quinze	**penkiólika**	[pʲɛŋˈkʲolʲɪka]
seize	**šešiólika**	[ʃɛˈʃolʲɪka]
dix-sept	**septyniólika**	[sʲɛptʲiːˈnʲolʲɪka]
dix-huit	**aštuoniólika**	[aʃtʊɑˈnʲolʲɪka]
dix-neuf	**devyniólika**	[dʲɛvʲiːˈnʲolʲɪka]
vingt	**dvìdešimt**	['dvʲɪdʲɛʃɪmt]
vingt et un	**dvìdešimt víenas**	['dvʲɪdʲɛʃɪmt 'vʲiɛnas]
vingt-deux	**dvìdešimt dù**	['dvʲɪdʲɛʃɪmt 'dʊ]
vingt-trois	**dvìdešimt trìs**	['dvʲɪdʲɛʃɪmt 'trʲɪs]
trente	**trìsdešimt**	['trʲɪsdʲɛʃɪmt]
trente et un	**trìsdešimt víenas**	['trʲɪsdʲɛʃɪmt 'vʲiɛnas]
trente-deux	**trìsdešimt dù**	['trʲɪsdʲɛʃɪmt 'dʊ]
trente-trois	**trìsdešimt trìs**	['trʲɪsdʲɛʃɪmt 'trʲɪs]
quarante	**kẽturiasdešimt**	['kʲætʊrʲæsdʲɛʃɪmt]
quarante et un	**kẽturiasdešimt víenas**	['kʲætʊrʲæsdʲɛʃɪmt 'vʲiɛnas]
quarante-deux	**kẽturiasdešimt dù**	['kʲætʊrʲæsdʲɛʃɪmt 'dʊ]
quarante-trois	**kẽturiasdešimt trìs**	['kʲætʊrʲæsdʲɛʃɪmt 'trʲɪs]
cinquante	**peñkiasdešimt**	['pʲɛŋkʲæsdʲɛʃɪmt]
cinquante et un	**peñkiasdešimt víenas**	['pʲɛŋkʲæsdʲɛʃɪmt 'vʲiɛnas]
cinquante-deux	**peñkiasdešimt dù**	['pʲɛŋkʲæsdʲɛʃɪmt 'dʊ]
cinquante-trois	**peñkiasdešimt trìs**	['pʲɛŋkʲæsdʲɛʃɪmt 'trʲɪs]
soixante	**šẽšiasdešimt**	['ʃæʃʲæsdʲɛʃɪmt]

soixante et un	**šešiasdešimt víenas**	[ˈʃæʃæsdʲɛʃɪmt ˈvʲiɛnas]
soixante-deux	**šešiasdešimt dù**	[ˈʃæʃæsdʲɛʃɪmt ˈdʊ]
soixante-trois	**šešiasdešimt trìs**	[ˈʃæʃæsdʲɛʃɪmt ˈtrʲɪs]
soixante-dix	**septýniasdešimt**	[sʲɛpˈtʲiːnʲæsdʲɛʃɪmt]
soixante et onze	**septýniasdešimt víenas**	[sʲɛpˈtʲiːnʲæsdʲɛʃɪmt ˈvʲiɛnas]
soixante-douze	**septýniasdešimt dù**	[sʲɛpˈtʲiːnʲæsdʲɛʃɪmt ˈdʊ]
soixante-treize	**septýniasdešimt trìs**	[sʲɛptʲiːnʲæsdʲɛʃɪmt ˈtrʲɪs]
quatre-vingts	**aštúoniasdešimt**	[aʃˈtʊɑnʲæsdʲɛʃɪmt]
quatre-vingt et un	**aštúoniasdešimt víenas**	[aʃˈtʊɑnʲæsdʲɛʃɪmt ˈvʲiɛnas]
quatre-vingt deux	**aštúoniasdešimt dù**	[aʃˈtʊɑnʲæsdʲɛʃɪmt ˈdʊ]
quatre-vingt trois	**aštúoniasdešimt trìs**	[aʃˈtʊɑnʲæsdʲɛʃɪmt ˈtrʲɪs]
quatre-vingt-dix	**devýniasdešimt**	[dʲɛˈvʲiːnʲæsdʲɛʃɪmt]
quatre-vingt et onze	**devýniasdešimt víenas**	[dʲɛˈvʲiːnʲæsdʲɛʃɪmt ˈvʲiɛnas]
quatre-vingt-douze	**devýniasdešimt dù**	[dʲɛˈvʲiːnʲæsdʲɛʃɪmt ˈdʊ]
quatre-vingt-treize	**devýniasdešimt trìs**	[dʲɛˈvʲiːnʲæsdʲɛʃɪmt ˈtrʲɪs]

8. Les nombres cardinaux. Partie 2

cent	**šim̃tas**	[ˈʃɪmtas]
deux cents	**dù šimtaĩ**	[ˈdʊ ʃɪmˈtʌɪ]
trois cents	**trìs šimtaĩ**	[ˈtrʲɪs ʃɪmˈtʌɪ]
quatre cents	**keturì šimtaĩ**	[kʲɛtʊˈrʲɪ ʃɪmˈtʌɪ]
cinq cents	**penkì šimtaĩ**	[pʲɛŋˈkʲɪ ʃɪmˈtʌɪ]
six cents	**šešì šimtaĩ**	[ʃɛˈʃʲɪ ʃɪmˈtʌɪ]
sept cents	**septynì šimtaĩ**	[sʲɛptʲiːnʲɪ ˈʃɪmtʌɪ]
huit cents	**aštuonì šimtaĩ**	[aʃtʊɑˈnʲɪ ʃɪmˈtʌɪ]
neuf cents	**devynì šimtaĩ**	[dʲɛvʲiːˈnʲɪ ʃɪmˈtʌɪ]
mille	**tū̃kstantis**	[ˈtuːkstantʲɪs]
deux mille	**dù tū̃kstančiai**	[ˈdʊ ˈtuːkstantʂʲɛɪ]
trois mille	**trỹs tū̃kstančiai**	[ˈtrʲiːs ˈtuːkstantʂʲɛɪ]
dix mille	**dẽšimt tū̃kstančių**	[ˈdʲæʃɪmt ˈtuːkstantʂʲuː]
cent mille	**šim̃tas tū̃kstančių**	[ˈʃɪmtas ˈtuːkstantʂʲuː]
million (m)	**milijõnas** (v)	[mʲɪlʲɪˈjɔːnas]
milliard (m)	**milijárdas** (v)	[mʲɪlʲɪˈjardas]

9. Les nombres ordinaux

premier (adj)	**pìrmas**	[ˈpʲɪrmas]
deuxième (adj)	**añtras**	[ˈantras]
troisième (adj)	**trẽčias**	[ˈtrʲætʂʲæs]
quatrième (adj)	**ketvìrtas**	[kʲɛtˈvʲɪrtas]
cinquième (adj)	**peñktas**	[ˈpʲɛŋktas]
sixième (adj)	**šẽštas**	[ˈʃæʃtas]

septième (adj)	**septiñtas**	[sʲɛpˈtʲɪntas]
huitième (adj)	**aštuñtas**	[aʃˈtʊntas]
neuvième (adj)	**deviñtas**	[dʲɛˈvʲɪntas]
dixième (adj)	**dešiɱtas**	[dʲɛˈʃɪmtas]

T&P BOOKS

LES COULEURS.
LES UNITÉS DE MESURE

T&P Books Publishing

10. Les couleurs

couleur (f)	spalvà (m)	[spalʲʲva]
teinte (f)	àtspalvis (v)	['a:tspalʲvʲɪs]
ton (m)	tònas (v)	['tonas]
arc-en-ciel (m)	vaivórykštė (m)	[vʌɪ'vorʲi:kʃtʲe:]

blanc (adj)	baltà	[balʲʲta]
noir (adj)	juodà	[jʊɑ'da]
gris (adj)	pilkà	[pʲɪlʲʲka]

vert (adj)	žalià	[ʒa'lʲæ]
jaune (adj)	geltóna	[gʲɛlʲʲtona]
rouge (adj)	raudóna	[rɑʊ'dona]
bleu (adj)	mélyna	['mʲe:lʲi:na]
bleu clair (adj)	žydrà	[ʒʲi:d'ra]
rose (adj)	rõžinė	['ro:ʒʲɪnʲe:]
orange (adj)	oránžinė	[o'ranʒʲɪnʲe:]
violet (adj)	violètinė	[vʲɪjo'lʲɛtʲɪnʲe:]
brun (adj)	rudà	[rʊ'da]

d'or (adj)	auksìnis	[ɑʊk'sʲɪnʲɪs]
argenté (adj)	sidabrìnis	[sʲɪda'brʲɪnʲɪs]
beige (adj)	smėlio spalvõs	['smʲe:lʲɔ spalʲʲvo:s]
crème (adj)	krèminės spalvõs	['krʲɛmʲɪnʲe:s spalʲʲvo:s]
turquoise (adj)	tur̃kio spalvõs	['tʊrkʲɔ spalʲʲvo:s]
rouge cerise (adj)	vỹšnių spalvõs	[vʲi:ʃnʲu: spalʲʲvo:s]
lilas (adj)	alỹvų spalvõs	[a'lʲi:vu: spalʲʲvo:s]
framboise (adj)	aviẽtinės spalvõs	[a'vʲɛtʲɪnʲe:s spalʲʲvo:s]

clair (adj)	šviesì	[ʃvʲɪɛ'sʲɪ]
foncé (adj)	tamsì	[tam'sʲɪ]
vif (adj)	ryškì	[rʲi:ʃkʲɪ]

de couleur (adj)	spalvótas	[spalʲʲvotas]
en couleurs (adj)	spalvótas	[spalʲʲvotas]
noir et blanc (adj)	juodaì báltas	[jʊɑ'dʌɪ 'balʲtas]
unicolore (adj)	vienspálvis	[vʲɪɛns'palʲvʲɪs]
multicolore (adj)	įvairiaspálvis	[i:vʌɪrʲæs'palʲvʲɪs]

11. Les unités de mesure

poids (m)	svõris (v)	['svo:rʲɪs]
longueur (f)	ĩlgis (v)	[ilʲgʲɪs]

largeur (f)	plōtis (v)	['pⁱo:tⁱɪs]
hauteur (f)	aūkštis (v)	['ɑʊkʃtⁱɪs]
profondeur (f)	gȳlis (v)	['gⁱiːlⁱɪs]
volume (m)	tūris (v)	['tuːrⁱɪs]
aire (f)	plótas (v)	['pⁱotas]

gramme (m)	grãmas (v)	['graːmas]
milligramme (m)	miligrãmas (v)	[mⁱɪlⁱɪ'graːmas]
kilogramme (m)	kilogrãmas (v)	[kⁱɪlⁱo'graːmas]
tonne (f)	tonà (m)	[to'na]
livre (f)	svãras (v)	['svaːras]
once (f)	ùncija (m)	['ʊntsⁱɪjɛ]

mètre (m)	mètras (v)	['mⁱɛtras]
millimètre (m)	milimètras (v)	[mⁱɪlⁱɪ'mⁱɛtras]
centimètre (m)	centimètras (v)	[tsⁱɛntⁱɪ'mⁱɛtras]
kilomètre (m)	kilomètras (v)	[kⁱɪlⁱo'mⁱɛtras]
mille (m)	mylià (m)	[mⁱiːlⁱæ]
pouce (m)	cólis (v)	['tsolⁱɪs]
pied (m)	pėdà (m)	[pⁱeˈda]
yard (m)	járdas (v)	[jardas]

mètre (m) carré	kvadrãtinis mètras (v)	[kvad'raːtⁱɪnⁱɪs 'mⁱɛtras]
hectare (m)	hektãras (v)	[ɣⁱɛk'taːras]
litre (m)	lìtras (v)	['lⁱɪtras]
degré (m)	laĩpsnis (v)	['lⁱʌɪpsnⁱɪs]
volt (m)	vòltas (v)	['volⁱtas]
ampère (m)	ampèras (v)	[am'pⁱɛras]
cheval-vapeur (m)	árklio galià (m)	['arklⁱo ga'lⁱæ]

quantité (f)	kiẽkis (v)	['kⁱɛkⁱɪs]
un peu de …	nedaũg …	[nⁱɛ'dɑʊg …]
moitié (f)	pùsė (m)	['pʊsⁱeː]
douzaine (f)	tùzinas (v)	['tʊzⁱɪnas]
pièce (f)	víenetas (v)	['vⁱiɛnⁱɛtas]

dimension (f)	dȳdis (v), išmatãvimai (v dgs)	['dⁱiːdⁱɪs], [iʃma'taːvⁱɪmʌɪ]
échelle (f) (de la carte)	mastèlis (v)	[mas'tⁱælⁱɪs]

minimal (adj)	minimalùs	[mⁱɪnⁱɪma'lⁱʊs]
le plus petit (adj)	mažiáusias	[ma'ʒⁱæʊsⁱæs]
moyen (adj)	vidutìnis	[vⁱɪdu'tⁱɪnⁱɪs]
maximal (adj)	maksimalùs	[maksⁱɪma'lⁱʊs]
le plus grand (adj)	didžiáusias	[dⁱɪ'dʒⁱæʊsⁱæs]

12. Les récipients

bocal (m) en verre	stiklaĩnis (v)	[stⁱɪk'lⁱʌɪnⁱɪs]
boîte, canette (f)	skardìnė (m)	[skar'dⁱɪnⁱeː]

seau (m)	**kìbiras** (v)	['kʲɪbʲɪras]
tonneau (m)	**statìnė** (m)	[sta'tʲɪnʲe:]
bassine, cuvette (f)	**dubenělis** (v)	[dʊbe'nʲe:lʲɪs]
cuve (f)	**bãkas** (v)	['ba:kas]
flasque (f)	**kòlba** (m)	['kolʲba]
jerrican (m)	**kanìstras** (v)	[ka'nʲɪstras]
citerne (f)	**bãkas** (v)	['ba:kas]
tasse (f), mug (m)	**puodẽlis** (v)	[pʊɑ'dʲælʲɪs]
tasse (f)	**puodẽlis** (v)	[pʊɑ'dʲælʲɪs]
soucoupe (f)	**lėkštẽlė** (m)	[lʲe:kʃ'tʲælʲe:]
verre (m) (~ d'eau)	**stìklas** (v)	['stʲɪklʲas]
verre (m) à vin	**taurě̃** (m)	[tɑʊ'rʲe:]
faitout (m)	**púodas** (v)	['pʊɑdas]
bouteille (f)	**bùtelis** (v)	['bʊtʲɛlʲɪs]
goulot (m)	**kãklas** (v)	['ka:klʲas]
carafe (f)	**grafìnas** (v)	[gra'fʲɪnas]
pichet (m)	**ąsõtis** (v)	[a:'so:tʲɪs]
récipient (m)	**iñdas** (v)	['ɪndas]
pot (m)	**púodas** (v)	['pʊɑdas]
vase (m)	**vazà** (m)	[va'za]
flacon (m)	**bùtelis** (v)	['bʊtʲɛlʲɪs]
fiole (f)	**buteliùkas** (v)	[bʊtʲɛ'lʲʊkas]
tube (m)	**tūbà** (m)	[tu:'ba]
sac (m) (grand ~)	**maĩšas** (v)	['mʌɪʃas]
sac (m) (~ en plastique)	**pakètas** (v)	[pa'kʲɛtas]
paquet (m) (~ de cigarettes)	**plúoštas** (v)	['plʲʊɑʃtas]
boîte (f)	**dėžě̃** (m)	[dʲe:'ʒʲe:]
caisse (f)	**dėžě̃** (m)	[dʲe:'ʒʲe:]
panier (m)	**krepšỹs** (v)	[krʲɛp'ʃʲɪ:s]

LES VERBES
LES PLUS IMPORTANTS

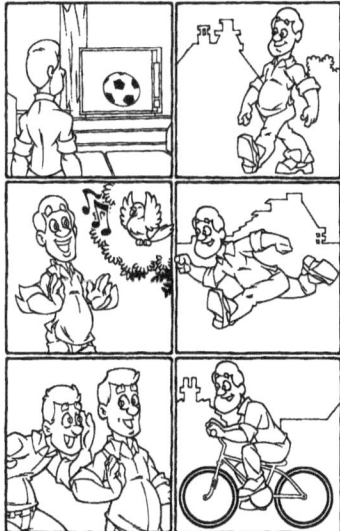

T&P Books Publishing

aider (vt)	padéti	[pa'd'e:t'ɪ]
aimer (qn)	mylėti	[m'i:'l'e:t'ɪ]
aller (à pied)	eĩti	['ɛɪt'ɪ]
apercevoir (vt)	pastebéti	[paste'b'e:t'ɪ]
appartenir à ...	priklausýti	[pr'ɪkl'au's'i:t'ɪ]

appeler (au secours)	kviẽsti	['kv'ɛst'ɪ]
attendre (vt)	láukti	['l'aukt'ɪ]
attraper (vt)	gáudyti	['gaud'i:t'ɪ]
avertir (vt)	pérspéti	['p'ɛrsp'e:t'ɪ]

avoir (vt)	turéti	[tu'r'e:t'ɪ]
avoir confiance	pasitikéti	[pas'ɪt'ɪ'k'e:t'ɪ]
avoir faim	noréti válgyti	[no'r'e:t'ɪ 'val'g'i:t'ɪ]

avoir peur	bijóti	[b'ɪ'jot'ɪ]
avoir soif	noréti gérti	[no'r'e:t'ɪ 'g'ært'ɪ]
cacher (vt)	slėpti	['sl'e:pt'ɪ]
casser (briser)	láužyti	['l'auʒ'i:t'ɪ]
cesser (vt)	nustóti	[nu'stot'ɪ]

changer (vt)	pakeĩsti	[pa'k'ɛɪst'ɪ]
chasser (animaux)	medžióti	[m'ɛ'dʒ'ot'ɪ]
chercher (vt)	ieškóti	[ɪɛʃ'kot'ɪ]
choisir (vt)	išsiriñkti	[ɪʃs'ɪ'r'ɪŋkt'ɪ]
commander (~ le menu)	užsakinéti	[uʒsak'ɪ'n'e:t'ɪ]

commencer (vt)	pradéti	[pra'd'e:t'ɪ]
comparer (vt)	lýginti	['l'i:g'ɪnt'ɪ]
comprendre (vt)	supràsti	[sup'rast'ɪ]
compter (dénombrer)	skaičiúoti	[skʌɪ'tʂ'uat'ɪ]
compter sur ...	tikétis ...	[t'ɪ'k'e:t'ɪs ...]

confondre (vt)	suklýsti	[suk'l'i:st'ɪ]
connaître (qn)	pažinóti	[paʒ'ɪ'not'ɪ]
conseiller (vt)	patarinéti	[patar'ɪ'n'e:t'ɪ]
continuer (vt)	tęsti	['t'ɛ:st'ɪ]
contrôler (vt)	kontroliúoti	[kɔntro'l'uat'ɪ]

courir (vi)	bégti	['b'e:kt'ɪ]
coûter (vt)	kainúoti	[kʌɪ'nuat'ɪ]
créer (vt)	sukùrti	[su'kurt'ɪ]
creuser (vt)	raũsti	['raust'ɪ]
crier (vi)	šaũkti	['ʃaukt'ɪ]

14. Les verbes les plus importants. Partie 2

décorer (~ la maison)	puõšti	['puaʃtʲɪ]
défendre (vt)	giñti	['gʲɪntʲɪ]
déjeuner (vi)	pietáuti	[pʲɪɛ'tautʲɪ]
demander (~ l'heure)	kláusti	['klʲaustʲɪ]
demander (de faire qch)	prašýti	[pra'ʃɪːtʲɪ]

descendre (vi)	léistis	['lʲɛɪstʲɪs]
deviner (vt)	atspéti	[at'spʲeːtʲɪ]
dîner (vi)	vakarieniáuti	[vakarʲɪɛ'nʲæutʲɪ]
dire (vt)	pasakýti	[pasa'kʲiːtʲɪ]
diriger (~ une usine)	vadováuti	[vado'vautʲɪ]
discuter (vt)	aptarinéti	[aptarʲɪ'nʲætʲɪ]

donner (vt)	dúoti	['duatʲɪ]
donner un indice	užsimiñti	[uʒsʲɪ'mʲɪntʲɪ]
douter (vt)	abejóti	[abʲɛ'jotʲɪ]
écrire (vt)	rašýti	[ra'ʃɪːtʲɪ]
entendre (bruit, etc.)	girdéti	[gʲɪr'dʲeːtʲɪ]

entrer (vi)	įeĩti	[iː'ɛɪtʲɪ]
envoyer (vt)	išsiũsti	[ɪʃ'sʲuːstʲɪ]
espérer (vi)	tikétis	[tʲɪ'kʲeːtʲɪs]
essayer (vt)	bandýti	[ban'dʲiːtʲɪ]

| être (vi) | bū́ti | ['buːtʲɪ] |
| être d'accord | sutìkti | [su'tʲɪktʲɪ] |

| être nécessaire | bū́ti reikalìngu | ['buːtʲɪ rʲɛɪka'lʲɪŋgu] |
| être pressé | skubéti | [sku'bʲeːtʲɪ] |

étudier (vt)	studijúoti	[studʲɪ'juatʲɪ]
excuser (vt)	atléisti	[at'lʲɛɪstʲɪ]
exiger (vt)	reikaláuti	[rʲɛɪka'lʲautʲɪ]

| exister (vi) | egzistúoti | [ɛgzʲɪs'tuatʲɪ] |
| expliquer (vt) | paáiškinti | [pa'ʌɪʃkʲɪntʲɪ] |

faire (vt)	darýti	[da'rʲiːtʲɪ]
faire tomber	numèsti	[nu'mʲɛstʲɪ]
finir (vt)	užbaĩgti	[uʒ'bʌɪktʲɪ]

| garder (conserver) | sáugoti | ['saugotʲɪ] |
| gronder, réprimander (vt) | bárti | ['bartʲɪ] |

informer (vt)	informúoti	[ɪnfor'muatʲɪ]
insister (vi)	reikaláuti	[rʲɛɪka'lʲautʲɪ]
insulter (vt)	įžeidinéti	[iːʒɛɪdʲɪ'rʲnʲeːtʲɪ]
inviter (vt)	kviẽsti	['kvʲɛstʲɪ]
jouer (s'amuser)	žaĩsti	['ʒʌɪstʲɪ]

15. Les verbes les plus importants. Partie 3

libérer (ville, etc.)	išláisvinti	[ɪʃˈlʲʌɪsvʲɪntʲɪ]
lire (vi, vt)	skaitýti	[skʌɪˈtʲiːtʲɪ]
louer (prendre en location)	núomotis	[ˈnʊamotʲɪs]
manquer (l'école)	praleidinéti	[pralʲɛɪdʲɪˈnʲeːtʲɪ]
menacer (vt)	grasìnti	[graˈsʲɪntʲɪ]
mentionner (vt)	minéti	[mʲɪˈnʲeːtʲɪ]
montrer (vt)	ródyti	[ˈrodʲiːtʲɪ]
nager (vi)	plaũkti	[ˈplʲaʊktʲɪ]
objecter (vt)	prieštaráuti	[prʲiɛʃtaˈraʊtʲɪ]
observer (vt)	stebéti	[steˈbʲeːtʲɪ]
ordonner (mil.)	nurodinéti	[nʊrodʲɪˈnʲeːtʲɪ]
oublier (vt)	užmĩršti	[ʊʒˈmʲɪrʃtʲɪ]
ouvrir (vt)	atidarýti	[atʲɪdaˈrʲiːtʲɪ]
pardonner (vt)	atléisti	[atʲlʲɛɪstʲɪ]
parler (vi, vt)	sakýti	[saˈkʲiːtʲɪ]
participer à …	dalyváuti	[dalʲiːˈvaʊtʲɪ]
payer (régler)	mokéti	[moˈkʲeːtʲɪ]
penser (vi, vt)	galvóti	[galʲˈvotʲɪ]
permettre (vt)	léisti	[ˈlʲɛɪstʲɪ]
plaire (être apprécié)	patìkti	[paˈtʲɪktʲɪ]
plaisanter (vi)	juokáuti	[jʊaˈkaʊtʲɪ]
planifier (vt)	planúoti	[plʲaˈnʊatʲɪ]
pleurer (vi)	ver̃kti	[ˈvʲɛrktʲɪ]
posséder (vt)	mokéti	[moˈkʲeːtʲɪ]
pouvoir (v aux)	galéti	[gaˈlʲeːtʲɪ]
préférer (vt)	teĩkti pirmenýbę	[ˈtʲɛɪktʲɪ pʲɪrmʲɛˈnʲiːbʲɛː]
prendre (vt)	im̃ti	[ˈɪmtʲɪ]
prendre en note	užrašinéti	[ʊʒraʃɪˈnʲeːtʲɪ]
prendre le petit déjeuner	pùsryčiauti	[ˈpʊsrʲiːtʃɛʊtʲɪ]
préparer (le dîner)	gamìnti	[gaˈmʲɪntʲɪ]
prévoir (vt)	numatýti	[nʊmaˈtʲiːtʲɪ]
prier (~ Dieu)	mel̃stis	[ˈmʲɛlˈstʲɪs]
promettre (vt)	žadéti	[ʒaˈdʲeːtʲɪ]
prononcer (vt)	ištar̃ti	[ɪʃˈtartʲɪ]
proposer (vt)	siũlyti	[ˈsʲuːlʲiːtʲɪ]
punir (vt)	baũsti	[ˈbaʊstʲɪ]

16. Les verbes les plus importants. Partie 4

recommander (vt)	rekomendúoti	[rʲɛkomʲɛnˈdʊatʲɪ]
regretter (vt)	gailétis	[gʌɪˈlʲeːtʲɪs]

répéter (dire encore)	**kartóti**	[kar'totʲɪ]
répondre (vi, vt)	**atsakýti**	[atsa'kʲiːtʲɪ]
réserver (une chambre)	**rezervúoti**	[rʲɛzʲɛr'vʊatʲɪ]
rester silencieux	**tyléti**	[tʲiː'lʲeːtʲɪ]
réunir (regrouper)	**apjùngti**	[a'pjʊŋktʲɪ]
rire (vi)	**juôktis**	['jʊaktʲɪs]
s'arrêter (vp)	**sustóti**	[sʊs'totʲɪ]
s'asseoir (vp)	**séstis**	['sʲeːstʲɪs]
sauver (la vie à qn)	**gélbéti**	['gʲælʲbʲeːtʲɪ]
savoir (qch)	**žinóti**	[ʒʲɪ'notʲɪ]
se baigner (vp)	**máudytis**	['maʊdʲiːtʲɪs]
se plaindre (vp)	**skùstis**	['skuːstʲɪs]
se refuser (vp)	**atsisakýti**	[atsʲɪsa'kʲiːtʲɪ]
se tromper (vp)	**klýsti**	['klʲiːstʲɪ]
se vanter (vp)	**gìrtis**	['gʲɪrtʲɪs]
s'étonner (vp)	**stebétis**	[ste'bʲeːtʲɪs]
s'excuser (vp)	**atsiprašinéti**	[atsʲɪpraʃɪ'nʲeːtʲɪ]
signer (vt)	**pasirašinéti**	[pasʲɪraʃɪ'nʲeːtʲɪ]
signifier (vt)	**réikšti**	['rʲɛɪkʃtʲɪ]
s'intéresser (vp)	**dométis**	[do'mʲeːtʲɪs]
sortir (aller dehors)	**išeĩti**	[ɪ'ʃɛɪtʲɪ]
sourire (vi)	**šypsótis**	[ʃiːp'sotʲɪs]
sous-estimer (vt)	**neįvértinti**	[nʲɛɪ'vʲɛrtʲɪntʲɪ]
suivre … (suivez-moi)	**sèkti …**	['sʲɛktʲɪ …]
tirer (vi)	**šáudyti**	['ʃaʊdʲiːtʲɪ]
tomber (vi)	**krìsti**	['krʲɪstʲɪ]
toucher (avec les mains)	**čiupinéti**	[tʃʲʊpʲɪ'nʲeːtʲɪ]
tourner (~ à gauche)	**sùkti**	['sʊktʲɪ]
traduire (vt)	**veȓsti**	['vʲɛrstʲɪ]
travailler (vi)	**dìrbti**	['dʲɪrptʲɪ]
tromper (vt)	**apgaudinéti**	[apgaʊdʲɪ'nʲeːtʲɪ]
trouver (vt)	**ràsti**	['rastʲɪ]
tuer (vt)	**žudýti**	[ʒʊ'dʲiːtʲɪ]
vendre (vt)	**pardavinéti**	[pardavʲɪ'nʲeːtʲɪ]
venir (vi)	**atvažiúotl**	[atva'ʒʲʊatʲɪ]
voir (vt)	**matýti**	[ma'tʲiːtʲɪ]
voler (avion, oiseau)	**skrìsti**	['skrʲɪstʲɪ]
voler (qch à qn)	**võgti**	['voːktʲɪ]
vouloir (vt)	**noréti**	[no'rʲeːtʲɪ]

LA NOTION DE TEMPS. LE CALENDRIER

T&P Books Publishing

17. Les jours de la semaine

lundi (m)	pirmãdienis (v)	[pʲɪr'ma:dʲiɛnʲɪs]
mardi (m)	antrãdienis (v)	[an'tra:dʲiɛnʲɪs]
mercredi (m)	trečiãdienis (v)	[trʲɛ'tʂʲædʲiɛnʲɪs]
jeudi (m)	ketvirtãdienis (v)	[kʲɛtvʲɪr'ta:dʲiɛnʲɪs]
vendredi (m)	penktãdienis (v)	[pʲɛŋk'ta:dʲiɛnʲɪs]
samedi (m)	šeštãdienis (v)	[ʃɛʃ'ta:dʲiɛnʲɪs]
dimanche (m)	sekmãdienis (v)	[sʲɛk'ma:dʲiɛnʲɪs]

aujourd'hui (adv)	šiañdien	['ʃændʲiɛn]
demain (adv)	rytój	[rʲi:'toj]
après-demain (adv)	porýt	[po'rʲi:t]
hier (adv)	vãkar	['va:kar]
avant-hier (adv)	ùžvakar	['ʊʒvakar]

jour (m)	dienà (m)	[dʲiɛ'na]
jour (m) ouvrable	dárbo dienà (m)	['darbɔ dʲiɛ'na]
jour (m) férié	šveñtinė dienà (m)	['ʃvɛntʲɪnʲe: dʲiɛ'na]
jour (m) de repos	išeiginė dienà (m)	[ɪʃɛɪ'gʲɪnʲe: dʲiɛ'na]
week-end (m)	savaitgalis (v)	[sa'vʌɪtgalʲɪs]

toute la journée	vìsą diẽną	['vʲɪsa: 'dʲɛna:]
le lendemain	sẽkančią diẽną	['sʲɛkantʂʲæ: 'dʲɛna:]
il y a 2 jours	priẽš dvì dienàs	['prʲɛʃ 'dvʲɪ dʲiɛ'nas]
la veille	ìšvakarėse	['ɪʃvakarʲe:se]
quotidien (adj)	kasdiẽnis	[kas'dʲɛnʲɪs]
tous les jours	kasdiẽn	[kas'dʲɛn]

semaine (f)	saváitė (m)	[sa'vʌɪtʲe:]
la semaine dernière	prãeitą saváitę	['praʲɛɪta: sa'vʌɪtʲɛ:]
la semaine prochaine	ateìnančią saváitę	[a'tʲɛɪnantʂʲæ: sa'vʌɪtʲɛ:]
hebdomadaire (adj)	kassaváitinis	[kassa'vʌɪtʲɪnʲɪs]
chaque semaine	kàs saváitę	['kas sa'vʌɪtʲɛ:]
2 fois par semaine	dù kartùs peř saváitę	['dʊ kar'tʊs pʲɛr sa'vʌɪtʲɛ:]
tous les mardis	kiekvíeną antrãdienį	[kʲiɛk'vʲɪːɛna: an'tra:dʲɪːɛnʲɪː]

18. Les heures. Le jour et la nuit

matin (m)	rýtas (v)	['rʲi:tas]
le matin	rytė	[rʲi:'tʲɛ]
midi (m)	vidùrdienis (v)	[vʲɪ'dʊrdʲiɛnʲɪs]
dans l'après-midi	popiẽt	[po'pʲɛt]
soir (m)	vãkaras (v)	['va:karas]

le soir	vakarè	[vaka'rɛ]
nuit (f)	naktìs (m)	[nak'tʲɪs]
la nuit	nãktį	['na:kti:]
minuit (f)	vidùrnaktis (v)	[vʲɪ'dʊrnaktʲɪs]

seconde (f)	sekùndė (m)	[sʲɛ'kʊndʲe:]
minute (f)	minùtė (m)	[mʲɪ'nʊtʲe:]
heure (f)	valandà (m)	[valʲan'da]
demi-heure (f)	pùsvalandis (v)	['pʊsvalʲandʲɪs]
un quart d'heure	ketvìrtis valandõs	[kʲɛt'vʲɪrtʲɪs valʲan'do:s]
quinze minutes	penkiólika minùčių	[pʲɛŋ'kʲolʲɪka mʲɪ'nʊtʂʲu:]
vingt-quatre heures	parà (m)	[pa'ra]

lever (m) du soleil	sáulės patekėjimas (v)	['sɑʊlʲe:s patʲɛ'kʲɛjɪmas]
aube (f)	aušrà (m)	[ɑʊʃ'ra]
point (m) du jour	ankstývas rýtas (v)	[aŋk'stʲi:vas 'rʲi:tas]
coucher (m) du soleil	saulėlydis (v)	[sɑʊ'lʲe:lʲi:dʲɪs]

tôt le matin	ankstì rytė	[aŋk'stʲɪ rʲi:'tʲɛ]
ce matin	šiañdien rytė	['ʃændʲiɛn rʲi:'tʲɛ]
demain matin	rytój rytė	[rʲi:'toj rʲi:'tʲɛ]

cet après-midi	šiañdien diẽną	['ʃæn'dʲɛn 'dʲiɛna:]
dans l'après-midi	popiẽt	[po'pʲɛt]
demain après-midi	rytój popiẽt	[rʲi:'toj po'pʲɛt]

| ce soir | šiañdien vakarè | ['ʃændʲiɛn vaka'rʲɛ] |
| demain soir | rytój vakarè | [rʲi:'toj vaka'rʲɛ] |

à 3 heures précises	lýgiai trẽčią vãlandą	['lʲi:gʲɛɪ 'trʲætʂʲæ: 'va:landa:]
autour de 4 heures	apiẽ ketvìrtą vãlandą	[a'pʲɛ kʲɛtvʲɪrta: va:lʲanda:]
vers midi	dvýliktai vãlandai	['dvʲi:lʲɪktʌɪ 'va:landʌɪ]

dans 20 minutes	ùž dvidešimtiẽs minùčių	['ʊʒ dvʲɪdʲɛʃɪm'tʲɛs mʲɪ'nʊtʂʲu:]
dans une heure	ùž valandõs	['ʊʒ valʲan'do:s]
à temps	laikù	[lʲʌɪ'kʊ]

... moins le quart	bė ketvìrčio	['bʲɛ 'kʲɛtvʲɪrtʂʲɔ]
en une heure	valandõs bėgyje	[valʲan'do:s 'bʲe:gʲi:je]
tous les quarts d'heure	kàs penkiólika minùčlų	['kas pʲɛŋ'kʲolʲɪka mʲɪ'nʊtʂʲu:]
24 heures sur 24	vìsą pãrą (m)	['vʲɪsa: 'pa:ra:]

19. Les mois. Les saisons

janvier (m)	saūsis (v)	['sɑʊsʲɪs]
février (m)	vasãris (v)	[va'sa:rʲɪs]
mars (m)	kovàs (v)	[kɔ'vas]
avril (m)	balañdis (v)	[ba'lʲandʲɪs]

| mai (m) | gegužė (m) | [gʲɛgʊ'ʒʲeː] |
| juin (m) | birželis (v) | [bʲɪrʲʒʲælʲɪs] |

juillet (m)	líepa (m)	[ˈlʲiɛpa]
août (m)	rugpjŭtis (v)	[rʊg'pjuːtʲɪs]
septembre (m)	rugséjis (v)	[rʊg'sʲɛjɪs]
octobre (m)	spălis (v)	['spaːlʲɪs]
novembre (m)	lápkritis (v)	[ˈlʲaːpkrʲɪtʲɪs]
décembre (m)	grúodis (v)	['grʊɑdʲɪs]

printemps (m)	pavăsaris (v)	[pa'vaːsarʲɪs]
au printemps	pavăsarį	[pa'vaːsarʲɪː]
de printemps (adj)	pavasarìnis	[pavasa'rʲɪnʲɪs]

été (m)	vāsara (m)	['vaːsara]
en été	vāsarą	['vaːsaraː]
d'été (adj)	vasarìnis	[vasa'rʲɪnʲɪs]

automne (m)	ruduõ (v)	[rʊ'dʊɑ]
en automne	rùdenį	['rʊdʲɛnʲɪː]
d'automne (adj)	rudenìnis	[rʊdʲɛ'nʲɪnʲɪs]

hiver (m)	žiemà (m)	[ʒʲiɛ'ma]
en hiver	žiēmą	['ʒʲɛmaː]
d'hiver (adj)	ziemìnis	[ʒʲiɛ'mʲɪnʲɪs]

mois (m)	ménuo (v)	['mʲeːnʊɑ]
ce mois	šį ménesį	[ʃʲɪː 'mʲeːnesʲɪː]
le mois prochain	kìtą ménesį	['kʲɪːta: 'mʲeːnesʲɪː]
le mois dernier	prăeitą ménesį	['praːɛɪta: 'mʲeːnesʲɪː]

il y a un mois	priēš ménesį	['prʲɪːɛʃ 'mʲeːnesʲɪː]
dans un mois	ùž ménesio	['ʊʒ 'mʲeːnesʲɔ]
dans 2 mois	ùž dvejŭ ménesių	['ʊʒ dveˈju: 'mʲeːnesʲuː]
tout le mois	vìsą ménesį	['vʲisa: 'mʲeːnesʲɪː]
tout un mois	vìsą ménesį	['vʲisa: 'mʲeːnesʲɪː]

mensuel (adj)	kasmėnesìnis	[kasmʲeːne'sʲɪnʲɪs]
mensuellement	kàs ménesį	['kas 'mʲeːnesʲɪː]
chaque mois	kiekvíeną ménesį	[kʲiɛk'vʲɪːɛna: 'mʲeːnesʲɪː]
2 fois par mois	dù kartùs peř ménesį	['du kar'tʊs per 'mʲeːnesʲɪː]

année (f)	mētai (v dgs)	['mʲætʌɪ]
cette année	šiaìs mētais	['ʃʲɛɪs 'mʲætʌɪs]
l'année prochaine	kitaìs mētais	[kʲɪ'tʌɪs 'mʲætʌɪs]
l'année dernière	praeitaìs mētais	[praʲɛɪ'tʌɪs 'mʲætʌɪs]

il y a un an	priēš metùs	['prʲɛʃ mʲɛ'tʊs]
dans un an	ùž mētų	['ʊʒ 'mʲætuː]
dans 2 ans	ùž dvejŭ mētų	['ʊʒ dvʲɛ'ju: 'mʲætuː]
toute l'année	visùs metùs	[vʲɪ'sʊs mʲɛ'tʊs]
toute une année	visùs metùs	[vʲɪ'sʊs mʲɛ'tʊs]

chaque année	**kàs metùs**	['kas mʲɛ'tʊs]
annuel (adj)	**kasmetìnis**	[kasmʲɛ'tʲɪnʲɪs]
annuellement	**kàs metùs**	['kas mʲɛ'tʊs]
4 fois par an	**kẽturis kartùs**	['kʲætʊrʲɪs kar'tʊs
	per metùs	pʲɛr mʲɛ'tʊs]

date (f) (jour du mois)	**dienà** (m)	[dʲiɛ'na]
date (f) (~ mémorable)	**datà** (m)	[da'ta]
calendrier (m)	**kalendõrius** (v)	[kalʲɛn'doːrʲʊs]

six mois	**pùsė mẽtų**	['pʊsʲeː 'mʲætuː]
semestre (m)	**pùsmetis** (v)	['pʊsmʲɛtʲɪs]
saison (f)	**sezònas** (v)	[sʲɛ'zonas]
siècle (m)	**ámžius** (v)	['amʒʲʊs]

LES VOYAGES. L'HÔTEL

USD CAD
EUR CHF
JPY HKD
GBP CNY

RECEPTION

T&P Books Publishing

tourisme (m)	turìzmas (v)	[tʊ'rɪzmas]
touriste (m)	turìstas (v)	[tʊ'rɪstas]
voyage (m) (à l'étranger)	keliõnė (m)	[kʲɛ'lʲoːnʲe:]
aventure (f)	núotykis (v)	['nʊatʲiːkɪs]
voyage (m)	ìšvyka (m)	['ɪʃvʲiː:ka]

vacances (f pl)	atòstogos (m dgs)	[a'tostogos]
être en vacances	atostogáuti	[atosto'gaʊtʲɪ]
repos (m) (jours de ~)	póilsis (v)	['poɪlʲsʲɪs]

train (m)	traukinỹs (v)	[traʊkʲɪ'nʲiː:s]
en train	tráukiniu	['traʊkʲɪnʲʊ]
avion (m)	lėktùvas (v)	[lʲe:k'tʊvas]
en avion	lėktuvù	[lʲe:ktʊ'vʊ]
en voiture	automobiliù	[aʊtomobʲɪ'lʲʊ]
en bateau	laivù	[lʲʌɪ'vʊ]

bagage (m)	bagãžas (v)	[ba'gaːʒas]
malle (f)	lagamìnas (v)	[lʲaga'mʲɪnas]
chariot (m)	bagãžo vežimėlis (v)	[ba'gaːʒɔ veʒʲɪ'mʲe:lʲɪs]

passeport (m)	pãsas (v)	['paːsas]
visa (m)	vizà (m)	[vʲɪ'za]
ticket (m)	bìlietas (v)	['bʲɪlʲiɛtas]
billet (m) d'avion	lėktùvo bìlietas (v)	[lʲe:k'tʊvɔ 'bʲɪlʲiɛtas]

guide (m) (livre)	vadõvas (v)	[va'do:vas]
carte (f)	žemėlapis (v)	[ʒe'mʲe:lʲapʲɪs]
région (f) (~ rurale)	vietóvė (m)	[vʲiɛ'tovʲe:]
endroit (m)	vietà (m)	[vʲiɛ'ta]

exotisme (m)	egzòtika (m)	[ɛg'zotʲɪka]
exotique (adj)	egzòtinis	[ɛg'zotʲɪnʲɪs]
étonnant (adj)	nuostabùs	[nʊasta'bʊs]
groupe (m)	grùpė (m)	['grʊpʲe:]
excursion (f)	ekskùrsija (m)	[ɛks'kʊrsʲɪjɛ]
guide (m) (personne)	ekskùrsijos vadõvas (v)	[ɛks'kʊrsʲɪjɔs va'do:vas]

| hôtel (m), auberge (f) | viẽšbutis (v) | ['vʲeʃbʊtʲɪs] |
| motel (m) | motèlis (v) | [mo'tʲɛlʲɪs] |

3 étoiles	3 žvaigždutės	['trɪs ʒvʌɪgʒ'dutʲe:s]
5 étoiles	5 žvaigždutės	['penʲkʲos ʒvʌɪgʒ'dutʲe:s]
descendre (à l'hôtel)	apsistóti	[apsʲɪs'totʲɪ]
chambre (f)	kambarỹs (v)	[kamba'rʲi:s]
chambre (f) simple	vienviẽtis kambarỹs (v)	['vʲiɛn'vʲɛtʲɪs kamba'rʲi:s]
chambre (f) double	dviviẽtis kambarỹs (v)	[dvʲɪ'vʲɛtʲɪs kamba'rʲi:s]
réserver une chambre	rezervúoti kambarį	[rʲɛzʲɛr'vuɑtʲɪ 'kambarʲɪ:]
demi-pension (f)	pusiáu pensiònas (v)	[pusʲæu pʲɛnsʲɪ'jonas]
pension (f) complète	pensiònas (v)	[pʲɛnsʲɪ'jonas]
avec une salle de bain	sù vonià	['su vo'nʲæ]
avec une douche	sù dušù	['su du'ʃu]
télévision (f) par satellite	palydõvinė televìzija (m)	[palʲi:'do:vʲɪnʲe: tʲɛlʲɛ'vʲɪzʲɪjɛ]
climatiseur (m)	kondicioniẽrius (v)	[kondʲɪtsʲɪjo'nʲɛrʲʊs]
serviette (f)	rañkšluostis (v)	['raŋkʃlʲʊɑstʲɪs]
clé (f)	rãktas (v)	['ra:ktas]
administrateur (m)	administrãtorius (v)	[admʲɪnʲɪs'tra:torʲʊs]
femme (f) de chambre	kambarìnė (m)	[kamba'rʲɪnʲe:]
porteur (m)	nešìkas (v)	[nʲɛ'ʃɪkas]
portier (m)	registrãtorius (v)	[rʲɛgʲɪs'tra:torʲʊs]
restaurant (m)	restorãnas (v)	[rʲɛsto'ra:nas]
bar (m)	bãras (v)	['ba:ras]
petit déjeuner (m)	pùsryčiai (v dgs)	['pusrʲi:tʃʲɛɪ]
dîner (m)	vakariẽnė (m)	[vaka'rʲɛnʲe:]
buffet (m)	švèdiškas stãlas (v)	['ʃvʲɛdʲɪʃkas 'sta:lʲas]
hall (m)	vestibiùlis (v)	[vʲɛstʲɪ'bʲʊlʲɪs]
ascenseur (m)	lìftas (v)	['lʲɪftas]
PRIÈRE DE NE PAS DÉRANGER	NETRUKDÝTI	[nʲɛtrʊk'dʲi:tʲɪ]
DÉFENSE DE FUMER	NERŪKÝTI!	[nʲɛru:'kʲi:tʲɪ]

22. Le tourisme

monument (m)	pamiñklas (v)	[pa'mʲɪŋklʲas]
forteresse (f)	tvirtõvė (m)	[tvʲɪr'tovʲe:]
palais (m)	rũmai (v)	['ru:mʌɪ]
château (m)	pilìs (v)	[pʲɪ'lʲɪs]
tour (f)	bókštas (v)	['bokʃtas]
mausolée (m)	mauzoliẽjus (v)	[mɑuzo'lʲɛjʊs]
architecture (f)	architektūrà (m)	[arxʲɪtʲɛktu:'ra]
médiéval (adj)	vidùramžių	[vʲɪ'duramʒʲu:]
ancien (adj)	senóvinis	[sʲɛ'novʲɪnʲɪs]
national (adj)	nacionãlinis	[natsʲɪjo'na:lʲɪnʲɪs]

connu (adj)	žymùs	[ʒʲɪ:'mʊs]
touriste (m)	turìstas (v)	[tʊ'rʲɪstas]
guide (m) (personne)	gìdas (v)	['gʲɪdas]
excursion (f)	ekskùrsija (m)	[ɛks'kʊrsʲɪjɛ]
montrer (vt)	ródyti	['rodʲi:tʲɪ]
raconter (une histoire)	pãsakoti	['pa:sakotʲɪ]

trouver (vt)	ràsti	['rastʲɪ]
se perdre (vp)	pasiklýsti	[pasʲɪ'klʲi:stʲɪ]
plan (m) (du metro, etc.)	schemà (m)	[sxʲɛ'ma]
carte (f) (de la ville, etc.)	plãnas (v)	['plʲa:nas]

souvenir (m)	suvenýras (v)	[sʊvʲɛ'nʲi:ras]
boutique (f) de souvenirs	suvenýrų parduotùvė (m)	[sʊvʲe'nʲi:ru: pardʊa'tʊvʲe:]
prendre en photo	fotografúoti	[fotogra'fʊatʲɪ]
se faire prendre en photo	fotografúotis	[fotogra'fʊatʲɪs]

LES TRANSPORTS

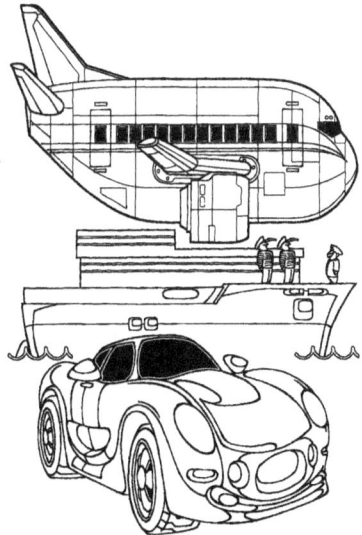

T&P Books Publishing

23. L'aéroport

aéroport (m)	óro úostas (v)	['orɔ 'ʋɑstas]
avion (m)	léktùvas (v)	[lʲe:k'tʊvas]
compagnie (f) aérienne	aviakompãnija (m)	[avʲækom'pa:nʲɪjɛ]
contrôleur (m) aérien	dispèčeris (v)	[dʲɪs'pʲɛtʂʲɛrʲɪs]
départ (m)	išskridìmas (v)	[ɪʃskrʲɪ'dʲɪmas]
arrivée (f)	atskridìmas (v)	[atskrʲɪ'dʲɪmas]
arriver (par avion)	atskrìsti	[ats'krʲɪstʲɪ]
temps (m) de départ	išvykìmo laĩkas (v)	[ɪʃvʲi:'kʲɪmɔ 'lʲʌɪkas]
temps (m) d'arrivée	atvykìmo laĩkas (v)	[atvʲi:'kʲɪmɔ 'lʲʌɪkas]
être retardé	vélúoti	[vʲe:'lʲʋatʲɪ]
retard (m) de l'avion	skrýdžio atidėjìmas (v)	['skrʲɪ:dʒʲɔ atʲɪdʲe:'jɪmas]
tableau (m) d'informations	informãcinė šviešlentė (m)	[ɪnfor'ma:tsʲɪnʲe: 'ʃvʲɛʃlʲɛntʲe:]
information (f)	informãcija (m)	[ɪnfor'ma:tsʲɪjɛ]
annoncer (vt)	paskélbti	[pas'kʲɛlʲptʲɪ]
vol (m)	reĩsas (v)	['rʲɛɪsas]
douane (f)	muĩtinė (m)	['mʊɪtʲɪnʲe:]
douanier (m)	muĩtininkas (v)	['mʊɪtʲɪnʲɪŋkas]
déclaration (f) de douane	deklarãcija (m)	[dʲɛklʲa'ra:tsʲɪjɛ]
remplir (vt)	užpìldyti	[ʊʒ'pʲɪlʲdʲi:tʲɪ]
remplir la déclaration	užpìldyti deklarãciją	[ʊʒ'pʲɪlʲdʲi:tʲɪ dʲɛkla'ra:tsʲɪja:]
contrôle (m) de passeport	pasų̃ kontrolė (m)	[pa'su: kon'trolʲe:]
bagage (m)	bagãžas (v)	[ba'ga:ʒas]
bagage (m) à main	raňkinis bagãžas (v)	['raŋkʲɪnʲɪs ba'ga:ʒas]
chariot (m)	vežimẽlis (v)	[vʲɛʒʲɪ'mʲe:lʲɪs]
atterrissage (m)	įlaipìnimas (v)	[i:lʲʌɪ'pʲɪ:nʲɪmas]
piste (f) d'atterrissage	nusileidìmo tãkas (v)	[nʊsʲɪlʲɛɪ'dʲɪmɔ ta:kas]
atterrir (vi)	léistis	['lʲɛɪstʲɪs]
escalier (m) d'avion	laiptẽliai (v dgs)	[lʌɪp'tʲælʲɛɪ]
enregistrement (m)	registrãcija (m)	[rʲɛgʲɪs'tra:tsʲɪjɛ]
comptoir (m) d'enregistrement	registrãcijos stãlas (v)	[rʲɛgʲɪs'tra:tsʲɪjɔs 'sta:lʲas]
s'enregistrer (vp)	užsiregistrúoti	[ʊʒsʲɪrʲɛgʲɪs'trʋatʲɪ]
carte (f) d'embarquement	įlipìmo talònas (v)	[i:lʲɪ'pʲɪ:mɔ ta'lonas]
porte (f) d'embarquement	išėjìmas (v)	[ɪʃe:'jɪmas]

transit (m)	**tranzìtas** (v)	[tran'z^jıtas]
attendre (vt)	**láukti**	[ˈlˠɑʊktˠɪ]
salle (f) d'attente	**laukiamàsis** (v)	[lˠɑʊkˠæˈmasˠɪs]
raccompagner (à l'aéroport, etc.)	**lydéti**	[lˠiːˈdˠeːtˠɪ]
dire au revoir	**atsisvéikinti**	[atsˠɪˈsvˠɛɪkˠɪntˠɪ]

24. L'avion

avion (m)	**lėktùvas** (v)	[lˠʲeːkˈtʊvas]
billet (m) d'avion	**lėktùvo bìlietas** (v)	[lˠʲeːkˈtʊvʊ 'bˠɪlˠʲɛtas]
compagnie (f) aérienne	**aviakompãnija** (m)	[avˠʲækomˈpaːnˠɪjɛ]
aéroport (m)	**óro ùostas** (v)	['orɔ 'ʊɑstas]
supersonique (adj)	**viršgarsìnis**	[vˠɪrʃgarˈsˠɪnˠɪs]
commandant (m) de bord	**órlaivio kapitõnas** (v)	['orlˠʌɪvˠʲɔ kapˠɪ'toːnas]
équipage (m)	**ekipãžas** (v)	[ɛkˠɪ'pa:ʒas]
pilote (m)	**pilòtas** (v)	[pˠɪ'lˠʲotas]
hôtesse (f) de l'air	**stiuardèsė** (m)	[stˠʲuar'dˠɛsˠʲeː]
navigateur (m)	**štùrmanas** (v)	['ʃtʊrmanas]
ailes (f pl)	**sparnaĩ** (v dgs)	[spar'nʌɪ]
queue (f)	**gãlas** (v)	['ga:lˠʲas]
cabine (f)	**kabinà** (m)	[kabˠɪ'na]
moteur (m)	**varìklis** (v)	[va'rˠɪklˠʲɪs]
train (m) d'atterrissage	**važiuõklė** (v)	[vaʒˠʲʊ'o:klˠʲeː]
turbine (f)	**turbinà** (m)	[tʊrbˠɪ'na]
hélice (f)	**propèleris** (v)	[pro'pˠɛlˠʲɛrˠɪs]
boîte (f) noire	**juodà dėžė** (m)	[jʊɑ'da dˠʲeː'ʒˠʲeː]
gouvernail (m)	**vairãratis** (v)	[vʌɪ'ra:ratˠɪs]
carburant (m)	**degalaĩ** (v dgs)	[dˠʲɛga'lˠʌɪ]
consigne (f) de sécurité	**instrùkcija** (m)	[ɪns'trʊktsˠɪjɛ]
masque (m) à oxygène	**deguõnies káukė** (m)	[dˠʲɛgʊɑ'nˠʲɪɛs 'kɑʊkˠʲeː]
uniforme (m)	**uniformà** (m)	[ʊnˠɪ'forma]
gilet (m) de sauvetage	**gélbėjimosi liemenė̃** (m)	['gˠʲælˠʲbˠʲeːjimosˠɪ lˠʲɪɛ'mˠʲænˠʲeː]
parachute (m)	**parašiùtas** (v)	[para'ʃʊtas]
décollage (m)	**kilìmas** (v)	[kˠɪ'lˠʲɪmas]
décoller (vi)	**kìlti**	['kˠɪlˠʲtˠɪ]
piste (f) de décollage	**kilìmo tãkas** (v)	[kˠɪ'lˠʲɪmɔ 'ta:kas]
visibilité (f)	**matomùmas** (v)	[mato'mʊmas]
vol (m) (~ d'oiseau)	**skrỹdis** (v)	['skrˠʲiːdˠɪs]
altitude (f)	**aũkštis** (v)	['ɑʊkʃtˠɪs]
trou (m) d'air	**óro duobė̃** (m)	['orɔ dʊɑ'bˠʲeː]
place (f)	**vietà** (m)	[vˠʲɪɛ'ta]
écouteurs (m pl)	**ausìnės** (m dgs)	[ɑʊ'sˠɪnˠʲeːs]

tablette (f)	atverčiamàsis	[atvʲɛrtsʲæ'masʲɪs]
	staliùkas (v)	sta'lʲʊkas]
hublot (m)	iliuminātorius (v)	[ɪlʲʊmʲɪ'na:torʲʊs]
couloir (m)	praėjìmas (v)	[prae:'jɪmas]

25. Le train

train (m)	traukinỹs (v)	[traʊkʲɪ'nʲiːs]
train (m) de banlieue	elektrìnis traukinỹs (v)	[ɛlʲɛk'trʲɪnʲɪs traʊkʲɪ'nʲiːs]
TGV (m)	greitàsis traukinỹs (v)	[grʲɛɪ'tasʲɪs traʊkʲɪ'nʲiːs]
locomotive (f) diesel	motòrvežis (v)	[mo'torvʲɛʒʲɪs]
locomotive (f) à vapeur	garvežỹs (v)	[garvʲɛ'ʒʲiːs]

| wagon (m) | vagònas (v) | [va'gonas] |
| wagon-restaurant (m) | vagònas restorānas (v) | [va'gonas rʲɛsto'ra:nas] |

rails (m pl)	bė́giai (v dgs)	['bʲe:gʲɛɪ]
chemin (m) de fer	geležìnkelis (v)	[gʲɛlʲɛ'ʒʲɪŋkʲɛlʲɪs]
traverse (f)	pābėgis (v)	['pa:bʲe:gʲɪs]

quai (m)	platfòrma (m)	[plʲat'forma]
voie (f)	kėlias (v)	['kʲælʲæs]
sémaphore (m)	semafòras (v)	[sʲɛma'foras]
station (f)	stotìs (m)	[sto'tʲɪs]

conducteur (m) de train	mašinìstas (v)	[maʃɪ'nʲɪstas]
porteur (m)	nešìkas (v)	[nʲɛ'ʃɪkas]
steward (m)	kondùktorius (v)	[kɔn'dʊktorʲʊs]
passager (m)	keleĩvis (v)	[kʲɛ'lʲɛɪvʲɪs]
contrôleur (m) de billets	kontroliė́rius (v)	[kontro'lʲɛrʲʊs]

| couloir (m) | korìdorius (v) | [kɔ'rʲɪdorʲʊs] |
| frein (m) d'urgence | stābdymo krānas (v) | ['sta:bdʲi:mɔ 'kra:nas] |

compartiment (m)	kupė̃ (m)	[kʊ'pʲe:]
couchette (f)	lentýna (m)	[lʲɛn'tʲi:na]
couchette (f) d'en haut	viršutìnė lentýna (m)	[vʲɪrʃʊ'tʲɪnʲe: lʲɛn'tʲi:na]
couchette (f) d'en bas	apatìnė lentýna (m)	[apa'tʲɪnʲe: lʲɛn'tʲi:na]
linge (m) de lit	pātalynė (m)	['pa:talʲi:nʲe:]

ticket (m)	bìlietas (v)	['bʲɪlʲiɛtas]
horaire (m)	tvarkāraštis (v)	[tvar'ka:raʃtʲɪs]
tableau (m) d'informations	šviẽslentė (m)	['ʃvʲɛslʲɛntʲe:]

partir (vi)	išvỹkti	[ɪʃ'vʲiːktʲɪ]
départ (m) (du train)	išvykìmas (v)	[ɪʃvʲiː'kʲɪmas]
arriver (le train)	atvỹkti	[at'vʲiːktʲɪ]
arrivée (f)	atvykìmas (v)	[atvʲiː'kʲɪmas]
arriver en train	atvažiúoti tráukiniu	[atva'ʒʲʊatʲɪ 'traʊkʲɪnʲʊ]
prendre le train	įlìpti į̃ tráukinį	[i:'lʲɪ:ptʲɪ i: 'traʊkʲɪnʲɪ:]

descendre du train	išlìpti ìš tráukinio	[ɪʃˈlʲɪptʲɪ ɪʃ ˈtrɑukʲɪnʲɔ]
accident (m) ferroviaire	katastrofà (m)	[katastroˈfa]
dérailler (vi)	nulẽkti nuõ bėgių̃	[nuˈlʲeːktʲɪ ˈnuɑ ˈbʲeːgʲuː]

locomotive (f) à vapeur	garvežỹs (v)	[garvʲɛˈʒʲiːs]
chauffeur (m)	kūrìkas (v)	[kuːˈrʲɪkas]
chauffe (f)	kūryklà (m)	[kuːrʲiːkˈlʲa]
charbon (m)	angliṣ (m)	[angˈlʲɪs]

26. Le bateau

bateau (m)	laĩvas (v)	[ˈlʲʌɪvas]
navire (m)	laĩvas (v)	[ˈlʲʌɪvas]

bateau (m) à vapeur	gárlaivis (v)	[ˈgarlʲʌɪvʲɪs]
paquebot (m)	motòrlaivis (v)	[moˈtorlʲʌɪvʲɪs]
bateau (m) de croisière	laĩneris (v)	[ˈlʲʌɪnʲɛrʲɪs]
croiseur (m)	kreĩseris (v)	[ˈkrʲɛɪsʲɛrʲɪs]

yacht (m)	jachtà (m)	[jaxˈta]
remorqueur (m)	vilkìkas (v)	[vʲɪlʲˈkʲɪkas]
péniche (f)	bárža (m)	[ˈbarʒa]
ferry (m)	kéltas (v)	[ˈkʲɛlʲtas]

voilier (m)	burìnis laĩvas (v)	[ˈburʲɪnʲɪs ˈlʲʌɪvas]
brigantin (m)	brigantinà (m)	[brʲɪgantʲɪˈna]

brise-glace (m)	lẽdlaužis (v)	[ˈlʲædlɑuʒʲɪs]
sous-marin (m)	povandenìnis laĩvas (v)	[povandʲɛˈnʲɪnʲɪs ˈlʲʌɪvas]

canot (m) à rames	váltis (m)	[ˈvalʲtʲɪs]
dinghy (m)	váltis (m)	[ˈvalʲtʲɪs]
canot (m) de sauvetage	gélbėjimo váltis (m)	[ˈgʲælʲbʲeːjɪmɔ ˈvalʲtʲɪs]
canot (m) à moteur	kãteris (v)	[ˈkaːtʲɛrʲɪs]

capitaine (m)	kapitõnas (v)	[kapʲɪˈtoːnas]
matelot (m)	jūreĩvis (v)	[juːˈrʲɛɪvʲɪs]
marin (m)	jū́rininkas (v)	[ˈjuːrʲɪnʲɪŋkas]
équipage (m)	ekipãžas (v)	[ɛkʲɪˈpaːʒas]

maître (m) d'équipage	bòcmanas (v)	[ˈbotsmanas]
mousse (m)	jùnga (v)	[ˈjunga]
cuisinier (m) du bord	viréjas (v)	[vʲɪˈrʲeːjas]
médecin (m) de bord	laĩvo gýdytojas (v)	[ˈlʲʌɪvɔ ˈgʲiːdʲiːtoːjɛs]

pont (m)	dẽnis (v)	[ˈdʲænʲɪs]
mât (m)	stíebas (v)	[ˈstʲiɛbas]
voile (f)	bùrė (m)	[ˈburʲeː]
cale (f)	triùmas (v)	[ˈtrʲumas]
proue (f)	laĩvo príekis (v)	[ˈlʲʌɪvɔ ˈprʲiɛkʲɪs]

poupe (f)	laivãgalis (v)	[lʌɪˈvaːɡalʲɪs]
rame (f)	ìrklas (v)	[ˈɪrklʲas]
hélice (f)	sraĩgtas (v)	[ˈsrʌɪktas]
cabine (f)	kajutė (m)	[kaˈjʊtʲeː]
carré (m) des officiers	kajutkompãnija (m)	[kajʊtkomˈpaːnʲɪjɛ]
salle (f) des machines	mašìnų skỹrius (v)	[maˈʃɪnu ˈskʲiːrʲʊs]
passerelle (f)	kapitõno tiltẽlis (v)	[kapʲɪˈtoːnɔ tʲɪlʲˈtʲælʲɪs]
cabine (f) de T.S.F.	rãdijo kabinà (m)	[ˈraːdʲɪjɔ kabʲɪˈna]
onde (f)	bangà (m)	[banˈɡa]
journal (m) de bord	laĩvo žurnãlas (v)	[ˈlʲʌɪvɔ ʒʊrˈnaːlʲas]
longue-vue (f)	žiūrõnas (v)	[ʒʲuːˈroːnas]
cloche (f)	laĩvo skam̃balas (v)	[ˈlʲʌɪvɔ ˈskambalʲas]
pavillon (m)	vėliava (m)	[ˈvʲeːlʲæva]
grosse corde (f) tressée	lýnas (v)	[ˈlʲiːnas]
nœud (m) marin	mãzgas (v)	[ˈmaːzɡas]
rampe (f)	turẽklai (v dgs)	[tʊˈrʲeːklʲʌɪ]
passerelle (f)	trãpas (v)	[ˈtraːpas]
ancre (f)	iñkaras (v)	[ˈɪŋkaras]
lever l'ancre	pakélti iñkarą	[paˈkʲɛlʲtʲɪ ˈɪŋkaraː]
jeter l'ancre	nuléisti iñkarą	[nʊˈlʲɛɪstʲɪ ˈɪŋkaraː]
chaîne (f) d'ancrage	iñkaro grandìnė (m)	[ˈɪŋkarɔ ɡranˈdʲɪnʲeː]
port (m)	úostas (v)	[ˈʊɑstas]
embarcadère (m)	príeplauka (m)	[ˈprʲɪɛplʲɑʊka]
accoster (vi)	prisišvartúoti	[prʲɪsʲɪʃvarˈtʊɑtʲɪ]
larguer les amarres	išplaũkti	[ɪʃˈplʲɑʊktʲɪ]
voyage (m) (à l'étranger)	keliõnė (m)	[kʲɛˈlʲʲoːnʲeː]
croisière (f)	kruĩzas (v)	[krʊˈɪzas]
cap (m) (suivre un ~)	kùrsas (v)	[ˈkʊrsas]
itinéraire (m)	maršrùtas (v)	[marʃˈrʊtas]
chenal (m)	farvãteris (v)	[farˈvaːtʲɛrʲɪs]
bas-fond (m)	seklumà (m)	[sʲɛklʲʊˈma]
échouer sur un bas-fond	užplaũkti ant seklumõs	[ʊʒˈplʲɑʊktʲɪ ant sʲɛklʲʊˈmoːs]
tempête (f)	audrà (m)	[ɑʊdˈra]
signal (m)	signãlas (v)	[sʲɪɡˈnaːlʲas]
sombrer (vi)	skẽsti	[ˈskʲɛːstʲɪ]
Un homme à la mer!	Žmogùs vandenyjè!	[ʒmoˈɡʊs vandʲɛnʲiːˈjæ!]
SOS (m)	SOS	[ɛs ɔ ɛs]
bouée (f) de sauvetage	gélbėjimosi rãtas (v)	[ˈɡʲɛlʲbʲeːjimosʲɪ ˈraːtas]

T&P BOOKS

LA VILLE

T&P Books Publishing

autobus (m)	autobùsas (v)	[aʊto'busas]
tramway (m)	tramvãjus (v)	[tram'va:jʊs]
trolleybus (m)	troleibùsas (v)	[trolʲɛɪ'busas]
itinéraire (m)	maršrùtas (v)	[marʃ'rutas]
numéro (m)	nùmeris (v)	['numʲɛrʲɪs]

prendre …	važiúoti …	[va'ʒʲʊatʲɪ …]
monter (dans l'autobus)	įlìpti į̃ …	[i:'lʲɪ:ptʲɪ i: …]
descendre de …	išlìpti ìš …	[ɪʃ'lʲɪptʲɪ ɪʃ …]

arrêt (m)	stotẽlė (m)	[sto'tʲælʲe:]
arrêt (m) prochain	kità stotẽlė (m)	[kʲɪ'ta sto'tʲælʲe:]
terminus (m)	galutìnė stotẽlė (m)	[galʊ'tʲɪnʲe: sto'tʲælʲe:]
horaire (m)	tvarkãraštis (v)	[tvar'ka:raʃtʲɪs]
attendre (vt)	láukti	['lʲaʊktʲɪ]

ticket (m)	bìlietas (v)	['bʲɪlʲiɛtas]
prix (m) du ticket	bìlieto káina (m)	['bʲɪlʲiɛtɔ 'kʌɪna]

caissier (m)	kãsininkas (v)	['ka:sʲɪnʲɪŋkas]
contrôle (m) des tickets	kontrolė̃ (m)	[kɔn'trolʲe:]
contrôleur (m)	kontroliẽrius (v)	[kɔntro'lʲɛrʲʊs]

être en retard	vėlúoti	[vʲe:'lʲʊatʲɪ]
rater (~ le train)	pavėlúoti	[pavʲe:'lʲʊatʲɪ]
se dépêcher	skubė́ti	[skʊ'bʲe:tʲɪ]

taxi (m)	taksì (v)	[tak'sʲɪ]
chauffeur (m) de taxi	taksìstas (v)	[tak'sʲɪstas]
en taxi	sù taksì	['sʊ tak'sʲɪ]
arrêt (m) de taxi	taksì stovėjimo aikštẽlė (m)	[tak'sʲɪ sto'vʲɛjɪmɔ ʌɪkʃ'tʲælʲe:]
appeler un taxi	iškviẽsti taksì	[ɪʃk'vʲɛstʲɪ tak'sʲɪ]
prendre un taxi	įsėsti į̃ taksì	[i:'sʲesʲtʲɪ: i: tak'sʲɪ:]

trafic (m)	gãtvės judė́jimas (v)	['ga:tvʲe:s jʊ'dʲɛjɪmas]
embouteillage (m)	kamštis (v)	['kamʃtʲɪs]
heures (f pl) de pointe	pìko vãlandos (m dgs)	['pʲɪkɔ 'va:lʲandos]
se garer (vp)	parkúotis	[par'kʊatʲɪs]
garer (vt)	parkúoti	[par'kʊatʲɪ]
parking (m)	stovėjimo aikštẽlė (m)	[sto'vʲɛjɪmɔ ʌɪkʃ'tʲælʲe:]

métro (m)	metrò	[mʲɛ'tro]
station (f)	stotìs (m)	[sto'tʲɪs]

prendre le métro	**važiúoti metrò**	[va'ʒʊatˈɪ mˈɛ'trɔ]
train (m)	**traukinỹs** (v)	[traʊkɪˈnʲiːs]
gare (f)	**stotìs** (m)	[sto'tʲɪs]

28. La ville. La vie urbaine

ville (f)	**miẽstas** (v)	['mʲɛstas]
capitale (f)	**sóstinė** (m)	['sostˈɪnʲeː]
village (m)	**káimas** (v)	['kʌɪmas]

plan (m) de la ville	**miẽsto plãnas** (v)	['mʲɛstɔ 'plʲaːnas]
centre-ville (m)	**miẽsto ceñtras** (v)	['mʲɛstɔ 'tsʲɛntras]
banlieue (f)	**príemiestis** (v)	['prʲɛmʲɛstʲɪs]
de banlieue (adj)	**príemiesčio**	['prʲɛmʲiɛstsʲɔ]

périphérie (f)	**pakraštỹs** (v)	[pakraʃˈtʲiːs]
alentours (m pl)	**apýlinkės** (m dgs)	[a'pʲiːlʲɪŋkʲeːs]
quartier (m)	**kvartãlas** (v)	[kvar'taːlʲas]
quartier (m) résidentiel	**gyvẽnamas kvartãlas** (v)	[gʲiː'vʲænamas kvar'taːlʲas]

trafic (m)	**judéjimas** (v)	[jʊ'dʲeɪjɪmas]
feux (m pl) de circulation	**šviesofòras** (v)	[ʃvʲiɛso'foras]
transport (m) urbain	**miẽsto transpòrtas** (v)	['mʲɛstɔ trans'portas]
carrefour (m)	**sánkryža** (m)	['saŋkrʲiːʒa]

passage (m) piéton	**péreja** (m)	['pʲɛrʲe:ja]
passage (m) souterrain	**požeminė péreja** (m)	[poʒe'mʲɪnʲe: 'pʲærʲe:ja]
traverser (vt)	**péreiti**	['pʲɛrʲɛɪtʲɪ]
piéton (m)	**péstysis** (v)	['pʲeːstʲiːsʲɪs]
trottoir (m)	**šalìgatvis** (v)	[ʃa'lʲɪgatvʲɪs]

| pont (m) | **tìltas** (v) | ['tʲɪlʲtas] |
| quai (m) | **krantìnė** (m) | [kran'tʲɪnʲe:] |

allée (f)	**aléja** (m)	[a'lʲe:ja]
parc (m)	**párkas** (v)	['parkas]
boulevard (m)	**bulvãras** (v)	[bʊlʲ'vaːras]
place (f)	**aikštė̃** (m)	[ʌɪkʃˈtʲe:]
avenue (f)	**prospèktas** (v)	[pros'pʲɛktas]
rue (f)	**gãtvė** (m)	['ga:tvʲe:]
ruelle (f)	**skérsgatvis** (v)	['skʲɛrsgatvʲɪs]
impasse (f)	**tupìkas** (v)	[tʊ'pʲɪkas]

maison (f)	**nãmas** (v)	['na:mas]
édifice (m)	**pãstatas** (v)	['pa:statas]
gratte-ciel (m)	**dangóraižis** (v)	[dan'gorʌɪʒʲɪs]

façade (f)	**fasãdas** (v)	[fa'sa:das]
toit (m)	**stógas** (v)	['stogas]
fenêtre (f)	**lángas** (v)	['lʲangas]

arc (m)	árka (m)	['arka]
colonne (f)	kolonà (m)	[kɔlʲɔ'na]
coin (m)	kam̃pas (v)	['kampas]

vitrine (f)	vitrinà (m)	[vʲɪtrʲɪ'na]
enseigne (f)	ìškaba (m)	['ɪʃkaba]
affiche (f)	afišà (m)	[afʲɪ'ʃa]
affiche (f) publicitaire	reklãminis plakãtas (v)	[rʲɛkʲlʲa:mʲɪnʲɪs plʲa'ka:tas]
panneau-réclame (m)	reklãminis skỹdas (v)	[rʲɛkʲlʲa:mʲɪnʲɪs 'skʲi:das]

ordures (f pl)	šiùkšlės (m dgs)	['ʃʊkʃlʲe:s]
poubelle (f)	ùrna (m)	['ʊrna]
jeter à terre	šiùkšlinti	['ʃʊkʃlʲɪntʲɪ]
décharge (f)	sąvartýnas (v)	[sa:var'tʲi:nas]

cabine (f) téléphonique	telefòno bùdelė (m)	[tʲɛlʲɛ'fɔnɔ 'bʊdelʲe:]
réverbère (m)	žibiñto stuĺpas (v)	[ʒʲɪ'bʲɪntɔ 'stʊlʲpas]
banc (m)	súolas (v)	['sʊalʲas]

policier (m)	polìcininkas (v)	[pɔ'lʲɪtsʲɪnʲɪŋkas]
police (f)	polìcija (m)	[pɔ'lʲɪtsʲɪjɛ]
clochard (m)	skur̃džius (v)	['skʊrdʒʲʊs]
sans-abri (m)	benãmis (v)	[bʲɛ'na:mʲɪs]

29. Les institutions urbaines

magasin (m)	parduotùvė (m)	[pardʊa'tʊvʲe:]
pharmacie (f)	váistinė (m)	['vʌɪstʲɪnʲe:]
opticien (m)	òptika (m)	['optʲɪka]
centre (m) commercial	prekýbos ceñtras (v)	[prʲɛ'kʲi:bos 'tsʲɛntras]
supermarché (m)	supermárketas (v)	[sʊpʲɛr'markʲɛtas]

boulangerie (f)	bandẽlių kráutuvė (m)	[ban'dʲælʲu: 'krɑʊtʊvʲe:]
boulanger (m)	kepėjas (v)	[kʲɛ'pʲe:jas]
pâtisserie (f)	konditèrija (m)	[kɔndʲɪ'tʲɛrʲɪjɛ]
épicerie (f)	bakalėja (m)	[baka'lʲe:ja]
boucherie (f)	mėsõs kráutuvė (m)	[mʲe:'so:s 'krɑʊtʊvʲe:]

| magasin (m) de légumes | daržóvių kráutuvė (m) | [dar'ʒovʲu: 'krɑʊtʊvʲe:] |
| marché (m) | prekývietė (m) | [prʲɛ'kʲi:vʲɪɛtʲe:] |

salon (m) de café	kavìnė (m)	[ka'vʲɪnʲe:]
restaurant (m)	restorãnas (v)	[rʲɛsto'ra:nas]
brasserie (f)	alùdė (m)	[a'lʲʊdʲe:]
pizzeria (f)	picèrija (m)	[pʲɪ'tsʲɛrʲɪjɛ]

salon (m) de coiffure	kirpyklà (m)	[kʲɪrpʲi:k'lʲa]
poste (f)	pãštas (v)	['pa:ʃtas]
pressing (m)	valyklà (m)	[valʲi:k'la]
atelier (m) de photo	fotoateljė̃ (v)	[fotoate'lʲje:]

magasin (m) de chaussures	avalynės parduotuvė (m)	['a:val·i:n·e:s parduɑ'tuv·e:]
librairie (f)	knygynas (v)	[kn·i:'g·i:nas]
magasin (m) d'articles de sport	sportinių prekių parduotuvė (m)	['sport·ɪn·u: 'præk·u: parduɑ'tuv·e:]

atelier (m) de retouche	drabužių taisykla (m)	[dra'buʒ·u: tʌɪs·i:k'l·a]
location (f) de vêtements	drabužių nuoma (m)	[dra'buʒ·u: 'nuɑma]
location (f) de films	filmų nuoma (m)	['f·ɪl·mu: 'nuɑma]

cirque (m)	cirkas (v)	['ts·ɪrkas]
zoo (m)	zoologijos sodas (v)	[zoo'l·og·ɪjɔs 'so:das]
cinéma (m)	kino teatras (v)	['k·ɪno t·ɛ'a:tras]
musée (m)	muziejus (v)	[mu'z·ɛjus]
bibliothèque (f)	biblioteka (m)	[b·ɪbl·ɪjɔt·ɛ'ka]

théâtre (m)	teatras (v)	[t·ɛ'a:tras]
opéra (m)	opera (m)	['op·ɛra]
boîte (f) de nuit	naktinis klubas (v)	[nak't·ɪn·ɪs 'kl·ubas]
casino (m)	kazino (v)	[kaz·ɪ'no]

mosquée (f)	mečetė (m)	[m·ɛ'ts·ɛt·e:]
synagogue (f)	sinagoga (m)	[s·ɪnago'ga]
cathédrale (f)	katedra (m)	['ka:t·ɛdra]
temple (m)	šventykla (m)	[ʃv·ɛnt·i:k'l·a]
église (f)	bažnyčia (m)	[baʒ'n·i:·tʂ·æ]

institut (m)	institutas (v)	[ɪnst·ɪ't·utas]
université (f)	universitetas (v)	[un·ɪv·ɛrs·ɪ't·ɛtas]
école (f)	mokykla (m)	[mok·i:k'l·a]

préfecture (f)	prefektūra (m)	[pr·ɛf·ɛk'tu:'ra]
mairie (f)	savivaldybė (m)	[sav·ɪval·'d·i:b·e:]
hôtel (m)	viešbutis (v)	['v·ɛʃbut·ɪs]
banque (f)	bankas (v)	['baŋkas]

ambassade (f)	ambasada (m)	[ambasa'da]
agence (f) de voyages	turizmo agentūra (m)	[tu'r·ɪzmɔ ag·ɛntu:'ra]
bureau (m) d'information	informacijos biuras (v)	[ɪnfor'ma:ts·ɪjɔs 'b·uras]
bureau (m) de change	keitykla (m)	[k·ɛɪt·i:k'l·a]

| métro (m) | metro (m) | [m·ɛ'tro] |
| hôpital (m) | ligoninė (m) | [l·ɪ'gon·ɪn·e:] |

| station-service (f) | degalinė (m) | [d·ɛga'l·ɪn·e:] |
| parking (m) | stovėjimo aikštėlė (m) | [sto'v·ɛjɪmɔ ʌɪkʃt·æl·e:] |

30. Les enseignes. Les panneaux

| enseigne (f) | iškaba (m) | ['ɪʃkaba] |
| pancarte (f) | užrašas (v) | ['uʒraʃas] |

poster (m)	plakãtas (v)	[plʲaˈkaːtas]
indicateur (m) de direction	núoroda (m)	[ˈnʊaroda]
flèche (f)	rodỹklė (m)	[roˈdʲiːklʲeː]

avertissement (m)	pérspėjimas (v)	[ˈpʲɛrspʲeːjimas]
panneau d'avertissement	įspėjìmas (v)	[iːspʲeːˈjɪmas]
avertir (vt)	įspéti	[iːsˈpʲeːtʲɪ]

jour (m) de repos	išeigìnė dienà (m)	[ɪʃɛɪˈgʲɪnʲe· dʲiɛˈna]
horaire (m)	tvarkãraštis (v)	[tvarˈkaːraʃtʲɪs]
heures (f pl) d'ouverture	dárbo valandõs (m dgs)	[ˈdarbɔ valʲanˈdoːs]

BIENVENUE!	SVEIKÌ ATVỸKĘ!	[svʲɛɪˈkʲɪ atˈvʲiːkʲɛː!]
ENTRÉE	ĮĖJÌMAS	[iːˈɛːˈjɪmas]
SORTIE	IŠĖJÌMAS	[ɪʃeːˈjɪmas]

POUSSER	STÙMTI	[ˈstʊmtʲɪ]
TIRER	TRÁUKTI	[ˈtraʊktʲɪ]
OUVERT	ATIDARỸTA	[atʲɪdaˈrʲiːta]
FERMÉ	UŽDARỸTA	[ʊʒdaˈrʲiːta]

FEMMES	MÓTERIMS	[ˈmotʲɛrʲɪms]
HOMMES	VỸRAMS	[ˈvʲiːrams]

RABAIS	NÚOLAIDOS	[ˈnʊalʲʌɪdos]
SOLDES	IŠPARDAVÌMAS	[ɪʃpardaˈvʲɪmas]
NOUVEAU!	NAUJÍENA!	[naʊˈjiɛnaˈ]
GRATUIT	NEMÓKAMAI	[nʲɛˈmokamʌɪ]

ATTENTION!	DĖMESIO!	[ˈdʲeːmesʲɔ!]
COMPLET	VIĖTŲ NĖRA	[ˈvʲɛtu· ˈnʲeːra]
RÉSERVÉ	REZERVÚOTA	[rʲɛzʲɛrˈvʊata]

ADMINISTRATION	ADMINISTRÃCIJA	[admʲɪnʲɪsˈtratsʲɪja]
RÉSERVÉ AU PERSONNEL	TÌK PERSONÃLUI	[ˈtʲɪk pʲɛrsoˈnalʲʊi]

ATTENTION CHIEN MÉCHANT	PIKTAS ŠUO	[ˈpʲɪktas ˈʃʊa]
DÉFENSE DE FUMER PRIÈRE DE NE PAS TOUCHER	RŪKỸTI DRAUĜDŽIAMA NELIĖSTI!	[ruːˈkʲiːtʲɪ ˈdraʊdʒʲæma] [nʲɛˈlʲɛstʲɪ!]

DANGEREUX	PAVOJÌNGA	[pavoˈjɪnga]
DANGER	PAVÓJUS	[paˈvoːjʊs]
HAUTE TENSION	AUKŠTÀ ĮTAMPA	[aʊkʃˈta ˈiːtampa]
BAIGNADE INTERDITE	MÁUDYTIS DRAUĜDŽIAMA	[ˈmaʊdʲiːtʲɪs ˈdraʊdʒʲæma]
HORS SERVICE	NEVEÌKIA	[nʲɛˈvʲɛɪkʲɛ]

INFLAMMABLE	DEGÙ	[dʲɛˈgʊ]
INTERDIT	DRAÙDŽIAMA	[ˈdraʊdʒʲæma]

PASSAGE INTERDIT	**PRAĖJIMAS**	[prae:'jɪmas
	DRAUDŽIAMAS	'drɑʊdʒʲæmas]
PEINTURE FRAÎCHE	**NUDAŽYTA**	[nʊda'ʒʲi:ta]

31. Le shopping

acheter (vt)	**pírkti**	['pʲɪrktʲɪ]
achat (m)	**pirkinỹs** (v)	[pʲɪrkʲɪ'nʲi:s]
faire des achats	**apsipírkti**	[apsʲɪ'pʲɪrktʲɪ]
shopping (m)	**apsipirkimas** (v)	[apsʲɪpʲɪr'kʲɪmas]
être ouvert	**veĩkti**	['vʲɛɪktʲɪ]
être fermé	**užsidarýti**	[ʊʒsʲɪda'rʲi:tʲɪ]
chaussures (f pl)	**ãvalynė** (m)	['a:valʲi:nʲe:]
vêtement (m)	**drabùžiai** (v)	[dra'bʊʒʲɛɪ]
produits (m pl) de beauté	**kosmètika** (m)	[kɔs'mʲɛtʲɪka]
produits (m pl) alimentaires	**prodùktai** (v)	[pro'dʊktʌɪ]
cadeau (m)	**dovanà** (m)	[dova'na]
vendeur (m)	**pardavéjas** (v)	[parda'vʲe:jas]
vendeuse (f)	**pardavéja** (m)	[parda'vʲe:ja]
caisse (f)	**kasà** (m)	[ka'sa]
miroir (m)	**veĩdrodis** (v)	['vʲɛɪdrodʲɪs]
comptoir (m)	**prekýstalis** (v)	[prʲɛ'kʲi:stalʲɪs]
cabine (f) d'essayage	**matãvimosi kabinà** (m)	[ma'ta:vʲɪmosʲɪ kabʲɪ'na]
essayer (robe, etc.)	**matúoti**	[ma'tʊɑtʲɪ]
aller bien (robe, etc.)	**tìkti**	['tʲɪktʲɪ]
plaire (être apprécié)	**patìkti**	[pa'tʲɪktʲɪ]
prix (m)	**káina** (m)	['kʌɪna]
étiquette (f) de prix	**kainýnas** (v)	[kʌɪ'nʲi:nas]
coûter (vt)	**kainúoti**	[kʌɪ'nʊɑtʲɪ]
Combien?	**Kíek?**	['kʲiɛk?]
rabais (m)	**núolaida** (m)	['nʊɑlʲʌɪda]
pas cher (adj)	**nebrangùs**	[nʲɛbran'gʊs]
bon marché (adj)	**pigùs**	[pʲɪ'gʊs]
cher (adj)	**brangùs**	[bran'gʊs]
C'est cher	**Taĩ brangù.**	['tʌɪ bran'gʊ]
location (f)	**núoma** (m)	['nʊɑma]
louer (une voiture, etc.)	**išsinúomoti**	[ɪʃsʲɪ'nʊɑmotʲɪ]
crédit (m)	**kredìtas** (v)	[krʲɛ'dʲɪtas]
à crédit (adv)	**kreditù**	[krʲɛdʲɪ'tʊ]

LES VÊTEMENTS & LES ACCESSOIRES

T&P Books Publishing

vêtement (m)	aprangà (m)	[apran'ga]
survêtement (m)	viršutìniai drabùžiai (v dgs)	[vʲɪrʃʊ'tʲɪnʲɛɪ dra'bʊʒʲɛɪ]
vêtement (m) d'hiver	žiemìniai drabùžiai (v)	[ʒʲiɛ'mʲɪnʲɛɪ dra'bʊʒʲɛɪ]

manteau (m)	páltas (v)	['palʲtas]
manteau (m) de fourrure	kailiniaĩ (v dgs)	[kʌɪlʲɪ'rʲɛɪ]
veste (f) de fourrure	pùskailiniai (v)	['pʊskʌɪlʲɪnʲɛɪ]
manteau (m) de duvet	pūkìnė (m)	[pu:'kʲɪnʲe:]

veste (f) (~ en cuir)	striùkė (m)	['strʲʊkʲe:]
imperméable (m)	apsiaũstas (v)	[ap'sʲɛʊstas]
imperméable (adj)	nepéršlampamas	[nʲɛ'pʲɛrʃlʲampamas]

chemise (f)	marškiniaĩ (v dgs)	[marʃkʲɪ'rʲɛɪ]
pantalon (m)	kélnės (m dgs)	['kʲɛlʲnʲe:s]
jean (m)	džìnsai (v dgs)	['dʒʲɪnsʌɪ]
veston (m)	švar̃kas (v)	['ʃvarkas]
complet (m)	kostiùmas (v)	[kɔs'tʲʊmas]

robe (f)	suknẽlė (m)	[sʊk'nʲælʲe:]
jupe (f)	sijõnas (v)	[sʲɪ'jɔ:nas]
chemisette (f)	palaidìnė (m)	[palʲʌɪ'dʲɪnʲe:]
veste (f) en laine	sùsegamas megztìnis (v)	['sʊsʲɛgamas mʲɛgz'tʲɪnʲɪs]
jaquette (f), blazer (m)	žakétas, švarkẽlis (v)	[ʒa'kʲɛtas], [ʃvar'kʲælʲɪs]

tee-shirt (m)	fùtbolininko marškiniaĩ (v)	['futbolʲɪnʲɪŋkɔ marʃkʲɪ'rʲɛɪ]
short (m)	šórtai (v dgs)	['ʃortʌɪ]
costume (m) de sport	spòrtinis kostiùmas (v)	['sportʲɪnʲɪs kos'tʲʊmas]
peignoir (m) de bain	chalãtas (v)	[xa'lʲa:tas]
pyjama (m)	pižamà (m)	[pʲɪʒa'ma]

chandail (m)	nertìnis (v)	[nʲɛr'tʲɪnʲɪs]
pull-over (m)	megztìnis (v)	[mʲɛgz'tʲɪnʲɪs]

gilet (m)	liemẽnė (m)	[lʲiɛ'mʲænʲe:]
queue-de-pie (f)	frãkas (v)	['fra:kas]
smoking (m)	smòkingas (v)	['smokʲɪngas]
uniforme (m)	unifòrma (m)	[ʊnʲɪ'forma]
tenue (f) de travail	dárbo drabùžiai (v)	['darbo dra'bʊʒʲɛɪ]

salopette (f)	**kombinezonas** (v)	[kɔmbʲɪnʲɛˈzonas]
blouse (f) (d'un médecin)	**chalãtas** (v)	[xaˈlʲaːtas]

34. Les sous-vêtements

sous-vêtements (m pl)	**baltiniaĩ** (v dgs)	[balʲtʲɪˈnʲɛɪ]
maillot (m) de corps	**apatiniai**	[apaˈtʲɪnʲɛɪ]
	marškinéliai (v dgs)	marʃkʲɪˈnʲeːlʲɛɪ]
chaussettes (f pl)	**kòjinés** (m dgs)	[ˈkoːjɪnʲeːs]
chemise (f) de nuit	**naktìniai marškiniaĩ** (v dgs)	[nakˈtʲɪnʲɛɪ marʃkʲɪˈnʲɛɪ]
soutien-gorge (m)	**liemenélé** (m)	[lʲiɛmeˈnʲeːlʲeː]
chaussettes (f pl) hautes	**gòlfai** (v)	[ˈɡolʲfʌɪ]
collants (m pl)	**pédkelnés** (m dgs)	[ˈpʲeːdkʲɛlʲnʲeːs]
bas (m pl)	**kòjinés** (m dgs)	[ˈkoːjɪnʲeːs]
maillot (m) de bain	**máudymosi**	[ˈmɑʊdʲiːmosʲɪ]
	kostiumélis (v)	kostʲʊˈmʲeːlʲɪs]

35. Les chapeaux

chapeau (m)	**kepùré** (m)	[kʲɛˈpʊrʲeː]
chapeau (m) feutre	**skrybélé** (m)	[skrʲɪˈbʲeːˈlʲeː]
casquette (f) de base-ball	**beĩsbolo lazdà** (m)	[ˈbʲɛɪsbolʲɔ lʲazˈda]
casquette (f)	**kepùré** (m)	[kʲɛˈpʊrʲeː]
béret (m)	**beretė** (m)	[bʲɛˈrʲɛtʲeː]
capuche (f)	**gobtùvas** (v)	[gopˈtʊvas]
panama (m)	**panamà** (m)	[panaˈma]
bonnet (m) de laine	**megztà kepuráité** (m)	[mʲɛgzˈta kepʊˈrʌɪtʲeː]
foulard (m)	**skarà** (m), **skarélé** (m)	[skaˈra], [skaˈrʲælʲeː]
chapeau (m) de femme	**skrybélaité**	[skrʲɪˈbʲeːˈlʲʌɪtʲeː]
casque (m) (d'ouvriers)	**šálmas** (v)	[ˈʃalʲmas]
calot (m)	**pilòté** (m)	[pʲɪˈlʲotʲeː]
casque (m) (~ de moto)	**šálmas** (v)	[ˈʃalʲmas]
melon (m)	**katiliùkas** (v)	[katʲɪˈlʲʊkas]
haut-de-forme (m)	**cilìndras** (v)	[tsʲɪˈlʲɪndras]

36. Les chaussures

chaussures (f pl)	**ãvalyné** (m)	[ˈaːvalʲiːnʲeː]
bottines (f pl)	**bãtai** (v)	[ˈbaːtʌɪ]
souliers (m pl) (~ plats)	**batéliai** (v)	[baˈtʲælʲɛɪ]
bottes (f pl)	**aulìniai bãtai** (v)	[ɑʊˈlʲɪnʲɛɪ ˈbaːtʌɪ]

chaussons (m pl)	šlepetės (m dgs)	[ʃlʲɛˈpʲætʲeːs]
tennis (m pl)	sportbačiai (v dgs)	[ˈsportbatsʲɛɪ]
baskets (f pl)	sportbačiai (v dgs)	[ˈsportbatsʲɛɪ]
sandales (f pl)	sandalai (v dgs)	[sanˈdaːlʲʌɪ]

cordonnier (m)	batsiuvys (v)	[batsʲʊˈvʲiːs]
talon (m)	kulnas (v)	[ˈkʊlʲnas]
paire (f)	pora (m)	[poˈra]

lacet (m)	batraištis (v)	[ˈbaːtrʌɪʃtʲɪs]
lacer (vt)	varstyti	[ˈvarstʲiːtʲɪ]
chausse-pied (m)	šaukštas (v)	[ˈʃɑʊkʃtas]
cirage (m)	avalynės kremas (v)	[ˈaːvalʲiːnʲeːs ˈkrʲɛmas]

37. Les accessoires personnels

gants (m pl)	pirštinės (m dgs)	[ˈpʲɪrʃtʲɪnʲeːs]
moufles (f pl)	kumštinės (m dgs)	[ˈkʊmʃtʲɪnʲeːs]
écharpe (f)	šalikas (v)	[ˈʃaːlʲɪkas]

lunettes (f pl)	akiniai (dgs)	[akʲɪˈnʲɛɪ]
monture (f)	rėmeliai (v dgs)	[rʲeːˈmʲælʲɛɪ]
parapluie (m)	skėtis (v)	[ˈskʲeːtʲɪs]
canne (f)	lazdelė (m)	[lazˈdʲælʲeː]
brosse (f) à cheveux	plaukų šepetys (v)	[plʲɑʊˈkuː ʃɛpʲɛˈtʲiːs]
éventail (m)	vėduoklė (m)	[vʲeːˈduɑklʲeː]

cravate (f)	kaklaraištis (v)	[kakˈlʲaːrʌɪʃtʲɪs]
nœud papillon (m)	peteliškė (m)	[pʲɛtʲɛˈlʲɪʃkʲeː]
bretelles (f pl)	pėtnešos (m dgs)	[ˈpʲætnʲɛʃos]
mouchoir (m)	nosinė (m)	[ˈnosʲɪnʲeː]

peigne (m)	šukos (m dgs)	[ˈʃʊkos]
barrette (f)	segtukas (v)	[sʲɛkˈtʊkas]
épingle (f) à cheveux	plaukų segtukas (v)	[plʲɑʊˈkuː sʲɛkˈtʊkas]
boucle (f)	sagtis (m)	[sakˈtʲɪs]

ceinture (f)	diržas (v)	[ˈdʲɪrʒas]
bandoulière (f)	diržas (v)	[ˈdʲɪrʒas]

sac (m)	rankinukas (v)	[raŋkʲɪˈnʊkas]
sac (m) à main	rankinukas (v)	[raŋkʲɪˈnʊkas]
sac (m) à dos	kuprinė (m)	[kʊˈprʲɪnʲeː]

38. Les vêtements. Divers

mode (f)	mada (m)	[maˈda]
à la mode (adj)	madingas	[maˈdʲɪngas]

couturier, créateur de mode	modeliúotojas (v)	[modʲɛ'lʲʊɑto:jɛs]
col (m)	apýkaklė (m)	[a'pʲi:kaklʲe:]
poche (f)	kišėnė (m)	[kʲɪ'ʃænʲe:]
de poche (adj)	kišenìnis	[kʲɪʃɛ'nʲɪnʲɪs]
manche (f)	rankóvė (m)	[raŋ'kovʲe:]
bride (f)	pakabà (m)	[paka'ba]
braguette (f)	klỹnas (v)	['klʲi:nas]
fermeture (f) à glissière	užtraukùkas (v)	[ʊʒtrɑʊk'tʊkas]
agrafe (f)	užsegìmas (v)	[ʊʒsʲɛ'gʲɪmas]
bouton (m)	sagà (m)	[sa'ga]
boutonnière (f)	kìlpa (m)	['kʲɪlpa]
s'arracher (bouton)	atplýšti	[at'plʲi:ʃtʲɪ]
coudre (vi, vt)	siúti	['sʲu:tʲɪ]
broder (vt)	siuvinéti	[sʲʊvʲɪ'nʲe:tʲɪ]
broderie (f)	siuvinéjimas (v)	[sʲʊvʲɪ'nʲɛjɪmas]
aiguille (f)	ãdata (m)	['a:data]
fil (m)	siúlas (v)	['sʲu:lʲas]
couture (f)	siúlė (m)	['sʲu:lʲe:]
se salir (vp)	išsitèpti	[ɪʃsʲɪ'tʲɛptʲɪ]
tache (f)	dėmě (m)	[dʲe:'mʲe:]
se froisser (vp)	susiglámžyti	[sʊsʲɪg'lʲa mʒʲi:tʲɪ]
déchirer (vt)	supléšyti	[sʊp'lʲe:ʃɪ:tʲɪ]
mite (f)	kañdis (v)	['kandʲɪs]

39. L'hygiène corporelle. Les cosmétiques

dentifrice (m)	dantų pastà (m)	[dan'tu: pas'ta]
brosse (f) à dents	dantų šepetėlis (v)	[dan'tu: ʃepe'tʲe:lʲɪs]
se brosser les dents	valýti dantìs	[va'lʲi:tʲɪ dan'tʲɪs]
rasoir (m)	skustùvas (v)	[skʊ'stʊvas]
crème (f) à raser	skutìmosi krèmas (v)	[skʊ'tʲɪmosʲɪ 'krʲɛmas]
se raser (vp)	skùstis	['skʊstʲɪs]
savon (m)	muĩlas (v)	['mʊɪlʲas]
shampooing (m)	šampū̃nas (v)	[ʃam'pu:nas]
ciseaux (m pl)	žìrklės (m dgs)	['ʒʲɪrklʲe:s]
lime (f) à ongles	dìldė (m) nagáms	['dʲɪldʲe: na'gams]
pinces (f pl) à ongles	gnybtùkai (v)	[gnʲi:p'tʊkʌɪ]
pince (f) à épiler	pincètas (v)	[pʲɪn'tsʲɛtas]
produits (m pl) de beauté	kosmètika (m)	[kɔs'mʲɛtʲɪka]
masque (m) de beauté	kaũkė (m)	['kɑʊkʲe:]
manucure (f)	manikiū̃ras (v)	[manʲɪ'kʲu:ras]
se faire les ongles	darýti manikiū̃rą	[da'rʲi:tʲɪ manʲɪ'kʲu:ra:]

pédicurie (f)	pedikiūras (v)	[pʲɛdʲɪ'kʲu:ras]
trousse (f) de toilette	kosmètinė (m)	[kɔs'mʲɛtʲɪnʲe:]
poudre (f)	pudra (m)	[pʊd'ra]
poudrier (m)	pùdrinė (m)	['pʊdrʲɪnʲe:]
fard (m) à joues	skaistalaĩ (v dgs)	[skʌɪsta'lʲãĩ]

parfum (m)	kvepalaĩ (v dgs)	[kvʲɛpa'lʲãĩ]
eau (f) de toilette	tualètinė vanduõ (v)	[tʊa'lʲɛtʲɪnʲɪs van'dʊa]
lotion (f)	losjònas (v)	[lʲo'sjɔ nas]
eau de Cologne (f)	odekolònas (v)	[odʲɛko'lʲonas]

fard (m) à paupières	vokū̃ šešéliai (v)	[vo'ku: ʃe'ʃʲe:lʲɛɪ]
crayon (m) à paupières	akiū̃ pieštùkas (v)	[a'kʲu: pʲɛʃ'tʊkas]
mascara (m)	tùšas (v)	['tʊʃas]

rouge (m) à lèvres	lū̃pų dažaĩ (v)	['lʲu:pu: da'ʒʌɪ]
vernis (m) à ongles	nagū̃ lãkas (v)	[na'gu: 'lʲa:kas]
laque (f) pour les cheveux	plaukū̃ lãkas (v)	[plʲaʊ'ku: 'lʲa:kas]
déodorant (m)	dezodorántas (v)	[dʲɛzodo'rantas]

crème (f)	krèmas (v)	['krʲɛmas]
crème (f) pour le visage	véido krèmas (v)	['vʲɛɪdo 'krʲɛmas]
crème (f) pour les mains	rañkų krèmas (v)	['raŋku: 'krʲɛmas]
crème (f) anti-rides	krèmas (v) nuõ raukšlių	['krʲɛmas nʊa raʊkʃ'lʲu:]
crème (f) de jour	dienìnis krèmas (v)	[dʲɛ'nʲɪnʲɪs 'krʲɛmas]
crème (f) de nuit	naktìnis krèmas (v)	[nak'tʲɪnʲɪs 'krʲɛmas]
de jour (adj)	dienìnis	[dʲɛ'nʲɪnʲɪs]
de nuit (adj)	naktìnis	[nak'tʲɪnʲɪs]

tampon (m)	tampònas (v)	[tam'ponas]
papier (m) de toilette	tualètinis pòpierius (v)	[tʊa'lʲɛtʲɪnʲɪs 'po:pʲɛrʲʊs]
sèche-cheveux (m)	fènas (v)	['fʲɛnas]

40. Les montres. Les horloges

montre (f)	laĩkrodis (v)	['lʲʌɪkrodʲɪs]
cadran (m)	ciferblãtas (v)	[tsʲɪfʲɛr'blʲa:tas]
aiguille (f)	rodỹklė (m)	[ro'dʲi:klʲe:]
bracelet (m)	apyrankė (m)	[a'pʲi:raŋkʲe:]
bracelet (m) (en cuir)	dirželis (v)	[dʲɪr'ʒʲælʲɪs]

pile (f)	elemeñtas (v)	[ɛlʲɛ'mʲɛntas]
être déchargé	išsikráuti	[ɪʃsʲɪ'kraʊtʲɪ]
changer de pile	pakeĩsti elemeñtą	[pa'kʲɛɪstʲɪ ɛlʲɛ'mʲɛnta:]
avancer (vi)	skubėti	[skʊ'bʲe:tʲɪ]
retarder (vi)	atsilìkti	[atsʲɪ'lʲɪktʲɪ]

pendule (f)	síeninis laĩkrodis (v)	['sʲiɛnʲɪnʲɪs 'lʲʌɪkrodʲɪs]
sablier (m)	smėlio laĩkrodis (v)	['smʲe:lʲɔ 'lʲʌɪkrodʲɪs]
cadran (m) solaire	sáulės laĩkrodis (v)	['saʊlʲe:s 'lʲʌɪkrodʲɪs]

réveil (m)	**žadintùvas** (v)	[ʒadʲɪnˈtʊvas]
horloger (m)	**laĩkrodininkas** (v)	[ˈlʲʌɪkrodʲɪnʲɪŋkas]
réparer (vt)	**taisýti**	[tʌɪˈsʲiːtʲɪ]

T&P BOOKS

L'EXPÉRIENCE QUOTIDIENNE

T&P Books Publishing

argent (m)	pinigaĩ (v)	[pʲɪnʲɪˈgʌɪ]
échange (m)	keitìmas (v)	[kʲɛɪˈtʲɪmas]
cours (m) de change	kùrsas (v)	[ˈkʊrsas]
distributeur (m)	bankomãtas (v)	[baŋkoˈmaːtas]
monnaie (f)	monetà (m)	[monʲɛˈta]
dollar (m)	dóleris (v)	[ˈdolʲɛrʲɪs]
euro (m)	eũras (v)	[ˈɛʊras]
lire (f)	lirà (m)	[lʲɪˈra]
mark (m) allemand	márkė (m)	[ˈmarkʲeː]
franc (m)	fránkas (v)	[ˈfraŋkas]
livre sterling (f)	svãras (v)	[ˈsvaːras]
yen (m)	jenà (m)	[jɛˈna]
dette (f)	skolà (m)	[skoˈlʲa]
débiteur (m)	skõlininkas (v)	[ˈskoːlʲɪnʲɪŋkas]
prêter (vt)	dúoti į̃ skõlą	[ˈdʊatʲɪ iː ˈskoːlʲaː]
emprunter (vt)	im̃ti į̃ skõlą	[ˈɪmtʲɪ iː ˈskoːlʲaː]
banque (f)	bánkas (v)	[ˈbaŋkas]
compte (m)	sąskaita (m)	[ˈsaːskʌɪta]
verser dans le compte	dė́ti į̃ sąskaità	[ˈdʲeːtʲɪ iː ˈsaːskʌɪtaː]
retirer du compte	im̃ti iš sąskaitos	[ˈɪmtʲɪ ɪʃ ˈsaːskʌɪtos]
carte (f) de crédit	kredìtinė kortẽlė (m)	[krʲɛˈdʲɪtʲɪnʲeː korˈtʲælʲeː]
espèces (f pl)	gryníeji pinigaĩ (v)	[grʲiːˈnʲiɛjɪ pʲɪnʲɪˈgʌɪ]
chèque (m)	čekis (v)	[ˈtʂʲɛkʲɪs]
faire un chèque	išrašýti čẽkį	[ɪʃraˈʂiːtʲɪ ˈtʂʲɛkʲɪ]
chéquier (m)	čẽkių knygẽlė (m)	[ˈtʂʲɛkʲuː knʲiːˈgʲælʲeː]
portefeuille (m)	piniginė (m)	[pʲɪnʲɪˈgʲɪnʲeː]
bourse (f)	piniginė (m)	[pʲɪnʲɪˈgʲɪnʲeː]
coffre fort (m)	seĩfas (v)	[ˈsʲɛɪfas]
héritier (m)	paveldė́tojas (v)	[pavʲɛlʲˈdʲeːtoːjɛs]
héritage (m)	palikìmas (v)	[palʲɪˈkʲɪmas]
fortune (f)	tùrtas (v)	[ˈtʊrtas]
location (f)	núoma (m)	[ˈnʊama]
loyer (m) (argent)	bùto mókestis (v)	[ˈbʊtɔ ˈmokʲɛstʲɪs]
louer (prendre en location)	núomotis	[ˈnʊamotʲɪs]
prix (m)	káina (m)	[ˈkʌɪna]
coût (m)	káina (m)	[ˈkʌɪna]

somme (f)	sumà (m)	[sʊ'ma]
dépenser (vt)	léisti	['lʲɛɪstʲɪ]
dépenses (f pl)	sąnaudos (m dgs)	['sa:naʊdos]
économiser (vt)	taupýti	[taʊ'pʲi:tʲɪ]
économe (adj)	taupùs	[taʊ'pʊs]
payer (régler)	mokéti	[mo'kʲe:tʲɪ]
paiement (m)	apmokéjimas (v)	[apmo'kʲɛjɪmas]
monnaie (f) (rendre la ~)	grąžà (m)	[gra:'ʒa]
impôt (m)	mókestis (v)	['mokʲɛstʲɪs]
amende (f)	baudà (m)	[baʊ'da]
mettre une amende	baũsti	['baʊstʲɪ]

42. La poste. Les services postaux

poste (f)	pãštas (v)	['pa:ʃtas]
courrier (m) (lettres, etc.)	pãštas (v)	['pa:ʃtas]
facteur (m)	pãštininkas (v)	['pa:ʃtʲɪnʲɪŋkas]
heures (f pl) d'ouverture	dárbo valandõs (m dgs)	['darbo valʲan'do:s]
lettre (f)	láiškas (v)	['lʲʌɪʃkas]
recommandé (m)	užsakýtas láiškas (v)	[ʊʒsa'kʲi:tas 'lʲʌɪʃkas]
carte (f) postale	atvirùtė (m)	[atvʲɪ'rʊtʲe:]
télégramme (m)	telegramà (m)	[tʲɛlʲɛgra'ma]
colis (m)	siuntinỹs (v)	[sʲʊntʲɪ'nʲi:s]
mandat (m) postal	pinigìnis pavedìmas (v)	[pʲɪnʲɪ'gʲɪnʲɪs pavʲɛ'dʲɪmas]
recevoir (vt)	gáuti	['gaʊtʲɪ]
envoyer (vt)	išsių̃sti	[ɪʃ'sʲu:stʲɪ]
envoi (m)	išsiuntìmas (v)	[ɪʃsʲʊn'tʲɪmas]
adresse (f)	ãdresas (v)	['a:drʲɛsas]
code (m) postal	iñdeksas (v)	['ɪndʲɛksas]
expéditeur (m)	siuntéjas (v)	[sʲʊn'tʲe:jas]
destinataire (m)	gavéjas (v)	[ga'vʲe:jas]
prénom (m)	var̃das (v)	['vardas]
nom (m) de famille	pavardė̃ (m)	[pavar'dʲe:]
tarif (m)	tarìfas (v)	[ta'rʲɪfas]
normal (adj)	į̀prastas	['i:prastas]
économique (adj)	taupùs	[taʊ'pʊs]
poids (m)	svõris (v)	['svo:rʲɪs]
peser (~ les lettres)	sver̃ti	['svʲɛrtʲɪ]
enveloppe (f)	võkas (v)	['vo:kas]
timbre (m)	markùtė (m)	[mar'kʊtʲe:]

43. Les opérations bancaires

banque (f)	bánkas (v)	['baŋkas]
agence (f) bancaire	skỹrius (v)	['skʲiːrʲʊs]
conseiller (m)	konsultántas (v)	[kɔnsʊlʲˈtantas]
gérant (m)	valdýtojas (v)	[valʲˈdʲiːtoːjɛs]
compte (m)	sąskaita (m)	['saːskʌɪta]
numéro (m) du compte	sąskaitos nùmeris (v)	['saːskʌɪtos 'nʊmʲɛrʲɪs]
compte (m) courant	einamóji sąskaita (m)	[ɛɪna'moːjɪ 'saːskʌɪta]
compte (m) sur livret	kaupiamóji sąskaita (m)	[kɑʊpʲæ'moːjɪ 'saːskʌɪta]
ouvrir un compte	atidarýti sąskaitą	[atʲɪda'rʲiːtʲɪ 'saːskʌɪta:]
clôturer le compte	uždarýti sąskaitą	[ʊʒda'rʲiːtʲɪ 'saːskʌɪta:]
verser dans le compte	padéti į sąskaitą	[pa'dʲeːtʲɪ iː 'saːskʌɪta:]
retirer du compte	paimti iš sąskaitos	['pʌɪmtʲɪ ɪʃ 'saːskʌɪtos]
dépôt (m)	iñdėlis (v)	['ɪndʲeːlʲɪs]
faire un dépôt	įnešti iñdėlį	[iː'nʲɛʃtʲɪ 'ɪndʲeːlʲɪː]
virement (m) bancaire	pavedìmas (v)	[pavʲɛ'dʲɪmas]
faire un transfert	atlìkti pavedìmą	[at'lʲɪktʲɪ pavʲɛ'dʲɪma:]
somme (f)	sumà (m)	[sʊ'ma]
Combien?	Kíek?	['kʲiɛk?]
signature (f)	parašas (v)	['pa:raʃas]
signer (vt)	pasirašýti	[pasʲɪra'ʃiːtʲɪ]
carte (f) de crédit	kredìtinė kortēlė (m)	[krʲɛ'dʲɪtʲɪnʲeː kor'tʲælʲeː]
code (m)	kódas (v)	['kodas]
numéro (m) de carte de crédit	kredìtinės kortēlės nùmeris (v)	[krʲɛ'dʲɪtʲɪnʲeːs kor'tʲælʲeːs 'nʊmerʲɪs]
distributeur (m)	bankomãtas (v)	[baŋko'ma:tas]
chèque (m)	kvìtas (v)	['kvʲɪtas]
faire un chèque	išrašýti kvìtą	[ɪʃra'ʃiːtʲɪ 'kvʲɪta:]
chéquier (m)	čėkių knygēlė (m)	['tʂeːkʲu: knʲiː'gʲælʲeː]
crédit (m)	kredìtas (v)	[krʲɛ'dʲɪtas]
demander un crédit	kreiptis dēl kredìto	['krʲɛɪptʲɪs dʲeːlʲ krʲɛ'dʲɪtɔ]
prendre un crédit	imti kredìtą	['ɪmtʲɪ krʲɛ'dʲɪta:]
accorder un crédit	suteikti kredìtą	[sʊ'tʲɛɪktʲɪ krʲɛ'dʲɪta:]
gage (m)	garántija (m)	[ga'rantʲɪjɛ]

44. Le téléphone. La conversation téléphonique

téléphone (m)	telefónas (v)	[tʲɛlʲɛ'fonas]
portable (m)	mobilùsis telefónas (v)	[mobʲɪ'lʊsʲɪs tʲɛlʲɛ'fonas]

répondeur (m)	**autoatsakiklis** (v)	[aʊtoatsaˈkⁱɪklⁱɪs]
téléphoner, appeler	**skambìnti**	[ˈskambⁱɪntⁱɪ]
appel (m)	**skambùtis** (v)	[skamˈbʊtⁱɪs]
composer le numéro	**suriñkti nùmerį**	[sʊˈrⁱɪŋktⁱɪ ˈnʊmⁱɛrⁱɪː]
Allô!	**Aliò!**	[aˈlⁱo!]
demander (~ l'heure)	**paklaústi**	[pakˈlⁱaʊstⁱɪ]
répondre (vi, vt)	**atsakýti**	[atsaˈkⁱiːtⁱɪ]
entendre (bruit, etc.)	**girdéti**	[gⁱɪrˈdⁱeːtⁱɪ]
bien (adv)	**geraì**	[gⁱɛˈrʌɪ]
mal (adv)	**prastaì**	[prasˈtʌɪ]
bruits (m pl)	**trukdžiaì** (v dgs)	[trʊkˈdʒⁱɛɪ]
récepteur (m)	**ragẽlis** (v)	[raˈgⁱælⁱɪs]
décrocher (vt)	**pakélti ragẽlį**	[paˈkⁱɛlⁱtⁱɪ raˈgⁱælⁱɪː]
raccrocher (vi)	**padéti ragẽlį**	[paˈdⁱeːtⁱɪ raˈgⁱælⁱɪː]
occupé (adj)	**ùžimtas**	[ˈʊʒⁱɪmtas]
sonner (vi)	**skambéti**	[skamˈbⁱeːtⁱɪ]
carnet (m) de téléphone	**telefònų knygà** (m)	[tⁱɛlⁱɛˈfonu: knⁱiːˈga]
local (adj)	**viẽtinis**	[ˈvⁱiɛtⁱɪnⁱɪs]
appel (m) local	**viẽtinis skambùtis** (v)	[ˈvⁱiɛtⁱɪnⁱɪs skamˈbʊtⁱɪs]
interurbain (adj)	**tarpmiestìnis**	[tarpmⁱɛsˈtⁱɪnⁱɪs]
appel (m) interurbain	**tarpmiestìnis**	[tarpmⁱɛsˈtⁱɪnⁱɪs
	skambùtis (v)	skamˈbʊtⁱɪs]
international (adj)	**tarptautìnis**	[tarptaʊˈtⁱɪnⁱɪs]
appel (m) international	**tarptautìnis skambùtis** (v)	[tarptaʊˈtⁱɪnⁱɪs skamˈbʊtⁱɪs]

45. Le téléphone portable

portable (m)	**mobilùsis telefònas** (v)	[mobⁱɪˈlʊsⁱɪs tⁱɛlⁱɛˈfonas]
écran (m)	**ekrãnas** (v)	[ɛkˈra:nas]
bouton (m)	**mygtùkas** (v)	[mⁱiːkˈtʊkas]
carte SIM (f)	**SIM-kortẽlė** (m)	[sⁱɪm-korˈtⁱælⁱe:]
pile (f)	**akumuliãtorius** (v)	[akʊmʊˈlⁱætorⁱʊs]
être déchargé	**išsikraúti**	[ɪʃsⁱɪˈkraʊtⁱɪ]
chargeur (m)	**įkrovìklis** (v)	[i:kroˈvⁱɪːklⁱɪs]
menu (m)	**valgiãraštis** (v)	[valⁱˈgⁱæraʃtⁱɪs]
réglages (m pl)	**nustãtymai** (v dgs)	[nʊˈsta:tⁱiː:mʌɪ]
mélodie (f)	**melòdija** (m)	[mⁱɛˈlⁱodⁱɪjɛ]
sélectionner (vt)	**pasiriñkti**	[pasⁱɪˈrⁱɪŋktⁱɪ]
calculatrice (f)	**skaičiuotùvas** (v)	[skʌɪtʃⁱʊoˈtʊvas]
répondeur (m)	**baĺso pãštas** (v)	[ˈbalⁱsɔ ˈpa:ʃtas]
réveil (m)	**žadintùvas** (v)	[ʒadⁱɪnˈtʊvas]
contacts (m pl)	**telefònų knygà** (m)	[tⁱɛlⁱɛˈfonu: knⁱiːˈga]

| SMS (m) | SMS žinùtė (m) | [ɛsɛ'mɛs ʒʲɪnʊtʲe:] |
| abonné (m) | abonentas (v) | [abo'nʲɛntas] |

46. La papeterie

stylo (m) à bille	automãtinis šratinukas (v)	[ɑʊto'ma:tʲɪnʲɪs ʃratʲɪ'nʊkas]
stylo (m) à plume	plunksnãkotis (v)	[plʲʊŋk'sna:kotʲɪs]
crayon (m)	pieštùkas (v)	[pʲiɛʃ'tʊkas]
marqueur (m)	žymėklis (v)	[ʒʲiː'mʲæklʲɪs]
feutre (m)	flomãsteris (v)	[flʲo'ma:stʲɛrʲɪs]
bloc-notes (m)	bloknòtas (v)	[blʲok'notas]
agenda (m)	dienóraštis (v)	[dʲiɛ'noraʃtʲɪs]
règle (f)	liniuõtė (m)	[lʲɪ'nʲʊo:tʲe:]
calculatrice (f)	skaičiuotùvas (v)	[skʌɪtʂʲʊo'tʊvas]
gomme (f)	trintùkas (v)	[trʲɪn'tʊkas]
punaise (f)	smeigtùkas (v)	[smʲɛɪk'tʊkas]
trombone (m)	sąvaržėlė (m)	[sa:var'ʒʲe:lʲe:]
colle (f)	klijaĩ (v dgs)	[klʲɪ'jʌɪ]
agrafeuse (f)	segìklis (v)	[sʲɛ'gʲɪklʲɪs]
perforateur (m)	skylãmušis (v)	[skʲiː'lʲa:mʊʃɪs]
taille-crayon (m)	drožtùkas (v)	[droʒ'tʊkas]

47. Les langues étrangères

langue (f)	kalbà (m)	[kalʲ'ba]
étranger (adj)	ùžsienio	['ʊʒsʲiɛnʲɔ]
langue (f) étrangère	ùžsienio kalbà (m)	['ʊʒsʲiɛnʲɔ kalʲba]
étudier (vt)	studijúoti	[stʊdʲɪ'jʊatʲɪ]
apprendre (~ l'arabe)	mókytis	['mokʲiːtʲɪs]
lire (vi, vt)	skaitýti	[skʌɪ'tʲiːtʲɪ]
parler (vi, vt)	kalbéti	[kalʲ'bʲeːtʲɪ]
comprendre (vt)	supràsti	[sʊp'rastʲɪ]
écrire (vt)	rašýti	[ra'ʃiːtʲɪ]
vite (adv)	greĩtai	['grʲɛɪtʌɪ]
lentement (adv)	létaĩ	[lʲe:'tʌɪ]
couramment (adv)	laisvaĩ	[lʲʌɪs'vʌɪ]
règles (f pl)	taisýklės (m dgs)	[tʌɪ'sʲiː:klʲe:s]
grammaire (f)	gramãtika (m)	[gra'ma:tʲɪka]
vocabulaire (m)	lèksika (m)	['lʲɛksʲɪka]
phonétique (f)	fonètika (m)	[fo'nʲɛtʲɪka]

manuel (m)	vadovėlis (v)	[vado'vʲe:lʲɪs]
dictionnaire (m)	žodýnas (v)	[ʒo'dʲiːnas]
manuel (m) autodidacte	savìmokos vadovėlis (v)	[sa'vʲɪmokos vado'vʲe:lʲɪs]
guide (m) de conversation	pasikalbėjimų knygėlė (m)	[pasʲɪkalʲbʲɛjɪmu: knʲiː'gʲælʲe:]

cassette (f)	kasėtė (m)	[ka'sʲɛtʲe:]
cassette (f) vidéo	vaizdãjuostė (m)	[vʌɪz'da:jʊɑstʲe:]
CD (m)	kompãktinis dìskas (v)	[kɔm'pa:ktʲɪnʲɪs 'dʲɪskas]
DVD (m)	DVD diskãs (v)	[dʲɪvʲɪ'dʲɪ dʲɪs'kas]

alphabet (m)	abėcėlė (m)	[abʲe:'tsʲe:lʲe:]
épeler (vt)	sakýti paraidžiuĩ	[sa'kʲiː:tʲɪ parʌɪ'dʒʲʊɪ]
prononciation (f)	tarìmas (v)	[ta'rʲɪmas]

accent (m)	akceñtas (v)	[ak'tsʲɛntas]
avec un accent	sù akcentù	['sʊ aktsʲɛn'tʊ]
sans accent	bė akceñto	['bʲɛ ak'tsʲɛntɔ]

| mot (m) | žõdis (v) | ['ʒo:dʲɪs] |
| sens (m) | prasmė̃ (m) | [pras'mʲe:] |

cours (m pl)	kùrsai (v dgs)	['kʊrsʌɪ]
s'inscrire (vp)	užsirašýti	[ʊʒsʲɪra'ʃɪ:tʲɪ]
professeur (m) (~ d'anglais)	dėstytojas (v)	['dʲe:stʲiː:to:jɛs]

traduction (f) (action)	vertìmas (v)	[vʲɛr'tʲɪmas]
traduction (f) (texte)	vertìmas (v)	[vʲɛr'tʲɪmas]
traducteur (m)	vertėjas (v)	[vʲɛr'tʲe:jas]
interprète (m)	vertėjas (v)	[vʲɛr'tʲe:jas]

| polyglotte (m) | poliglòtas (v) | [polʲɪ'glotas] |
| mémoire (f) | atmintìs (m) | [atmʲɪn'tʲɪs] |

BOOKS

T&P

LES REPAS.
LE RESTAURANT

T&P Books Publishing

48. Le dressage de la table

cuillère (f)	šaukštas (v)	['ʃɑʊkʃtas]
couteau (m)	peilis (v)	['pʲɛɪlʲɪs]
fourchette (f)	šakutė (m)	[ʃaˈkʊtʲeː]

tasse (f)	puodukas (v)	[pʊɑˈdʊkas]
assiette (f)	lėkštė (m)	[lʲeːkʃˈtʲeː]
soucoupe (f)	lėkštėlė (m)	[lʲeːkʃˈtʲælʲeː]
serviette (f)	servetėlė (m)	[sʲɛrveˈtʲeːlʲeː]
cure-dent (m)	dantų krapštukas (v)	[danˈtuː krapʃˈtʊkas]

49. Le restaurant

restaurant (m)	restoranas (v)	[rʲɛstoˈraːnas]
salon (m) de café	kavinė (m)	[kaˈvʲɪnʲeː]
bar (m)	baras (v)	['baːras]
salon (m) de thé	arbatos salonas (v)	[arˈbaːtos saˈlʲonas]

serveur (m)	padavėjas (v)	[padaˈvʲeːjas]
serveuse (f)	padavėja (m)	[padaˈvʲeːja]
barman (m)	barmenas (v)	['barmʲɛnas]

carte (f)	meniu (v)	[mʲɛˈnʲʊ]
carte (f) des vins	vynų žemėlapis (v)	['vʲiːnu ʒeˈmʲeːlʲapʲɪs]
réserver une table	rezervuoti staliùkę	[rʲɛzʲɛrˈvʊɑtʲɪ staˈlʲʊka:]
plat (m)	patiekalas (v)	['pa:tʲiɛkalʲas]
commander (vt)	užsisakyti	[ʊʒsʲɪsakʲiːtʲɪ]
faire la commande	padaryti užsakymę	[padaˈrʲiːtʲɪ ʊʒˈsaːkʲiːma:]

apéritif (m)	aperityvas (v)	[apʲɛrʲɪˈtʲiːvas]
hors-d'œuvre (m)	užkandis (v)	['ʊʒkandʲɪs]
dessert (m)	desertas (v)	[dʲɛˈsʲɛrtas]
addition (f)	sęskaita (m)	['saːskʌɪta]
régler l'addition	apmokėti sęskaitę	[apmoˈkʲeːtʲɪ 'saːskʌɪtaː]
rendre la monnaie	duoti grežos	['dʊɑtʲɪ graˈʒoːs]
pourboire (m)	arbatpinigiai (v dgs)	[arˈbaːtpʲɪnʲɪgʲɛɪ]

50. Les repas

nourriture (f)	valgis (v)	['valʲgʲɪs]
manger (vi, vt)	valgyti	['valʲgʲiːtʲɪ]

petit déjeuner (m)	pùsryąiai (v dgs)	['pʊsrʲiːtʃʲɛɪ]
prendre le petit déjeuner	pùsryąiauti	['pʊsrʲiːtʃʲɛʊtʲɪ]
déjeuner (m)	piẽtūs (v)	['pʲɛ'tuːs]
déjeuner (vi)	pietáuti	[pʲiɛ'tɑʊtʲɪ]
dîner (m)	vakariẽnė (m)	[vaka'rʲɛnʲeː]
dîner (vi)	vakarieniáuti	[vakarʲiɛ'nʲæʊtʲɪ]
appétit (m)	apetìtas (v)	[apʲɛ'tʲɪtas]
Bon appétit!	Gẽro apetìto!	['gʲærɔ apʲɛ'tʲɪtoː!]
ouvrir (vt)	atidarýti	[atʲɪda'rʲiːtʲɪ]
renverser (liquide)	išpìlti	[ɪʃpʲɪlʲtʲɪ]
se renverser (liquide)	išsipìlti	[ɪʃsʲɪ'pʲɪlʲtʲɪ]
bouillir (vi)	vìrti	['vʲɪrtʲɪ]
faire bouillir	vìrinti	['vʲɪrʲɪntʲɪ]
bouilli (l'eau ~e)	vìrintas	['vʲɪrʲɪntas]
refroidir (vt)	atvėsìnti	[atvʲeː'sʲɪntʲɪ]
se refroidir (vp)	vėsìnti	[vʲeː'sʲɪntʲɪ]
goût (m)	skõnis (v)	['skoːnʲɪs]
arrière-goût (m)	príeskonis (v)	['prʲiɛskonʲɪs]
suivre un régime	laikýti diẽtos	[lʲʌɪ'kʲiːtʲɪ 'dʲɛtos]
régime (m)	dietà (m)	[dʲiɛ'ta]
vitamine (f)	vitamìnas (v)	[vʲɪta'mʲɪnas]
calorie (f)	kalòrija (m)	[ka'lʲorʲɪjɛ]
végétarien (m)	vegetãras (v)	[vʲɛgʲɛ'taːras]
végétarien (adj)	vegetãriškas	[vʲɛgʲɛ'taːrʲɪʃkas]
lipides (m pl)	riebalaĩ (v dgs)	[rʲiɛba'lʲʌɪ]
protéines (f pl)	baltymaĩ (v dgs)	[balʲtʲiː'mʌɪ]
glucides (m pl)	angliãvandeniai (v dgs)	[an'glʲævandʲɛnʲɛɪ]
tranche (f)	griežinỹs (v)	[grʲiɛʒʲɪ'nʲiːs]
morceau (m)	gãbalas (v)	['ga:balʲas]
miette (f)	trupinỹs (v)	[trʊpʲɪ'nʲiːs]

plat (m)	pãtiekalas (v)	['paːtʲiɛkalʲas]
cuisine (f)	virtùvė (m)	[vʲɪr'tʊvʲeː]
recette (f)	recèptas (v)	[rʲɛ'tsʲɛptas]
portion (f)	pòrcija (m)	['portsʲɪjɛ]
salade (f)	salõtos (m)	[sa'lʲoːtos]
soupe (f)	sriubà (m)	[srʲʊ'ba]
bouillon (m)	sultinỹs (v)	[sʊlʲtʲɪ'nʲiːs]
sandwich (m)	sumuštìnis (v)	[sʊmʊʃ'tʲɪnʲɪs]
les œufs brouillés	kiaušiniẽnė (m)	[kʲɛʊʃʲɪ'nʲɛnʲeː]

hamburger (m)	mėsaĭnis (v)	[mʲe:'sʌɪnʲɪs]
steak (m)	bifšteksas (v)	[bʲɪfʲʃtʲɛksas]
garniture (f)	garnỹras (v)	[gar'nʲi:ras]
spaghettis (m pl)	spageaĭai (v dgs)	[spa'gʲɛtsʲɛɪ]
purée (f)	bulvių̃ kõšė (m)	['buĺvʲu: 'ko:ʃe:]
pizza (f)	pica (m)	[pʲɪ'tsa]
bouillie (f)	kõšė (m)	['ko:ʃe:]
omelette (f)	omletas (v)	[om'lʲɛtas]
cuit à l'eau (adj)	vìrtas	['vʲɪrtas]
fumé (adj)	rūkýtas	[ru:'kʲi:tas]
frit (adj)	keptas	['kʲæptas]
sec (adj)	džiovìntas	[dʒʲo'vʲɪntas]
congelé (adj)	šáldytas	['ʃalʲdʲi:tas]
mariné (adj)	marinúotas	[marʲɪ'nuɑtas]
sucré (adj)	saldùs	[salʲ'dʊs]
salé (adj)	sūrùs	[su:'rʊs]
froid (adj)	šáltas	['ʃalʲtas]
chaud (adj)	kárštas	['karʃtas]
amer (adj)	kartùs	[kar'tʊs]
bon (savoureux)	skanùs	[ska'nʊs]
cuire à l'eau	vìrti	['vʲɪrtʲɪ]
préparer (le dîner)	gamìnti	[ga'mʲɪntʲɪ]
faire frire	kepti	['kʲɛptʲɪ]
réchauffer (vt)	pašìldyti	[pa'ʃɪlʲdʲi:tʲɪ]
saler (vt)	sūdyti	['su:dʲi:tʲɪ]
poivrer (vt)	įberti pipìrų	[i:'bʲɛrtʲɪ pʲɪ'pʲɪ:ru:]
râper (vt)	tarkúoti	[tar'kuɑtʲɪ]
peau (f)	lúoba (m)	['lʲuɑba]
éplucher (vt)	lùpti bùlves	['lʊptʲɪ 'bulʲvʲɛs]

52. Les aliments

viande (f)	mėsà (m)	[mʲe:'sa]
poulet (m)	vištà (m)	[vʲɪʃ'ta]
poulet (m) (poussin)	višaĭukas (v)	[vʲɪʃ'tsʲukas]
canard (m)	ántis (m)	['antʲɪs]
oie (f)	žę̃sinas (v)	['ʒa:sʲɪnas]
gibier (m)	žvėríena (m)	[ʒvʲe:'rʲiɛna]
dinde (f)	kalakutíena (m)	[kalʲakʊ'tʲiɛna]
du porc	kiaulíena (m)	[kʲɛʊ'lʲiɛna]
du veau	veršíena (m)	[vʲɛr'ʃiɛna]
du mouton	avíena (m)	[a'vʲiɛna]
du bœuf	jáutiena (m)	['jɑʊtʲiɛna]
lapin (m)	triùšis (v)	['trʲuʃɪs]

saucisson (m)	dešra (m)	[dʲɛʃʲra]
saucisse (f)	dešrēlė (m)	[dʲɛʃʲrʲælʲeː]
bacon (m)	bekonas (v)	[bʲɛˈkonas]
jambon (m)	kumpis (v)	[ˈkʊmpʲɪs]
cuisse (f)	kumpis (v)	[ˈkʊmpʲɪs]

pâté (m)	paštetas (v)	[paʃʲtʲɛtas]
foie (m)	kėpenys (m dgs)	[kʲɛpeˈnʲiːs]
farce (f)	faršas (v)	[ˈfarʃas]
langue (f)	liežuvis (v)	[lʲiɛˈʒʊvʲɪs]

œuf (m)	kiaušinis (v)	[kʲɛʊˈʃʲɪnʲɪs]
les œufs	kiaušiniai (v dgs)	[kʲɛʊˈʃʲɪnʲɛɪ]
blanc (m) d'œuf	baltymas (v)	[ˈbalʲtʲiːmas]
jaune (m) d'œuf	trynys (v)	[trʲiːˈnʲiːs]

poisson (m)	žuvis (m)	[ʒʊˈvʲɪs]
fruits (m pl) de mer	jūros gėrybės (m dgs)	[ˈjuːros gʲeːˈrʲiːbʲeːs]
crustacés (m pl)	vėžiagyviai (v dgs)	[vʲeːˈʒʲægʲiːvʲɛɪ]
caviar (m)	ikrai (v dgs)	[ˈɪkrʌɪ]

crabe (m)	krabas (v)	[ˈkraːbas]
crevette (f)	krevetė (m)	[krʲɛˈvʲɛtʲeː]
huître (f)	austrė (m)	[ˈɑustrʲeː]
langoustine (f)	langustas (v)	[lʲanˈgʊstas]
poulpe (m)	aštuonkōjis (v)	[aʃtʊɑŋˈkoːjis]
calamar (m)	kalmāras (v)	[kalʲˈmaːras]

esturgeon (m)	eršketiena (m)	[ɛrʃkʲɛˈtʲiʲɛna]
saumon (m)	lašiša (m)	[lʲaʃɪˈʃa]
flétan (m)	ōtas (v)	[ˈoːtas]

morue (f)	menkė (m)	[ˈmʲɛŋkʲeː]
maquereau (m)	skumbrė (m)	[ˈskʊmbrʲeː]
thon (m)	tunas (v)	[ˈtʊnas]
anguille (f)	ungurys (v)	[ʊŋgʊˈrʲiːs]

truite (f)	upétakis (v)	[ʊˈpʲeːtakʲɪs]
sardine (f)	sardinė (m)	[sarˈdʲɪnʲeː]
brochet (m)	lydeka (m)	[lʲiːdʲɛˈka]
hareng (m)	silkė (m)	[ˈsʲɪlʲkʲeː]

pain (m)	duona (m)	[ˈdʊɑna]
fromage (m)	sūris (v)	[ˈsuːrʲɪs]
sucre (m)	cukrus (v)	[ˈtsʊkrʊs]
sel (m)	druska (m)	[drʊsˈka]

riz (m)	ryžiai (v)	[ˈrʲiːʒʲɛɪ]
pâtes (m pl)	makarōnai (v dgs)	[makaˈroːnʌɪ]
nouilles (f pl)	lākštiniai (v dgs)	[ˈlʲaːkʃtʲɪnʲɛɪ]
beurre (m)	sviestas (v)	[ˈsvʲɛstas]
huile (f) végétale	augalinis aliejus (v)	[ɑugalʲɪnʲɪs aˈlʲɛjʊs]

| huile (f) de tournesol | saulégrẹ̃žų aliẹ̃jus (v) | [sɑʊ'lʲe:gra:ʒu: a'lʲɛjʊs] |
| margarine (f) | margarinas (v) | [marga'rʲɪnas] |

| olives (f pl) | alỹvuogẹs (m dgs) | [a'lʲi:vʊɑgʲe:s] |
| huile (f) d'olive | alỹvuogių aliẹ̃jus (v) | [a'lʲi:vʊɑgʲu: a'lʲɛjʊs] |

lait (m)	pẹ́nas (v)	['pʲiɛnas]
lait (m) condensé	sutĩrštintas pẹ́nas (v)	[sʊ'tʲɪrʃtʲɪntas 'pʲiɛnas]
yogourt (m)	jogùrtas (v)	[jɔ'gʊrtas]
crème (f) aigre	grietĩnẹ (m)	[grʲiɛ'tʲɪnʲe:]
crème (f) (de lait)	grietinẹ̃lẹ (m)	[grʲiɛtʲɪ'rʲnʲe:lʲe:]

| sauce (f) mayonnaise | majonẹ̃zas (v) | [majɔ'nʲɛzas] |
| crème (f) au beurre | krẹ̃mas (v) | ['krʲɛmas] |

gruau (m)	kruõpos (m dgs)	['krʊɑpos]
farine (f)	mìltai (v dgs)	['mʲɪlʲtʌɪ]
conserves (f pl)	konsẹ̃rvai (v dgs)	[kɔn'sʲɛrvʌɪ]

pétales (m pl) de maïs	kukurū̃žų drìbsniai (v dgs)	[kʊkʊ'ru:zu: 'drʲɪbsnʲɛɪ]
miel (m)	medùs (v)	[mʲɛ'dʊs]
confiture (f)	džẹ̃mas (v)	['dʒʲɛmas]
gomme (f) à mâcher	kramtomoji gumà (m)	[kramto'mojɪ gʊ'ma]

53. Les boissons

eau (f)	vanduõ (v)	[van'dʊɑ]
eau (f) potable	gẹ̃riamas vanduõ (v)	['gʲæræmas van'dʊɑ]
eau (f) minérale	mineral̃inis vanduõ (v)	[mʲɪnʲɛ'ra:lʲɪnʲɪs van'dʊɑ]

plate (adj)	bẹ̀ gãzo	['bʲɛ 'ga:zɔ]
gazeuse (l'eau ~)	gazúotas	[ga'zʊɑtas]
pétillante (adj)	gazúotas	[ga'zʊɑtas]
glace (f)	lẹ̃das (v)	['lʲædas]
avec de la glace	sù ledaĩs	['sʊ lʲɛ'dʌɪs]

sans alcool	nealkohòlonis	[nʲɛalʲko'ɣolonʲɪs]
boisson (f) non alcoolisée	nealkohòlonis gẹ̃rimas (v)	[nʲɛalʲko'ɣolonʲɪs 'gʲe:rʲɪmas]
rafraîchissement (m)	gaivùsis gẹ̃rimas (v)	[gʌɪ'vʊsʲɪs 'gʲe:rʲɪmas]
limonade (f)	limonãdas (v)	[lʲɪmo'na:das]

boissons (f pl) alcoolisées	alkohòliniai gẹ̃rimai (v dgs)	[alʲko'ɣolʲɪnʲɛɪ 'gʲe:rʲɪmʌɪ]
vin (m)	vỹnas (v)	['vʲi:nas]
vin (m) blanc	báltas vỹnas (v)	['balʲtas 'vʲi:nas]
vin (m) rouge	raudónas vỹnas (v)	[rɑʊ'donas 'vʲi:nas]

liqueur (f)	lìkeris (v)	['lʲɪkʲɛrʲɪs]
champagne (m)	šampãnas (v)	[ʃam'pa:nas]
vermouth (m)	vẹ̀rmutas (v)	['vʲɛrmʊtas]

whisky (m)	vìskis (v)	['vʲɪskʲɪs]
vodka (f)	degtìnė (m)	[dʲɛk'tʲɪnʲeː]
gin (m)	džìnas (v)	['dʒɪnas]
cognac (m)	konjàkas (v)	[kɔn' jaːkas]
rhum (m)	ròmas (v)	['romas]

café (m)	kavà (m)	[ka'va]
café (m) noir	juodà kavà (m)	[juɑ'da ka'va]
café (m) au lait	kavà sù píenu (m)	[ka'va 'sʊ 'pʲiɛnʊ]
cappuccino (m)	kapuạ̀ino kavà (m)	[kapu'tʂɪnɔ ka'va]
café (m) soluble	tirpì kavà (m)	[tʲɪr'pʲɪ ka'va]

lait (m)	píenas (v)	['pʲiɛnas]
cocktail (m)	koktèilis (v)	[kɔk'tʲɛɪlʲɪs]
cocktail (m) au lait	píeniškas koktèilis (v)	['pʲiɛnʲɪʃkas kok'tʲɛɪlʲɪs]

jus (m)	sùltys (m dgs)	['sʊlʲtʲiːs]
jus (m) de tomate	pomidòrų sùltys (m dgs)	[pomʲɪ'doru: 'sʊlʲtʲiːs]
jus (m) d'orange	apelsìnų sùltys (m dgs)	[apʲɛlʲ'sʲɪnu: 'sʊlʲtʲiːs]
jus (m) pressé	šviežiaì spáustos sùltys (m dgs)	[ʃvʲiɛ'ʒʲɛɪ 'spɑʊstos 'sʊlʲtʲiːs]

bière (f)	alùs (v)	[a'lʲʊs]
bière (f) blonde	šviesùs alùs (v)	[ʃvʲiɛ'sʊs a'lʲʊs]
bière (f) brune	tamsùs alùs (v)	[tam'sʊs a'lʲʊs]

thé (m)	arbatà (m)	[arba'ta]
thé (m) noir	juodà arbatà (m)	[juɑ'da arba'ta]
thé (m) vert	žalià arbatà (m)	[ʒa'lʲæ arba'ta]

54. Les légumes

| légumes (m pl) | daržóvės (m dgs) | [dar'ʒovʲeːs] |
| verdure (f) | žalumýnai (v) | [ʒalʲʊ'mʲiːnʌɪ] |

tomate (f)	pomidòras (v)	[pomʲɪ'doras]
concombre (m)	agùrkas (v)	[a'gʊrkas]
carotte (f)	morkà (m)	[mor'ka]
pomme (f) de terre	bùlvė (m)	['bʊlʲvʲeː]
oignon (m)	svogū̃nas (v)	[svo'guːnas]
ail (m)	ạesnàkas (v)	[tʂʲɛs'naːkas]

chou (m)	kopū̃stas (v)	[ko'puːstas]
chou-fleur (m)	kalafiòras (v)	[kalʲa'fʲoras]
chou (m) de Bruxelles	briùselio kopū̃stas (v)	['brʲʊsʲɛlʲɔ ko'puːstas]
brocoli (m)	bròkolių kopū̃stas (v)	['brokolʲʊ ko'puːstas]

betterave (f)	ruñkelis, burõkas (v)	['rʊŋkʲɛlʲɪs], [bʊ'roːkas]
aubergine (f)	baklažãnas (v)	[baklʲa'ʒaːnas]
courgette (f)	agurõtis (v)	[agʊ'roːtʲɪs]

potiron (m)	**ròpė** (m)	['ropʲe:]
navet (m)	**moliū̃gas** (v)	[mo'lʲu:gas]
persil (m)	**petrãžolė** (m)	[pʲɛ'tra:ʒolʲe:]
fenouil (m)	**krãpas** (v)	['kra:pas]
laitue (f) (salade)	**salõta** (m)	[sa'lʲo:ta]
céleri (m)	**saliẽras** (v)	[sa'lʲɛras]
asperge (f)	**smìdras** (v)	['smʲɪdras]
épinard (m)	**špinãtas** (v)	[ʃpʲɪ'na:tas]
pois (m)	**žìrniai** (v dgs)	['ʒʲɪrnʲɛɪ]
fèves (f pl)	**pùpos** (m dgs)	['pʊpos]
maïs (m)	**kukurū̃zas** (v)	[kʊkʊ'ru:zas]
haricot (m)	**pupẽlės** (m dgs)	[pʊ'pʲælʲe:s]
poivron (m)	**pipìras** (v)	[pʲɪ'pʲɪras]
radis (m)	**ridìkas** (v)	[rʲɪ'dʲɪkas]
artichaut (m)	**artišòkas** (v)	[artʲɪ'ʃokas]

55. Les fruits. Les noix

fruit (m)	**vaĩsius** (v)	['vʌɪsʲʊs]
pomme (f)	**obuolỹs** (v)	[obʊɑ'lʲi:s]
poire (f)	**kriáušė** (m)	['krʲæʊʃe:]
citron (m)	**citrinà** (m)	[tsʲɪtrʲɪ'na]
orange (f)	**apelsìnas** (v)	[apʲɛlʲ'sʲɪnas]
fraise (f)	**brãškė** (m)	['bra:ʃkʲe:]
mandarine (f)	**mandarìnas** (v)	[manda'rʲɪnas]
prune (f)	**slyvà** (m)	[slʲi:'va]
pêche (f)	**pèrsikas** (v)	['pʲɛrsʲɪkas]
abricot (m)	**abrikòsas** (v)	[abrʲɪ'kosas]
framboise (f)	**aviẽtė** (m)	[a'vʲɛtʲe:]
ananas (m)	**ananãsas** (v)	[ana'na:sas]
banane (f)	**banãnas** (v)	[ba'na:nas]
pastèque (f)	**arbū̃zas** (v)	[ar'bu:zas]
raisin (m)	**vỹnuogės** (m dgs)	['vʲi:nʊɑgʲe:s]
cerise (f)	**vyšnià** (m)	[vʲi:ʃ'nʲæ]
merise (f)	**trẽšnė** (m)	['trʲæʃnʲe:]
melon (m)	**meliònas** (v)	[mʲɛ'lʲonas]
pamplemousse (m)	**greĩpfrutas** (v)	['grʲɛɪpfrʊtas]
avocat (m)	**avokàdas** (v)	[avo'kadas]
papaye (f)	**papája** (m)	[pa'pa ja]
mangue (f)	**mángo** (v)	['mangɔ]
grenade (f)	**granãtas** (v)	[gra'na:tas]
groseille (f) rouge	**raudoníeji serbeñtai** (v dgs)	[raʊdo'nʲɛji sʲɛr'bʲɛntʌɪ]
cassis (m)	**juodíeji serbeñtai** (v dgs)	[jʊɑ'dʲiɛjɪ sʲɛr'bʲɛntʌɪ]

groseille (f) verte	agrāstas (v)	[ag'ra:stas]
myrtille (f)	mélynės (m dgs)	[mʲe:'lʲi:nʲeːs]
mûre (f)	gérvuogės (m dgs)	['gʲɛrvuɑgʲeːs]
raisin (m) sec	razīnos (m dgs)	[ra'zʲɪnos]
figue (f)	figà (m)	[fʲɪ'ga]
datte (f)	datùlė (m)	[da'tulʲeː]
cacahuète (f)	žémés riešutaĩ (v)	['ʒʲæmʲeːs rʲiɛʃu'tʌɪ]
amande (f)	migdōlas (v)	[mʲɪg'do:lʲas]
noix (f)	graĩkinis ríešutas (v)	['grʌɪkʲɪnʲɪs 'rʲiɛʃutas]
noisette (f)	ríešutas (v)	['rʲiɛʃutas]
noix (f) de coco	kòkoso ríešutas (v)	['kokoso 'rʲiɛʃutas]
pistaches (f pl)	pistācijos (m dgs)	[pʲɪs'ta:tsʲɪjos]

56. Le pain. Les confiseries

confiserie (f)	konditèrijos gaminiaĩ (v)	[kondʲɪ'tʲɛrʲɪjos gamʲɪ'nʲɪɛɪ]
pain (m)	dúona (m)	['duɑna]
biscuit (m)	sausaĩniai (v)	[sɑu'sʌɪnʲɛɪ]
chocolat (m)	šokolādas (v)	[ʃoko'lʲa:das]
en chocolat (adj)	šokolādinis	[ʃoko'lʲa:dʲɪnʲɪs]
bonbon (m)	saldaĩnis (v)	[salʲ'dʌɪnʲɪs]
gâteau (m), pâtisserie (f)	pyragáitis (v)	[pʲiːra'gʌɪtʲɪs]
tarte (f)	tòrtas (v)	['tortas]
gâteau (m)	pyrāgas (v)	[pʲiː'ra:gas]
garniture (f)	įdaras (v)	['iːdaras]
confiture (f)	uogiẽnė (m)	[uɑ'gʲɛnʲeː]
marmelade (f)	marmelādas (v)	[marmʲɛ'lʲa:das]
gaufre (f)	vãfliai (v dgs)	['va:flʲɛɪ]
glace (f)	ledaĩ (v dgs)	[lʲɛ'dʌɪ]
pudding (m)	pùdingas (v)	['pudʲɪngas]

57. Les épices

sel (m)	druskà (m)	[drʊs'ka]
salé (adj)	sūrùs	[su:'rʊs]
saler (vt)	sū́dyti	['su:dʲiːtʲɪ]
poivre (m) noir	juodíeji pipìrai (v)	[juɑ'dʲiɛjɪ pʲɪ'pʲɪrʌɪ]
poivre (m) rouge	raudoníeji pipìrai (v)	[rɑudo'nʲiɛjɪ pʲɪ'pʲɪrʌɪ]
moutarde (f)	garstýąios (v)	[gar'stʲiːtsʲos]
raifort (m)	krienaĩ (v dgs)	[krʲiɛ'nʌɪ]
condiment (m)	príeskonis (v)	['prʲiɛskonʲɪs]
épice (f)	príeskonis (v)	['prʲiɛskonʲɪs]

sauce (f)	pãdažas (v)	['pa:daʒas]
vinaigre (m)	ãctas (v)	['a:tstas]
anis (m)	anỹžius (v)	[a'nʲiː:ʒʲʊs]
basilic (m)	bazìlikas (v)	[ba'zʲɪlʲɪkas]
clou (m) de girofle	gvazdìkas (v)	[gvaz'dʲɪkas]
gingembre (m)	ìmbieras (v)	['ɪmbʲiɛras]
coriandre (m)	kaléndra (m)	[ka'lʲɛndra]
cannelle (f)	cinamònas (v)	[tsʲɪna'monas]
sésame (m)	sezãmas (v)	[sʲɛ'za:mas]
feuille (f) de laurier	láuro lãpas (v)	['lʲɑʊrɔ 'lʲa:pas]
paprika (m)	pãprika (m)	['pa:prʲɪka]
cumin (m)	kmỹnai (v)	['kmʲiː:nʌɪ]
safran (m)	šafrãnas (v)	[ʃaf'ra:nas]

LES DONNÉES PERSONNELLES. PERSONNELLES. LA FAMILLE

T&P Books Publishing

prénom (m)	vardas (v)	['vardas]
nom (m) de famille	pavardė (m)	[pavar'dʲe:]
date (f) de naissance	gimìmo datà (m)	[gʲɪ'mʲɪmɔ da'ta]
lieu (m) de naissance	gimìmo vietà (m)	[gʲɪ'mʲɪmɔ vʲiɛ'ta]

nationalité (f)	tautýbė (m)	[tɑʊ'tʲiː.bʲe:]
domicile (m)	gyvėnamoji vietà (m)	[gʲiː.vʲæna'mojɪ vʲiɛ'ta]
pays (m)	šalìs (m)	[ʃa'lʲɪs]
profession (f)	profèsija (m)	[proˈfʲɛsʲɪjɛ]

sexe (m)	lýtis (m)	['lʲiːtʲɪs]
taille (f)	ūgis (v)	['u:gʲɪs]
poids (m)	svõris (v)	['svoːrʲɪs]

mère (f)	mótina (m)	['motʲɪna]
père (m)	tévas (v)	['tʲeːvas]
fils (m)	sūnùs (v)	[suːˈnʊs]
fille (f)	dukrà, duktě (m)	[dʊk'ra], [dʊk'tʲe:]

fille (f) cadette	jaunesnióji duktě (m)	[jɛʊnes'nʲoːjɪ dʊk'tʲe:]
fils (m) cadet	jaunesnýsis sūnùs (v)	[jɛʊnʲɛs'nʲiːsʲɪs suːˈnʊs]
fille (f) aînée	vyresnióji duktě (m)	[vʲiːres'nʲoːjɪ dʊk'tʲe:]
fils (m) aîné	vyresnýsis sūnùs (v)	[vʲiːrʲɛs'nʲiːsʲɪs suːˈnʊs]

frère (m)	brólis (v)	['brolʲɪs]
frère (m) aîné	vyresnýsis brólis (v)	[vʲiːrʲɛs'nʲiːsʲɪs 'brolʲɪs]
frère (m) cadet	jaunesnýsis brólis (v)	[jɛʊnʲɛs'nʲiːsʲɪs 'brolʲɪs]
sœur (f)	sesuõ (m)	[sʲɛ'sʊɑ]
sœur (f) aînée	vyresnióji sesuõ (m)	[vʲiːrʲɛs'nʲoːjɪ sʲɛ'sʊɑ]
sœur (f) cadette	jaunesnióji sesuõ (m)	[jɛʊnʲɛs'nʲoːjɪ sʲɛ'sʊɑ]

cousin (m)	pùsbrolis (v)	['pʊsbrolʲɪs]
cousine (f)	pùsseserė (m)	['pʊsseserʲe:]
maman (f)	mamà (m)	[ma'ma]
papa (m)	tětis (v)	['tʲe:tʲɪs]
parents (m pl)	tėvaĩ (v)	[tʲe:ˈvʌɪ]
enfant (m, f)	vaĩkas (v)	['vʌɪkas]
enfants (pl)	vaikaĩ (v)	[vʌɪ'kʌɪ]
grand-mère (f)	senēlė (m)	[sʲɛ'nʲælʲe:]
grand-père (m)	senēlis (v)	[sʲɛ'nʲælʲɪs]

petit-fils (m)	anūkas (v)	[a'nu:kas]
petite-fille (f)	anūkė (m)	[a'nu:kʲe:]
petits-enfants (pl)	anūkai (v)	[a'nu:kʌɪ]
oncle (m)	dėdė (v)	['dʲe:dʲe:]
tante (f)	teta (m)	[tʲɛ'ta]
neveu (m)	sūnėnas (v)	[su:'nʲe:nas]
nièce (f)	dukterėčia (m)	[dukte'rʲe:tʂʲæ]
belle-mère (f)	uošvė (m)	['uɑʃvʲe:]
beau-père (m)	uošvis (v)	['uɑʃvʲɪs]
gendre (m)	žentas (v)	['ʒʲɛntas]
belle-mère (f)	pamotė (m)	['pa:motʲe:]
beau-père (m)	patėvis (v)	[pa'tʲe:vʲɪs]
nourrisson (m)	kūdikis (v)	['ku:dʲɪkʲɪs]
bébé (m)	naujagimis (v)	[nɑu'ja:gʲɪmʲɪs]
petit (m)	vaikas (v)	['vʌɪkas]
femme (f)	žmona (m)	[ʒmo'na]
mari (m)	vyras (v)	['vʲi:ras]
époux (m)	sutuoktinis (v)	[sutuɑk'tʲɪnʲɪs]
épouse (f)	sutuoktinė (m)	[sutuɑk'tʲɪnʲe:]
marié (adj)	vėdęs	['vʲædʲɛ:s]
mariée (adj)	ištekėjusi	[ɪʃtʲɛ'kʲe:jusʲɪ]
célibataire (adj)	viengungis	[vʲiɛŋ'guŋgʲɪs]
célibataire (m)	viengungis (v)	[vʲiɛŋ'guŋgʲɪs]
divorcé (adj)	išsiskyręs	[ɪʃsʲɪ'skʲi:rʲɛ:s]
veuve (f)	našlė (m)	[naʃlʲe:]
veuf (m)	našlys (v)	[naʃlʲi:s]
parent (m)	giminaitis (v)	[gʲɪmʲɪ'nʌɪtʲɪs]
parent (m) proche	artimas giminaitis (v)	['artʲɪmas gʲɪmʲɪ'nʌɪtʲɪs]
parent (m) éloigné	tolimas giminaitis (v)	['tolʲɪmas gʲɪmʲɪ'nʌɪtʲɪs]
parents (m pl)	giminės (m dgs)	['gʲɪmʲɪnʲe:s]
orphelin (m), orpheline (f)	našlaitis (v)	[naʃlʲʌɪtʲɪs]
tuteur (m)	globėjas (v)	[glʲo'bʲe:jas]
adopter (un garçon)	įsūnyti	[i:'su:nʲɪ:tʲɪ]
adopter (une fille)	įdukrinti	[i:'dukrʲɪntʲɪ]

60. Les amis. Les collègues

ami (m)	draugas (v)	['drɑugas]
amie (f)	draugė (m)	[drɑu'gʲe:]
amitié (f)	draugystė (m)	[drɑu'gʲi:stʲe:]
être ami	draugauti	[drɑu'gɑutʲɪ]
copain (m)	pažįstamas (v)	[pa'ʒʲɪ:stamas]
copine (f)	pažįstama (m)	[paʒʲɪ:sta'ma]

partenaire (m)	**pártneris** (v)	['partnⁱɛrⁱɪs]
chef (m)	**šèfas** (v)	['ʃɛfas]
supérieur (m)	**vĩršininkas** (v)	['vⁱɪrʃⁱɪnⁱɪŋkas]
propriétaire (m)	**saviniñkas** (v)	[savⁱɪ'nⁱɪŋkas]
subordonné (m)	**pavaldinỹs** (v)	[pavalⁱdⁱɪ'nⁱiːs]
collègue (m, f)	**kolegà** (v)	[kɔlⁱɛ'ga]
connaissance (f)	**pažį́stamas** (v)	[pa'ʒⁱɪːstamas]
compagnon (m) de route	**pakeleĩvis** (v)	[pakⁱɛ'lⁱɛɪvⁱɪs]
copain (m) de classe	**klasiõkas** (v)	[klⁱa'sⁱoːkas]
voisin (m)	**kaimýnas** (v)	[kʌɪ'mⁱiːnas]
voisine (f)	**kaimýnė** (m)	[kʌɪ'mⁱiːnⁱeː]
voisins (m pl)	**kaimýnai** (v)	[kʌɪ'mⁱiːnʌɪ]

LE CORPS HUMAIN.
LES MÉDICAMENTS

T&P Books Publishing

tête (f)	galvà (m)	[galʲ'va]
visage (m)	véidas (v)	['vʲɛɪdas]
nez (m)	nósis (m)	['nosʲɪs]
bouche (f)	burnà (m)	[bʊr'na]

œil (m)	akìs (m)	[a'kʲɪs]
les yeux	ãkys (m dgs)	['aːkʲiːs]
pupille (f)	vyzdỹs (v)	[vʲi:z'dʲi:s]
sourcil (m)	antakis (v)	['antakʲɪs]
cil (m)	blakstíena (m)	[blʲak'stʲiɛna]
paupière (f)	võkas (v)	['voːkas]

langue (f)	liežùvis (v)	[lʲiɛ'ʒʊvʲɪs]
dent (f)	dantìs (v)	[dan'tʲɪs]
lèvres (f pl)	lũpos (m dgs)	['lʲuːpos]
pommettes (f pl)	skruostìkauliai (v dgs)	[skrʊɑ'stʲɪkɑʊlʲɛɪ]
gencive (f)	dantenõs (m dgs)	[dantʲɛ'noːs]
palais (m)	gomurỹs (v)	[gomʊ'rʲiːs]

narines (f pl)	šnérvės (m dgs)	['ʃnʲærvʲeːs]
menton (m)	smãkras (v)	['smaːkras]
mâchoire (f)	žandìkaulis (v)	[ʒan'dʲɪkɑʊlʲɪs]
joue (f)	skrúostas (v)	['skrʊɑstas]

front (m)	kaktà (m)	[kak'ta]
tempe (f)	smilkinỹs (v)	[smʲɪlʲkʲɪ'nʲiːs]
oreille (f)	ausìs (m)	[ɑʊ'sʲɪs]
nuque (f)	pakáušis, sprándas (v)	[pa'kɑʊʃɪs], ['sprandas]
cou (m)	kãklas (v)	['kaːklʲas]
gorge (f)	gerklė̃ (m)	[gʲɛrk'lʲeː]

cheveux (m pl)	plaukaĩ (v dgs)	[plʲɑʊ'kʌɪ]
coiffure (f)	šukúosena (m)	[ʃu'kʊɑsʲɛna]
coupe (f)	kirpìmas (v)	[kʲɪr'pʲɪmas]
perruque (f)	perùkas (v)	[pʲɛ'rʊkas]

moustache (f)	ũsai (v dgs)	['uːsʌɪ]
barbe (f)	barzdà (m)	[barz'da]
porter (~ la barbe)	nešióti	[nʲɛ'ʃotʲɪ]
tresse (f)	kasà (m)	[ka'sa]
favoris (m pl)	žándenos (m dgs)	['ʒandʲɛnos]

| roux (adj) | rùdis | ['rʊdʲɪs] |
| gris, grisonnant (adj) | žìlas | ['ʒʲɪlʲas] |

| chauve (adj) | plìkas | ['plʲɪkas] |
| calvitie (f) | plìkė (m) | ['plʲɪkʲeː] |

| queue (f) de cheval | uodegà (m) | [ʊɑdʲɛ'ga] |
| frange (f) | kìrpčiai (v dgs) | ['kʲɪrptʂʲɛɪ] |

62. Le corps humain

| main (f) | plãštaka (m) | ['plʲaːʃtaka] |
| bras (m) | rankà (m) | [raŋ'ka] |

doigt (m)	pìrštas (v)	['pʲɪrʃtas]
pouce (m)	nykštỹs (v)	[nʲiːkʃtʲiːs]
petit doigt (m)	mažasis pìrštas (v)	[ma'ʒasʲɪs 'pʲɪrʃtas]
ongle (m)	nãgas (v)	['naːgas]

poing (m)	kumštis (v)	['kʊmʃtʲɪs]
paume (f)	delnas (v)	['dʲɛlʲnas]
poignet (m)	ríešas (v)	['rʲiɛʃas]
avant-bras (m)	dìlbis (v)	['dʲɪlʲbʲɪs]

| coude (m) | alkū́nė (m) | [alʲ'kuːnʲeː] |
| épaule (f) | petìs (v) | [pʲɛ'tʲɪs] |

jambe (f)	kója (m)	['koja]
pied (m)	pėdà (m)	[pʲeː'da]
genou (m)	kẽlias (v)	['kʲælʲæs]
mollet (m)	blauzdà (m)	[blʲɑʊz'da]

| hanche (f) | šlaunìs (m) | [ʃlʲɑʊ'nʲɪs] |
| talon (m) | kulnas (v) | ['kʊlʲnas] |

corps (m)	kū́nas (v)	['kuːnas]
ventre (m)	pìlvas (v)	['pʲɪlʲvas]
poitrine (f)	krūtìnė (m)	[kruː'tʲɪnʲeː]
sein (m)	krūtìs (m)	[kruː'tʲɪs]
côté (m)	šónas (v)	['ʃonas]
dos (m)	nùgara (m)	['nʊgara]

| reins (région lombaire) | juosmuõ (v) | [jʊɑs'mʊɑ] |
| taille (f) (~ de guêpe) | liemuõ (v) | [lʲiɛ'mʊɑ] |

nombril (m)	bámba (m)	['bamba]
fesses (f pl)	sėdmenys (v dgs)	['sʲeːdmenʲiːs]
derrière (m)	pastùrgalis, ùžpakalis (v)	[pas'tʊrgalʲɪs], ['ʊʒpakalʲɪs]

grain (m) de beauté	ãpgamas (v)	['aːpgamas]
tache (f) de vin	ãpgamas (v)	['aːpgamas]
tatouage (m)	tatuiruõtė (m)	[tatʊi'rʊɑtʲeː]
cicatrice (f)	rándas (v)	['randas]

63. Les maladies

maladie (f)	**ligà** (m)	[lʲɪ'ga]
être malade	**sìrgti**	['sʲɪrktʲɪ]
santé (f)	**sveikatà** (m)	[svʲɛɪka'ta]
rhume (m) (coryza)	**slogà** (m)	[slʲo'ga]
angine (f)	**anginà** (m)	[angʲɪ'na]
refroidissement (m)	**péršalimas** (v)	['pʲɛrʃalʲɪmas]
prendre froid	**péršalti**	['pʲɛrʃalʲtʲɪ]
bronchite (f)	**bronchìtas** (v)	[bron'xʲɪtas]
pneumonie (f)	**plaŭčių uždegìmas** (v)	['plʲɑʊtʂʲu: ʊʒdʲɛ'gʲɪmas]
grippe (f)	**grìpas** (v)	['grʲɪpas]
myope (adj)	**trumparégis**	[trʊmpa'rʲæɡʲɪs]
presbyte (adj)	**toliarégis**	[tolʲæ'rʲæɡʲɪs]
strabisme (m)	**žvairùmas** (v)	[ʒvʌɪ'rʊmas]
strabique (adj)	**žvaĩras**	['ʒvʌɪras]
cataracte (f)	**kataraktà** (m)	[katarak'ta]
glaucome (m)	**glaukomà** (m)	[glʲɑʊko'ma]
insulte (f)	**insùltas** (v)	[ɪn'sʊlʲtas]
crise (f) cardiaque	**infárktas** (v)	[ɪn'farktas]
infarctus (m) de myocarde	**miokárda infárktas** (v)	[mʲɪjo'karda in'farktas]
paralysie (f)	**paralỹžius** (v)	[para'lʲi:ʒʲʊs]
paralyser (vt)	**paraližúoti**	[paralʲɪ'ʒʊɑtʲɪ]
allergie (f)	**alèrgija** (m)	[a'lʲɛrgʲɪjɛ]
asthme (m)	**astmà** (m)	[ast'ma]
diabète (m)	**diabètas** (v)	[dʲɪja'bʲɛtas]
mal (m) de dents	**dantų̃ skaŭsmas** (v)	[dan'tu: 'skɑʊsmas]
carie (f)	**kãriesas** (v)	['ka:rʲiɛsas]
diarrhée (f)	**diaréja** (m)	[dʲɪjarʲeːja]
constipation (f)	**vidurių̃ užkietéjimas** (v)	[vʲɪdu'rʲu: ʊʒkʲiɛ'tʲɛjɪmas]
estomac (m) barbouillé	**skrañdžio sutrikìmas** (v)	['skrandʒʲo sutrʲɪ'kʲɪmas]
intoxication (f) alimentaire	**apsinuõdijimas** (v)	[apsʲɪ'nʊɑdʲɪjimas]
être intoxiqué	**apsinuõdyti**	[apsʲɪ'nʊɑdʲiːtʲɪ]
arthrite (f)	**artrìtas** (v)	[art'rʲɪtas]
rachitisme (m)	**rachìtas** (v)	[ra'xʲɪtas]
rhumatisme (m)	**reumatìzmas** (v)	[rʲɛʊma'tʲɪzmas]
athérosclérose (f)	**aterosklerozė̃** (m)	[aterosklʲɛ'rozʲeː]
gastrite (f)	**gastrìtas** (v)	[gas'trʲɪtas]
appendicite (f)	**apendicìtas** (v)	[apʲɛndʲɪ'tsʲɪtas]
cholécystite (f)	**cholecistìtas** (v)	[xolʲɛtsʲɪs'tʲɪtas]
ulcère (m)	**opà** (m)	[o'pa]
rougeole (f)	**tymaĩ** (v)	[tʲiː'mʌɪ]

rubéole (f)	raudoniùkė (m)	[rɑʊdo'nʲʊkʲe:]
jaunisse (f)	geltà (m)	[gʲɛlʲ'ta]
hépatite (f)	hepatìtas (v)	[ɣʲɛpa'tʲɪtas]
schizophrénie (f)	šizofrènija (m)	[ʃʲɪzo'frʲɛnʲɪjɛ]
rage (f) (hydrophobie)	pasiùtligè (m)	[pa'sʲʊtlʲɪgʲe:]
névrose (f)	neuròzė (m)	[nʲɛʊ'rozʲe:]
commotion (f) cérébrale	smegenų̃	[smʲɛgʲɛ'nu:
	sutrenkimas (v)	sʊtrʲɛŋ'kʲɪmas]
cancer (m)	vėžỹs (v)	[vʲe:'ʒʲi:s]
sclérose (f)	skleròzė (m)	[sklʲɛ'rozʲe:]
sclérose (f) en plaques	išsėtìnė skleròzė (m)	[ɪʃsʲe:'tʲɪnʲe: sklʲɛ'rozʲe:]
alcoolisme (m)	alkoholìzmas (v)	[alʲkoɣo'lʲɪzmas]
alcoolique (m)	alokoholikas (v)	[aloko'yolʲɪkas]
syphilis (f)	sìfilis (v)	['sʲɪfʲɪlʲɪs]
SIDA (m)	ŽIV (v)	['ʒʲɪv]
tumeur (f)	auglỹs (v)	[ɑʊg'lʲi:s]
fièvre (f)	kar̃štligė (m)	['karʃtlʲɪgʲe:]
malaria (f)	maliãrija (m)	[ma'lʲærʲɪjɛ]
gangrène (f)	gangrenà (m)	[gangrʲɛ'na]
mal (m) de mer	jū̃ros ligà (m)	['ju:ros lʲɪ'ga]
épilepsie (f)	epilèpsija (m)	[ɛpʲɪ'lʲɛpsʲɪjɛ]
épidémie (f)	epidèmija (m)	[ɛpʲɪ'dʲɛmʲɪjɛ]
typhus (m)	šìltinė (m)	['ʃʲɪlʲtʲɪnʲe:]
tuberculose (f)	tuberkuliòzė (m)	[tʊbʲɛrkʊ'lʲozʲe:]
choléra (m)	chòlera (m)	['xolʲɛra]
peste (f)	mãras (v)	['ma:ras]

64. Les symptômes. Le traitement. Partie 1

symptôme (m)	simptòmas (v)	[sʲɪmp'tomas]
température (f)	temperatūrà (m)	[tʲɛmpʲɛratu:'ra]
fièvre (f)	aukštà temperatūrà (m)	[ɑʊkʃ'ta tʲɛmpʲɛratu:'ra]
pouls (m)	pùlsas (v)	['pʊlʲsas]
vertige (m)	galvõs svaigìmas (v)	[galʲ'vo:s svʌɪ'gʲɪmas]
chaud (adj)	kár̃štas	['karʃtas]
frisson (m)	drebulỹs (v)	[drʲɛbʊ'lʲi:s]
pâle (adj)	išbãlęs	[ɪʃ'ba:lʲɛ:s]
toux (f)	kosulỹs (v)	[kɔsʊ'lʲi:s]
tousser (vi)	kósėti	['kosʲe:tʲɪ]
éternuer (vi)	čiáudėti	['tʃʲæʊdʲe:tʲɪ]
évanouissement (m)	nual̃pimas (v)	[nʊ'alʲpʲɪmas]
s'évanouir (vp)	nual̃pti	[nʊ'alʲptʲɪ]
bleu (m)	mėlỹnė (m)	[mʲe:'lʲi:nʲe:]

bosse (f)	gùzas (v)	['guzas]
se heurter (vp)	atsitreñkti	[atsʲɪ'trʲɛŋktʲɪ]
meurtrissure (f)	sumušìmas (v)	[sumʊ'ʃɪmas]
se faire mal	susimùšti	[susʲɪ'muʃtʲɪ]

boiter (vi)	šlubúoti	[ʃlʲʊ'buatʲɪ]
foulure (f)	išnirìmas (v)	[ɪʃnʲɪ'rʲɪmas]
se démettre (l'épaule, etc.)	išnarìnti	[ɪʃna'rʲɪntʲɪ]
fracture (f)	lũžis (v)	['lʲu:ʒʲɪs]
avoir une fracture	susiláužyti	[susʲɪ'lʲauʒʲi:tʲɪ]

coupure (f)	įpjovìmas (v)	[i:pjo'vʲɪ:mas]
se couper (~ le doigt)	įsipjáuti	[i:sʲɪ'pjautʲɪ]
hémorragie (f)	kraujãvimas (v)	[krau'ja:vʲɪmas]

brûlure (f)	nudegìmas (v)	[nʊdʲɛ'gʲɪmas]
se brûler (vp)	nusidẽginti	[nusʲɪ'dʲægʲɪntʲɪ]

se piquer (le doigt)	įdùrti	[i:'dʊrtʲɪ]
se piquer (vp)	įsidùrti	[i:sʲɪ'dʊrtʲɪ]
blesser (vt)	susižalóti	[susʲɪʒa'lʲotʲɪ]
blessure (f)	sužalójimas (v)	[suʒa'lʲo:jɪmas]
plaie (f) (blessure)	žaizdà (m)	[ʒʌɪz'da]
trauma (m)	tráuma (m)	['trauma]

délirer (vi)	sapalióti	[sapa'lʲotʲɪ]
bégayer (vi)	mikčióti	[mʲɪk'tʂʲotʲɪ]
insolation (f)	sáulės smũgis (v)	['saulʲe:s 'smu:gʲɪs]

65. Les symptômes. Le traitement. Partie 2

douleur (f)	skaũsmas (v)	['skausmas]
écharde (f)	rakštìs (m)	[rakʃtʲɪs]

sueur (f)	prãkaitas (v)	['pra:kʌɪtas]
suer (vi)	prakaitúoti	[prakʌɪ'tuatʲɪ]
vomissement (m)	pýkinimas (v)	['pʲi:kʲɪnʲɪmas]
spasmes (m pl)	traukùliai (v)	[trau'kulʲɛɪ]

enceinte (adj)	nėščià	[nʲe:ʃtʂʲæ]
naître (vi)	gìmti	['gʲɪmtʲɪ]
accouchement (m)	gim̃dymas (v)	['gʲɪmdʲi:mas]
accoucher (vi)	gimdýti	[gʲɪm'dʲi:tʲɪ]
avortement (m)	abòrtas (v)	[a'bortas]

respiration (f)	kvėpãvimas (v)	[kvʲe:'pa:vʲɪmas]
inhalation (f)	įkvėpis (v)	['i:kvʲe:pʲɪs]
expiration (f)	iškvėpìmas (v)	[ɪʃkvʲe:'pʲɪmas]
expirer (vi)	iškvẽpti	[ɪʃ'kvʲe:ptʲɪ]
inspirer (vi)	įkvẽpti	[i:'kvʲe:ptʲɪ]

invalide (m)	invalìdas (v)	[ɪnva'lʲɪdas]
handicapé (m)	luošỹs (v)	[lʲʊa'ʃɪːs]
drogué (m)	narkomãnas (v)	[narko'maːnas]

sourd (adj)	kur̃čias	['kʊrtsʲæs]
muet (adj)	nebylỹs	[nʲɛbʲiː'lʲiːs]
sourd-muet (adj)	kur̃čnebylis	['kʊrtsnʲɛbʲiːlʲɪs]

fou (adj)	pamìšęs	[pa'mʲɪʃɛːs]
fou (m)	pamìšęs (v)	[pa'mʲɪʃɛːs]
folle (f)	pamìšusi (m)	[pa'mʲɪʃʊsʲɪ]
devenir fou	išprotéti	[ɪʃpro'tʲeːtʲɪ]

gène (m)	gènas (v)	['gʲɛnas]
immunité (f)	imunitètas (v)	[ɪmʊnʲɪ'tʲɛtas]
héréditaire (adj)	pavéldimas	[pa'vʲɛlʲdʲɪmas]
congénital (adj)	ĩgimtas	['iːgʲɪmtas]

virus (m)	vìrusas (v)	['vʲɪrʊsas]
microbe (m)	mikròbas (v)	[mʲɪk'robas]
bactérie (f)	baktèrija (m)	[bak'tʲɛrʲɪjɛ]
infection (f)	infèkcija (m)	[ɪn'fʲɛktsʲɪjɛ]

66. Les symptômes. Le traitement. Partie 3

| hôpital (m) | ligóninė (m) | [lʲɪ'gonʲɪnʲeː] |
| patient (m) | pacieñtas (v) | [pa'tsʲiɛntas] |

diagnostic (m)	diagnòzė (m)	[dʲɪjag'nozʲeː]
cure (f) (faire une ~)	gýdymas (v)	['gʲiːdʲiːmas]
traitement (m)	gýdymas (v)	['gʲiːdʲiːmas]
se faire soigner	gýdytis	['gʲiːdʲiːtʲɪs]
traiter (un patient)	gýdyti	['gʲiːdʲiːtʲɪ]
soigner (un malade)	slaugýti	[slʲɑʊ'gʲiːtʲɪ]
soins (m pl)	slaugà (m)	[slʲɑʊ'ga]

opération (f)	operãcija (m)	[opʲɛ'raːtsʲɪjɛ]
panser (vt)	pérrišti	['pʲɛrrʲɪʃtʲɪ]
pansement (m)	pérrišimas (v)	['pʲɛrrʲɪʃɪmas]

vaccination (f)	skiẽpas (v)	['skʲɛpas]
vacciner (vt)	skiẽpyti	['skʲɛpʲiːtʲɪ]
piqûre (f)	įdūrìmas (v)	[i:du:'rʲiːmas]
faire une piqûre	suléisti vaĩstus	[sʊ'lʲɛɪstʲɪ 'vʌɪstʊs]

crise, attaque (f)	príepuolis (v)	['prʲiɛpʊalʲɪs]
amputation (f)	amputãcija (m)	[ampʊ'taːtsʲɪjɛ]
amputer (vt)	amputúoti	[ampʊ'tʊatʲɪ]
coma (m)	komà (m)	[kɔ'ma]
être dans le coma	bū́ti kõmoje	['bu:tʲɪ 'kõmojɛ]

réanimation (f)	reanimãcija (m)	[rʲɛanʲɪ'maːtsʲɪjɛ]
se rétablir (vp)	sveĩkti ...	['svʲɛɪktʲɪ ...]
état (m) (de santé)	bū́klė (m)	['buːklʲeː]
conscience (f)	sámonė (m)	['saːmonʲeː]
mémoire (f)	atmintìs (m)	[atmʲɪn'tʲɪs]
arracher (une dent)	šãlinti	['ʃaːlʲɪntʲɪ]
plombage (m)	plómba (m)	['plʲomba]
plomber (vt)	plombúoti	[plʲom'buɑtʲɪ]
hypnose (f)	hipnõzė (m)	[ɣʲɪp'nozʲeː]
hypnotiser (vt)	hipnotizúoti	[ɣʲɪpnotʲɪˈzuɑtʲɪ]

67. Les médicaments. Les accessoires

médicament (m)	váistas (v)	['vʌɪstas]
remède (m)	príemonė (m)	['prʲiɛmonʲe:]
prescrire (vt)	išrašýti	[ɪʃra'ʃɪːtʲɪ]
ordonnance (f)	recèptas (v)	[rʲɛ'tsʲɛptas]
comprimé (m)	tablètė (m)	[tab'lʲɛtʲe:]
onguent (m)	tẽpalas (v)	['tʲæpalʲas]
ampoule (f)	ámpulė (m)	['ampʊlʲe:]
mixture (f)	mikstūrà (m)	[mʲɪkstuːˈra]
sirop (m)	sìrupas (v)	['sʲɪrʊpas]
pilule (f)	piliùlė (m)	[pʲɪˈlʲʊlʲe:]
poudre (f)	miltẽliai (v dgs)	[mʲɪlʲˈtʲælʲɛɪ]
bande (f)	bìntas (v)	['bʲɪntas]
coton (m) (ouate)	vatà (m)	[va'ta]
iode (m)	jõdas (v)	[jɔ das]
sparadrap (m)	pléistras (v)	['plʲɛɪstras]
compte-gouttes (m)	pipètė (m)	[pʲɪ'pʲɛtʲe:]
thermomètre (m)	termomètras (v)	[tʲɛrmo'mʲɛtras]
seringue (f)	švìrkštas (v)	['ʃvʲɪrkʃtas]
fauteuil (m) roulant	neĩgaliójo vežimẽlis (v)	[nʲɛɪːga'lʲʲojo vʲɛ'ʒʲɪmʲe:lʲɪs]
béquilles (f pl)	rameñtai (v dgs)	[ra'mʲɛntʌɪ]
anesthésique (m)	skaũsmą malšìnantys váistai (v dgs)	['skɑusma: malʲ'ʃɪnantʲiːs 'vʌɪstʌɪ]
purgatif (m)	láisvinantys váistai (v dgs)	['lʲʌɪsvʲɪnantʲiːs 'vʌɪstʌɪ]
alcool (m)	spìritas (v)	['spʲɪrʲɪtas]
herbe (f) médicinale	žolẽ (m)	[ʒo'lʲe:]
d'herbes (adj)	žolìnis	[ʒo'lʲɪnʲɪs]

L'APPARTEMENT

T&P Books Publishing

68. L'appartement

appartement (m)	bùtas (v)	['bʊtas]
chambre (f)	kambarỹs (v)	[kamba'rʲiːs]
chambre (f) à coucher	miegamàsis (v)	[mʲiɛga'masʲɪs]
salle (f) à manger	valgomàsis (v)	[valʲgo'masʲɪs]
salon (m)	svečių̃ kambarỹs (v)	[svʲɛ'tsʲu: kamba'rʲiːs]
bureau (m)	kabinètas (v)	[kabʲɪ'nʲɛtas]
antichambre (f)	príeškambaris (v)	['prʲiɛʃkambarʲɪs]
salle (f) de bains	voniõs kambarỹs (v)	[vo'nʲoːs kamba'rʲiːs]
toilettes (f pl)	tualètas (v)	[tʊa'lʲɛtas]
plafond (m)	lùbos (m dgs)	['lʲʊbos]
plancher (m)	griñdys (m dgs)	['grʲɪndʲiːs]
coin (m)	kam̃pas (v)	['kampas]

69. Les meubles. L'intérieur

meubles (m pl)	baĺdai (v)	['balʲdʌɪ]
table (f)	stãlas (v)	['staːlʲas]
chaise (f)	kėdė̃ (m)	[kʲeː'dʲeː]
lit (m)	lóva (m)	['lʲova]
canapé (m)	sofà (m)	[so'fa]
fauteuil (m)	fòtelis (v)	['fotʲɛlʲɪs]
bibliothèque (f) (meuble)	spìnta (m)	['spʲɪnta]
rayon (m)	lentýna (m)	[lʲɛn'tʲiːna]
armoire (f)	drabùžių spìnta (m)	[dra'bʊʒʲu: 'spʲɪnta]
patère (f)	pakabà (m)	[paka'ba]
portemanteau (m)	kabyklà (m)	[kabʲiːk'lʲa]
commode (f)	komodà (m)	[kɔmo'da]
table (f) basse	žurnãlinis staliùkas (v)	[ʒʊr'naːlʲɪnʲɪs sta'lʲʊkas]
miroir (m)	véidrodis (v)	['vʲɛɪdrodʲɪs]
tapis (m)	kìlimas (v)	['kʲɪlʲɪmas]
petit tapis (m)	kilimė̃lis (v)	[kʲɪlʲɪ'mʲeːlʲɪs]
cheminée (f)	židinỹs (v)	[ʒʲɪdʲɪ'nʲiːs]
bougie (f)	žvãkė (m)	['ʒvaːkʲeː]
chandelier (m)	žvakìdė (m)	[ʒva'kʲɪdʲeː]
rideaux (m pl)	užúolaidos (m dgs)	[ʊ'ʒʊalʲʌɪdos]

papier (m) peint	**tapètai** (v)	[ta'pʲɛtʌɪ]
jalousie (f)	**žaliuzės** (m dgs)	['ʒa:lʲuzʲe:s]
lampe (f) de table	**stalìnė lémpa** (m)	[sta'lʲɪnʲe: 'lʲɛmpa]
applique (f)	**šviestùvas** (v)	[ʃvʲiɛ'stʊvas]
lampadaire (m)	**toršèras** (v)	[tor'ʃɛras]
lustre (m)	**sietýnas** (v)	[sʲiɛ'tʲi:nas]
pied (m) (~ de la table)	**kojýtė** (m)	[kɔ'ji:tʲe:]
accoudoir (m)	**raǹktūris** (v)	['raŋktu:rʲɪs]
dossier (m)	**ãtlošas** (v)	['a:tlʲoʃas]
tiroir (m)	**stálčius** (v)	['stalʲtʂʲus]

70. La literie

linge (m) de lit	**pãtalynė** (m)	['pa:talʲi:nʲe:]
oreiller (m)	**pagálvė** (m)	[pa'galʲvʲe:]
taie (f) d'oreiller	**ùžvalkalas** (v)	['ʊʒvalʲkalas]
couverture (f)	**užklótas** (v)	[ʊʒ'klʲotas]
drap (m)	**paklódė** (m)	[pak'lʲo:dʲe:]
couvre-lit (m)	**lovãtiesė** (m)	[lʲo'va:tʲiɛsʲe:]

71. La cuisine

cuisine (f)	**virtùvė** (m)	[vʲɪr'tʊvʲe:]
gaz (m)	**dùjos** (m dgs)	['dʊjos]
cuisinière (f) à gaz	**dùjinė** (m)	['dʊjinʲe:]
cuisinière (f) électrique	**elektrìnė** (m)	[ɛlʲɛk'trʲɪnʲe:]
four (m)	**órkaitė** (m)	['orkʌɪtʲe:]
four (m) micro-ondes	**mikrobangų krosnėlė** (m)	[mʲɪkroban'gu: kros'nʲælʲe:]
réfrigérateur (m)	**šaldytùvas** (v)	[ʃalʲdʲi:'tʊvas]
congélateur (m)	**šáldymo kãmera** (m)	['ʃalʲdʲi:mɔ 'ka:mʲɛra]
lave-vaisselle (m)	**iǹdų plovìmo mašinà** (m)	['ɪndu: plʲo'vʲɪmɔ maʃɪ'na]
hachoir (m) à viande	**mėsmalė̃** (m)	['mʲe:smalʲe:]
centrifugeuse (f)	**sulčiãspaudė** (m)	[sʊlʲ'tʂʲæspɑʊdʲe:]
grille-pain (m)	**tòsteris** (v)	['tostʲɛrʲɪs]
batteur (m)	**mìkseris** (v)	['mʲɪksʲɛrʲɪs]
machine (f) à café	**kavõs aparãtas** (v)	[ka'vo:s apa'ra:tas]
cafetière (f)	**kavinùkas** (v)	[kavʲɪ'nʊkas]
moulin (m) à café	**kavãmalė** (m)	[ka'va:malʲe:]
bouilloire (f)	**arbatinùkas** (v)	[arbatʲɪ'nʊkas]
théière (f)	**arbãtinis** (v)	[arba:'tʲɪnʲɪs]
couvercle (m)	**dangtẽlis** (v)	[daŋk'tʲælʲɪs]
passoire (f) à thé	**sietẽlis** (v)	[sʲiɛ'tʲælʲɪs]

cuillère (f)	šáukštas (v)	['ʃɑukʃtas]
petite cuillère (f)	arbãtinis šaukštẽlis (v)	[ar'ba:t'ɪn'ɪs ʃɑukʃ't'æl'ɪs]
cuillère (f) à soupe	válgomasis šáukštas (v)	['val'gomas'ɪs 'ʃɑukʃtas]
fourchette (f)	šakutė̃ (m)	[ʃa'kut'e:]
couteau (m)	peĩlis (v)	['p'ɛɪl'ɪs]
vaisselle (f)	iñdai (v)	['ɪndʌɪ]
assiette (f)	lėkštė̃ (m)	[l'ʲe:kʃt'ʲe:]
soucoupe (f)	lėkštẽlė (m)	[l'ʲe:kʃt'ʲæl'ʲe:]
verre (m) à shot	taurẽlė (m)	[tɑu'r'æl'ʲe:]
verre (m) (~ d'eau)	stiklìnė (m)	[st'ɪk'l'ʲɪn'e:]
tasse (f)	puodùkas (v)	[puɑ'dukas]
sucrier (m)	cùkrinė (m)	['tsukr'ɪn'e:]
salière (f)	drùskinė (m)	['drusk'ɪn'e:]
poivrière (f)	pipìrinė (m)	[p'ɪ'p'ɪr'ɪn'e:]
beurrier (m)	svíestinė (m)	['sv'ʲɪɛst'ɪn'e:]
casserole (f)	púodas (v)	['puɑdas]
poêle (f)	keptùvė (m)	[k'ɛp'tuv'e:]
louche (f)	sámtis (v)	['samt'ɪs]
passoire (f)	kiaurãsamtis (v)	[k'ɛu'ra:samt'ɪs]
plateau (m)	padẽklas (v)	[pa'd'ʲe:kl'as]
bouteille (f)	bùtelis (v)	['but'ɛl'ɪs]
bocal (m) (à conserves)	stiklaĩnis (v)	[st'ɪk'l'ʲʌɪn'ɪs]
boîte (f) en fer-blanc	skardìnė (m)	[skar'd'ɪn'e:]
ouvre-bouteille (m)	atidarytùvas (v)	[at'ɪdar'i:'tuvas]
ouvre-boîte (m)	konsèrvų atidarytùvas (v)	[kon's'ɛrvu: at'ɪdar'i:'tuvas]
tire-bouchon (m)	kamščiãtraukis (v)	[kamʃ'tʂ'ætrɑuk'ɪs]
filtre (m)	fìltras (v)	['f'ɪltras]
filtrer (vt)	filtrúoti	[f'ɪl'ʲ'truɑt'ɪ]
ordures (f pl)	šiùkšlės (m dgs)	['ʃukʃl'ʲe:s]
poubelle (f)	šiùkšlių kìbiras (v)	['ʃukʃl'u: 'k'ɪb'ɪras]

72. La salle de bains

salle (f) de bains	voniõs kambarỹs (v)	[vo'n'ʲo:s kamba'r'ʲi:s]
eau (f)	vanduõ (v)	[van'duɑ]
robinet (m)	čiáupas (v)	['tʂ'ʲæupas]
eau (f) chaude	kárštas vanduõ (v)	['karʃtas van'duɑ]
eau (f) froide	šáltas vanduõ (v)	['ʃal'ʲtas van'duɑ]
dentifrice (m)	dantų̃ pastà (m)	[dan'tu: pas'ta]
se brosser les dents	valýti dantìs	[va'l'ʲi:t'ɪ dan't'ɪs]
brosse (f) à dents	dantų̃ šepetẽlis (v)	[dan'tu: ʃepe't'ʲe:'l'ɪs]
se raser (vp)	skùstis	['skust'ɪs]

| mousse (f) à raser | skutìmosi pùtos (m dgs) | [skʊ'tʲɪmosʲɪ 'pʊtos] |
| rasoir (m) | skutìmosi peiliùkas (v) | [skʊ'tʲɪmosʲɪ pʲɛɪ'lʲʊkas] |

laver (vt)	pláuti	['plʲɑʊtʲɪ]
se laver (vp)	máudytis, praũstis	['mɑʊdʲiːtʲɪs], ['prɑʊstʲɪs]
douche (f)	dùšas (v)	['dʊʃas]
prendre une douche	praũstis dušè	['prɑʊstʲɪs dʊ'ʃɛ]

baignoire (f)	vonià (m)	[vo'nʲæ]
cuvette (f)	unitãzas (v)	[ʊnʲɪ'taːzas]
lavabo (m)	kriauklė̃ (m)	[krʲɛʊk'lʲeː]

| savon (m) | mùilas (v) | ['mʊɪlʲas] |
| porte-savon (m) | mùilinė (m) | ['mʊɪlʲɪnʲeː] |

éponge (f)	kempìnė (m)	[kʲɛm'pʲɪnʲeː]
shampooing (m)	šampũnas (v)	[ʃam'puːnas]
serviette (f)	rañkšluostis (v)	['raŋkʃlʲʊɑstʲɪs]
peignoir (m) de bain	chalãtas (v)	[xa'lʲaːtas]

lessive (f) (faire la ~)	skalbìmas (v)	[skal'bʲɪmas]
machine (f) à laver	skalbìmo mašinà (m)	[skal'bʲɪmɔ maʃɪ'na]
faire la lessive	skalbti báltinius	['skʌlʲptʲɪ 'ba lʲtʲɪnʲʊs]
lessive (f) (poudre)	skalbìmo miltēliai (v dgs)	[skal'bʲɪmɔ mʲɪlʲ'tʲælʲɪ]

73. Les appareils électroménagers

téléviseur (m)	televìzorius (v)	[tʲɛlʲɛ'vʲɪzorʲʊs]
magnétophone (m)	magnetofònas (v)	[magnʲɛto'fonas]
magnétoscope (m)	video magnetofònas (v)	[vʲɪdʲɛɔ magnʲɛto'fonas]
radio (f)	imtùvas (v)	[ɪm'tʊvas]
lecteur (m)	grotùvas (v)	[gro'tʊvas]

vidéoprojecteur (m)	video projèktorius (v)	['vʲɪdʲɛɔ pro'jæktorʲʊs]
home cinéma (m)	namų̃ kìno teãtras (v)	[na'muː 'kʲɪnɔ tʲɛ'aːtras]
lecteur DVD (m)	DVD grotùvas (v)	[dʲɪvʲɪ'dʲɪ gro'tʊvas]
amplificateur (m)	stiprintùvas (v)	[stʲɪprʲɪn'tʊvas]
console (f) de jeux	žaidìmų prìedėlis (v)	[ʒʌɪ'dʲɪmu 'prʲɪɛdʲeːlʲɪs]

caméscope (m)	videokãmera (m)	[vʲɪdʲɛo'ka:mʲɛra]
appareil (m) photo	fotoaparãtas (v)	[fotoapa'ra:tas]
appareil (m) photo numérique	skaitmenìnis fotoaparãtas (v)	[skʌɪtmʲɛ'nʲɪnʲɪs fotoapa'ra:tas]

aspirateur (m)	dùlkių siurblỹs (v)	['dʊlʲkʲu: sʲʊr'blʲiːs]
fer (m) à repasser	lygintùvas (v)	[lʲiː'gʲɪn'tʊvas]
planche (f) à repasser	lýginimo lentà (m)	['lʲiːgʲɪnʲɪmɔ lʲɛn'ta]

| téléphone (m) | telefònas (v) | [tʲɛlʲɛ'fonas] |
| portable (m) | mobilùsis telefònas (v) | [mobʲɪ'lʲʊsʲɪs tʲɛlʲɛ'fonas] |

machine (f) à écrire	**rãšymo mašinĕlė** (m)	['raːʃɪːmɔ maʃɪˈnʲeːlʲeː]
machine (f) à coudre	**siuvìmo mašina** (m)	[sʲʊˈvʲɪmɔ maʃɪˈna]
micro (m)	**mikrofonas** (v)	[mʲɪkroˈfonas]
écouteurs (m pl)	**ausìnės** (m dgs)	[ɑʊˈsʲɪnʲeːs]
télécommande (f)	**pùltas** (v)	['pʊlʲtas]
CD (m)	**kompãktinis dìskas** (v)	[kɔmˈpaːktʲɪnʲɪs 'dʲɪskas]
cassette (f)	**kasètė** (m)	[kaˈsʲɛtʲeː]
disque (m) (vinyle)	**plokštĕlė** (m)	[plokʃˈtʲælʲeː]

LA TERRE. LE TEMPS

T&P Books Publishing

cosmos (m)	kòsmosas (v)	['kosmosas]
cosmique (adj)	kòsminis	['kosmʲɪnʲɪs]
espace (m) cosmique	kòsminė erdvě (m)	['kosmʲɪnʲe: ɛrd'vʲe:]
monde (m)	visatà (m)	[vʲɪsa'ta]
univers (m)	pasáulis (v)	[pa'sɑʊlʲɪs]
galaxie (f)	galàktika (m)	[ga'lʲa:ktʲɪka]
étoile (f)	žvaigždě (m)	[ʒvʌɪg'ʒdʲe:]
constellation (f)	žvaigždýnas (v)	[ʒvʌɪgʒ'dʲi:nas]
planète (f)	planetà (m)	[plʲanʲɛ'ta]
satellite (m)	palydòvas (v)	[palʲi:'do:vas]
météorite (m)	meteorìtas (v)	[mʲɛtʲɛo'rʲɪtas]
comète (f)	kometà (m)	[komʲɛ'ta]
astéroïde (m)	asteroìdas (v)	[astʲɛ'rɔɪdas]
orbite (f)	orbità (m)	[orbʲɪ'ta]
tourner (vi)	sùktis	['sʊktʲɪs]
atmosphère (f)	atmosferà (m)	[atmosfʲɛ'ra]
Soleil (m)	Sáulė (m)	['sɑʊlʲe:]
système (m) solaire	Sáulės sistemà (m)	['sɑʊlʲe:s sʲɪste'ma]
éclipse (f) de soleil	Sáulės užtemìmas (v)	['sɑʊlʲe:s ʊʒtʲɛ'mʲɪmas]
Terre (f)	Žěmė (m)	['ʒʲæmʲe:]
Lune (f)	Měnùlis (v)	[mʲe:'nʊlʲɪs]
Mars (m)	Màrsas (v)	['marsas]
Vénus (f)	Venerà (m)	[vʲɛnʲɛ'ra]
Jupiter (m)	Jupìteris (v)	[jʊ'pʲɪtʲɛrʲɪs]
Saturne (m)	Satùrnas (v)	[sa'tʊrnas]
Mercure (m)	Merkùrijus (v)	[mʲɛr'kʊrʲɪjʊs]
Uranus (m)	Urãnas (v)	[ʊ'ra:nas]
Neptune	Neptũnas (v)	[nʲɛp'tu:nas]
Pluton (m)	Plutònas (v)	[plʲʊ'tonas]
la Voie Lactée	Paũkščių Tãkas (v)	['pɑʊkʃʧʲu: 'ta:kas]
la Grande Ours	Didíeji Grìžulo Rãtai (v dgs)	[dʲɪ'dʲiɛjɪ 'grʲɪːʒʊlʲo 'ra:tʌɪ]
la Polaire	Šiaurìnė žvaigždě (m)	[ʃʲɛʊ'rʲɪnʲe: ʒvʌɪg'ʒdʲe:]
martien (m)	marsiẽtis (v)	[mar'sʲɛtʲɪs]
extraterrestre (m)	ateìvis (v)	[a'tʲɛɪvʲɪs]

alien (m)	atelvis (v)	[a'tʲɛɪvʲɪs]
soucoupe (f) volante	skraidanti lėkštė (m)	['skrʌɪdantʲɪ lʲe:kʃ'tʲe:]
vaisseau (m) spatial	kosminis laivas (v)	['kosmʲɪnʲɪs 'lʲʌɪvas]
station (f) orbitale	orbitos stotis (m)	[or'bʲɪtos sto'tʲɪs]
lancement (m)	startas (v)	['startas]
moteur (m)	variklis (v)	[va'rʲɪklʲɪs]
tuyère (f)	tūta (m)	[tu:'ta]
carburant (m)	kuras (v)	['kʊras]
cabine (f)	kabina (m)	[kabʲɪ'na]
antenne (f)	antena (m)	[antʲɛ'na]
hublot (m)	iliuminatorius (v)	[ɪlʲʊmʲɪ'r'na:torʲʊs]
batterie (f) solaire	saulės baterija (m)	['sɑʊlʲe:s ba'tʲɛrʲɪjɛ]
scaphandre (m)	skafandras (v)	[ska'fandras]
apesanteur (f)	nesvarumas (v)	[nʲɛsva'rumas]
oxygène (m)	deguonis (v)	[dʲɛ'gʊɑnʲɪs]
arrimage (m)	susijungimas (v)	[sʊsʲɪjʊn'gʲɪmas]
s'arrimer à …	susijungti	[sʊsʲɪ'jʊŋktʲɪ]
observatoire (m)	observatorija (m)	[obsʲɛrva'torʲɪjɛ]
télescope (m)	teleskopas (v)	[tʲɛlʲɛ'skopas]
observer (vt)	stebéti	[ste'bʲe:tʲɪ]
explorer (un cosmos)	tyrinéti	[tʲi:rʲɪ'nʲe:tʲɪ]

75. La Terre

Terre (f)	Žẽmė (m)	['ʒʲæmʲe:]
globe (m) terrestre	žẽmės rutulỹs (v)	['ʒʲæmʲe:s rʊtʊ'lʲi:s]
planète (f)	planeta (m)	[plʲanʲɛ'ta]
atmosphère (f)	atmosfera (m)	[atmosfʲɛ'ra]
géographie (f)	geografija (m)	[gʲɛo'gra:fʲɪjɛ]
nature (f)	gamta (m)	[gam'ta]
globe (m) de table	gaublỹs (v)	[gɑʊb'lʲi:s]
carte (f)	žemélapis (v)	[ʒe'mʲe:lʲap'ɪs]
atlas (m)	atlasas (v)	['a:tlʲasas]
Europe (f)	Europa (m)	[ɛʊro'pa]
Asie (f)	azija (m)	['a:zʲɪjɛ]
Afrique (f)	afrika (m)	['a:frʲɪka]
Australie (f)	Australija (m)	[ɑʊs'tra:lʲɪjɛ]
Amérique (f)	Amerika (m)	[a'mʲɛrʲɪka]
Amérique (f) du Nord	Šiáurés Amerika (m)	['ʃæʊrʲe:s a'mʲɛrʲɪka]
Amérique (f) du Sud	Pietų Amerika (m)	[pʲiɛ'tu: a'mʲɛrʲɪka]

l'Antarctique (m)	**Antarktidà** (m)	[antarktʲɪ'da]
l'Arctique (m)	**Árktika** (m)	['arktʲɪka]

76. Les quatre parties du monde

nord (m)	**šiáurė** (m)	['ʃæʊrʲe:]
vers le nord	**į̃ šiáurę**	[i: 'ʃæʊrʲɛ:]
au nord	**šiáurėje**	['ʃæʊrʲe:je]
du nord (adj)	**šiaurìnis**	[ʃʲɛʊ'rʲɪnʲɪs]
sud (m)	**pietùs** (v)	[pʲiɛ'tʊs]
vers le sud	**į̃ pietùs**	[i: pʲiɛ'tʊs]
au sud	**pietuosè**	[pʲiɛtʊɑ'sʲɛ]
du sud (adj)	**pietìnis**	[pʲiɛ'tʲɪnʲɪs]
ouest (m)	**vakaraĩ** (v dgs)	[vaka'rʌɪ]
vers l'occident	**į̃ vãkarus**	[i: 'va:karʊs]
à l'occident	**vakaruosè**	[vakarʊɑ'sʲɛ]
occidental (adj)	**vakariẽtiškas**	[vaka'rʲɛtʲɪʃkas]
est (m)	**rytaĩ** (v dgs)	[rʲi:'tʌɪ]
vers l'orient	**į̃ rýtus**	[i: 'rʲɪ:tʊs]
à l'orient	**rytuosè**	[rʲi:tʊɑ'sʲɛ]
oriental (adj)	**rytiẽtiškas**	[rʲi:'tʲɛtʲɪʃkas]

77. Les océans et les mers

mer (f)	**jū́ra** (m)	['ju:ra]
océan (m)	**vandenýnas** (v)	[vandʲɛ'nʲi:nas]
golfe (m)	**į́lanka** (m)	['i:lʲaŋka]
détroit (m)	**sąsiauris** (v)	['sa:sʲɛʊrʲɪs]
continent (m)	**žemýnas** (v)	[ʒʲɛ'mʲi:nas]
île (f)	**salà** (m)	[sa'lʲa]
presqu'île (f)	**pusiãsalis** (v)	[pʊ'sʲæsalʲɪs]
archipel (m)	**archipelãgas** (v)	[arxʲɪpʲɛ'lʲa:gas]
baie (f)	**užùtekis** (v)	[ʊʒʊtʲɛkʲɪs]
port (m)	**úostas** (v)	['ʊɑstas]
lagune (f)	**lagūnà** (m)	[lʲagu:'na]
cap (m)	**iškyšulỹs** (v)	[ɪʃkʲi:ʃʊ'lʲi:s]
atoll (m)	**atólas** (v)	[a'tolʲas]
récif (m)	**rìfas** (v)	['rʲɪfas]
corail (m)	**korãlas** (v)	[kɔ'ra:lʲas]
récif (m) de corail	**korãlų rìfas** (v)	[kɔ'ra:lʲu: 'rʲɪfas]
profond (adj)	**gilùs**	[gʲɪ'lʲʊs]
profondeur (f)	**gỹlis** (v)	['gʲi:lʲɪs]

abîme (m)	bedugnė (m)	[bʲɛ'dʊgnʲeː]
fosse (f) océanique	įduba (m)	['iːdʊba]
courant (m)	srovė (m)	[sro'vʲeː]
baigner (vt) (mer)	skaláuti	[ska'lʲɑʊtʲɪ]
littoral (m)	pajūris (v)	['pajūris]
côte (f)	pakrántė (m)	[pak'rantʲeː]
marée (f) haute	antplūdis (v)	['antplʲuːdʲɪs]
marée (f) basse	atóslūgis (v)	[a'toslʲuːgʲɪs]
banc (m) de sable	atãbradas (v)	[a'taːbradas]
fond (m)	dugnas (v)	['dʊgnas]
vague (f)	bangà (m)	[ban'ga]
crête (f) de la vague	bangós keterà (m)	[ban'goːs kʲɛtʲɛ'ra]
mousse (f)	putos (m dgs)	['pʊtos]
tempête (f) en mer	audrà (m)	[ɑʊd'ra]
ouragan (m)	uragãnas (v)	[ʊra'gaːnas]
tsunami (m)	cunãmis (v)	[tsʊ'naːmʲɪs]
calme (m)	štilius (v)	[ʃtʲɪ'lʲʊs]
calme (tranquille)	ramùs	[ra'mʊs]
pôle (m)	ašìgalis (v)	[a'ʃɪgalʲɪs]
polaire (adj)	poliãrinis	[po'lʲærʲɪnʲɪs]
latitude (f)	platumà (m)	[plʲatʊ'ma]
longitude (f)	ilgumà (m)	[ɪlʲgʊ'ma]
parallèle (f)	paralèlė (m)	[para'lʲɛlʲeː]
équateur (m)	ekvãtorius (v)	[ɛk'va:torʲʊs]
ciel (m)	dangùs (v)	[dan'gʊs]
horizon (m)	horizòntas (v)	[ɣorʲɪ'zontas]
air (m)	óras (v)	['oras]
phare (m)	švyturỹs (v)	[ʃvʲiːtʊ'rʲiːs]
plonger (vi)	nárdyti	['nardʲiːtʲɪ]
sombrer (vi)	nuskęsti	[nʊ'skʲɛːstʲɪ]
trésor (m)	lóbis (v)	['lʲoːbʲɪs]

78. Les noms des mers et des océans

océan (m) Atlantique	Atlánto vandenỹnas (v)	[at'lʲanto vandʲɛ'nʲiːnas]
océan (m) Indien	Ìndijos vandenỹnas (v)	['ɪndʲɪjos vandʲɛ'nʲiːnas]
océan (m) Pacifique	Ramùsis vandenỹnas (v)	[ra'mʊsʲɪs vandʲɛ'nʲiːnas]
océan (m) Glacial	Árkties vandenỹnas (v)	['arktʲiɛs vandʲɛ'nʲiːnas]
mer (f) Noire	Juodóji jūra (m)	[jʊɑ'doːjɪ 'juːra]
mer (f) Rouge	Raudonóji jūra (m)	[rɑʊdo'noːjɪ 'juːra]

| mer (f) Jaune | Geltonoji jūra (m) | [gʲɛlʲto'no:jɪ 'ju:ra] |
| mer (f) Blanche | Baltoji jūra (m) | [balʲ'to:jɪ 'ju:ra] |

mer (f) Caspienne	Kāspijos jūra (m)	['ka:spʲɪjos 'ju:ra]
mer (f) Morte	Negyvoji jūra (m)	[nʲɛgʲi:'vo:jɪ 'ju:ra]
mer (f) Méditerranée	Viduržemio jūra (m)	[vʲɪ'durʒʲɛmʲɔ 'ju:ra]

| mer (f) Égée | Egéjo jūra (m) | [ɛ'gʲæjo 'ju:ra] |
| mer (f) Adriatique | ādrijos jūra (m) | ['a:drʲɪjos 'ju:ra] |

mer (f) Arabique	Arābijos jūra (m)	[a'rabʲɪjos 'ju:ra]
mer (f) du Japon	Japònijos jūra (m)	[ja'ponʲɪjos ju:ra]
mer (f) de Béring	Bèringo jūra (m)	['bʲɛrʲɪngɔ 'ju:ra]
mer (f) de Chine Méridionale	Pietū Kìnijos jūra (m)	[pʲiɛ'tu: 'kʲɪnʲɪjos 'ju:ra]

mer (f) de Corail	Korālų jūra (m)	[ko'ra:lʲu: 'ju:ra]
mer (f) de Tasman	Tasmānų jūra (m)	[tas'manu: 'ju:ra]
mer (f) Caraïbe	Karìbų jūra (m)	[ka'rʲɪbu: 'ju:ra]

| mer (f) de Barents | Bārenco jūra (m) | [barʲɛntsɔ 'ju:ra] |
| mer (f) de Kara | Kārsko jūra (m) | ['karskɔ 'ju:ra] |

mer (f) du Nord	Šiáurės jūra (m)	['ʃæurʲe:s 'ju:ra]
mer (f) Baltique	Bāltijos jūra (m)	['balʲtʲɪjos 'ju:ra]
mer (f) de Norvège	Norvègijos jūra (m)	[nor'vʲɛgʲɪjos 'ju:ra]

79. Les montagnes

montagne (f)	kálnas (v)	['kalʲnas]
chaîne (f) de montagnes	kalnū vìrtinė (m)	[kalʲ'nu: vʲɪrtʲɪnʲe:]
crête (f)	kalnāgūbris (v)	[kalʲʲ'na:gu:brʲɪs]

sommet (m)	viršūnė (v)	[vʲɪr'ʃu:nʲe:]
pic (m)	pìkas (v)	['pʲɪkas]
pied (m)	papédė (m)	[pa'pʲe:dʲe:]
pente (f)	núokalnė (m)	['nuɑkalʲnʲe:]

volcan (m)	ugnìkalnis (v)	[ug'nʲɪkalʲnʲɪs]
volcan (m) actif	veìkiantis ugnìkalnis (v)	['vʲɛɪkʲæntʲɪs ug'nʲɪkalʲnʲɪs]
volcan (m) éteint	užgēsęs ugnìkalnis (v)	[uʒ'gʲæsʲɛ:s ug'nʲɪkalʲnʲɪs]

éruption (f)	išsivéržimas (v)	[ɪʃsʲɪvʲɛr'ʒʲɪmas]
cratère (m)	krāteris (v)	['kra:tʲɛrʲɪs]
magma (m)	magmà (m)	[mag'ma]
lave (f)	lavà (m)	[lʲa'va]
en fusion (lave ~)	įkaĭtęs	[i:'kʌɪtʲɛ:s]

| canyon (m) | kanjònas (v) | [ka'njɔ nas] |
| défilé (m) (gorge) | tarpùkalnė (m) | [tar'pukalʲnʲe:] |

crevasse (f)	**tarpẽklis** (m)	[tar'pⁱæklⁱɪs]
col (m) de montagne	**kalnãkelis** (m)	[kalⁱ'nakⁱɛlⁱɪs]
plateau (m)	**gulstẽ** (m)	[gʊlⁱ'stⁱe:]
rocher (m)	**uolà** (m)	[ʊɑ'lⁱa]
colline (f)	**kalvà** (m)	[kalⁱ'va]
glacier (m)	**ledýnas** (v)	[lⁱɛ'dⁱi:nas]
chute (f) d'eau	**krioklỹs** (v)	[krⁱok'lⁱi:s]
geyser (m)	**geĩzeris** (v)	['gⁱɛɪzⁱɛrⁱɪs]
lac (m)	**ẽžeras** (v)	['ɛʒⁱɛras]
plaine (f)	**lygumà** (m)	[lⁱi:gʊ'ma]
paysage (m)	**peizãžas** (v)	[pⁱɛɪ'za:ʒas]
écho (m)	**áidas** (v)	['ʌɪdas]
alpiniste (m)	**alpinìstas** (v)	[alⁱpⁱɪ'nⁱɪstas]
varappeur (m)	**uolakopỹs** (v)	[ʊɑlⁱako'pу̃s]
conquérir (vt)	**pavérgti**	[pa'vⁱɛrktⁱɪ]
ascension (f)	**kopìmas** (v)	[kɔ'pⁱɪmas]

80. Les noms des chaînes de montagne

Alpes (f pl)	**Álpės** (m dgs)	['alⁱpⁱe:s]
Mont Blanc (m)	**Monblãnas** (v)	[mon'blⁱa:nas]
Pyrénées (f pl)	**Pirénai** (v)	[pⁱɪ'rⁱe:nʌɪ]
Carpates (f pl)	**Karpãtai** (v dgs)	[kar'pa:tʌɪ]
Monts Oural (m pl)	**Urãlo kalnaĩ** (v dgs)	[ʊ'ra:lɔ kalⁱ'nʌɪ]
Caucase (m)	**Kaukãzas** (v)	[kɑʊ'ka:zas]
Elbrous (m)	**Elbrùsas** (v)	[ɛlⁱ'brʊsas]
Altaï (m)	**Altãjus** (v)	[alⁱ'ta:jʊs]
Tian Chan (m)	**Tian Šãnis** (v)	[tⁱæn 'ʃa:nⁱɪs]
Pamir (m)	**Pamỹras** (v)	[pa'mⁱi:ras]
Himalaya (m)	**Himalãjai** (v dgs)	[ɣⁱima'lⁱa:jʌɪ]
Everest (m)	**Everèstas** (v)	[ɛvⁱɛ'rⁱɛstas]
Andes (f pl)	**Añdai** (v)	['andʌɪ]
Kilimandjaro (m)	**Kilimandžãras** (v)	[kⁱɪlⁱɪman'dʒa:ras]

81. Les fleuves

rivière (f), fleuve (m)	**ùpė** (m)	['ʊpⁱe:]
source (f)	**šaltìnis** (v)	[ʃalⁱ'tⁱɪnⁱɪs]
lit (m) (d'une rivière)	**vagà** (m)	[va'ga]
bassin (m)	**baseĩnas** (v)	[ba'sⁱɛɪnas]
se jeter dans ...	**įtekéti ĩ** ...	[i:tⁱɛ'kⁱe:tⁱɪ i: ..]
affluent (m)	**añtplūdis** (v)	['antplⁱu:dⁱɪs]

rive (f)	krañtas (v)	['krantas]
courant (m)	srově (m)	[sro'vʲe:]
en aval	pasroviuì	[pasro'vʲʊɪ]
en amont	priĕš srõvę	['prʲɛʃ 'sro:vʲɛ:]

inondation (f)	pótvynis (v)	['potvʲi:nʲɪs]
les grandes crues	póplūdis (v)	['poplʲu:dʲɪs]
déborder (vt)	išsilíeti	[ɪʃsʲɪ'lʲiɛtʲɪ]
inonder (vt)	tvìndyti	['tvʲɪndʲi:tʲɪ]

| bas-fond (m) | seklumà (m) | [sʲɛklʲʊ'ma] |
| rapide (m) | sleñkstis (v) | ['slʲɛŋkstʲɪs] |

barrage (m)	ùžtvanka (m)	['ʊʒtvaŋka]
canal (m)	kanãlas (v)	[ka'na:lʲas]
lac (m) de barrage	vandeñs saugyklà (m)	[van'dʲɛns saʊgʲi:k'lʲa]
écluse (f)	šliùzas (v)	['ʃlʲʊzas]

plan (m) d'eau	vandeñs telkinŷs (v)	[van'dʲɛns tʲɛlʲkʲɪr'nʲi:s]
marais (m)	pélkė (m)	['pʲɛlʲkʲe:]
fondrière (f)	liũnas (v)	['lʲu:nas]
tourbillon (m)	verpĕtas (v)	[vʲɛr'pʲætas]

ruisseau (m)	upĕlis (v)	[ʊ'pʲælʲɪs]
potable (adj)	gĕriamas	['gʲærʲæmas]
douce (l'eau ~)	gĕlas	['gʲe:lʲas]

| glace (f) | lĕdas (v) | ['lʲædas] |
| être gelé | užšálti | [ʊʒ'ʃalʲtʲɪ] |

82. Les noms des fleuves

| Seine (f) | Senà (m) | [sʲɛ'na] |
| Loire (f) | Luarà (m) | [lʲʊa'ra] |

Tamise (f)	Temzė̃ (m)	['tʲɛmzʲe:]
Rhin (m)	Reĩnas (v)	['rʲɛɪnas]
Danube (m)	Dunõjus (v)	[dʊ'no:jʊs]

Volga (f)	Vòlga (m)	['volʲga]
Don (m)	Dònas (v)	['donas]
Lena (f)	Lenà (m)	[lʲɛ'na]

Huang He (m)	Geltonóji ùpė (m)	[gʲɛlʲto'no:jɪ 'ʊpʲe:]
Yangzi Jiang (m)	Jangdzė̃ (m)	[jang'dzʲe:]
Mékong (m)	Mekòngas (v)	[mʲɛ'kongas]
Gange (m)	Gángas (v)	['gangas]

| Nil (m) | Nìlas (v) | ['nʲɪlʲas] |
| Congo (m) | Kòngas (v) | ['kongas] |

Okavango (m)	Okavángas (v)	[oka'va ngas]
Zambèze (m)	Zambèzė (m)	[zam'bʲɛzʲe:]
Limpopo (m)	Limpopò (v)	[lʲɪmpo'po]
Mississippi (m)	Misisìpė (m)	[mʲɪsʲɪ'sʲɪpʲe:]

83. La forêt

| forêt (f) | mìškas (v) | ['mʲɪʃkas] |
| forestier (adj) | miškìnis | [mʲɪʃkʲɪnʲɪs] |

fourré (m)	tankumýnas (v)	[taŋkʊ'mʲiːnas]
bosquet (m)	giráitė (m)	[gʲɪ'rʌɪtʲe:]
clairière (f)	laūkas (v)	['lʲɑʊkas]

| broussailles (f pl) | žolýnas, beržýnas (v) | [ʒo'lʲiːnas], [bʲɛr'ʒʲiːnas] |
| taillis (m) | krūmýnas (v) | [kruː'mʲiːnas] |

| sentier (m) | takẽlis (v) | [ta'kʲælʲɪs] |
| ravin (m) | griovỹs (v) | [grʲo'vʲiːs] |

arbre (m)	mẽdis (v)	['mʲædʲɪs]
feuille (f)	lãpas (v)	['lʲaːpas]
feuillage (m)	lapijà (m)	[lʲapʲɪ'ja]

chute (f) de feuilles	lãpų kritìmas (v)	['lʲaːpu: krʲɪ'tʲɪmas]
tomber (feuilles)	krìsti	['krʲɪstʲɪ]
sommet (m)	viršū̃nė (m)	[vʲɪr'ʃuːnʲe:]

rameau (m)	šakà (m)	[ʃa'ka]
branche (f)	šakà (m)	[ʃa'ka]
bourgeon (m)	pum̃puras (v)	['pʊmpʊras]
aiguille (f)	spyglỹs (v)	[spʲiːg'lʲiːs]
pomme (f) de pin	kankorėžis (v)	[kaŋ'korʲe:ʒʲɪs]

creux (m)	úoksas (v)	['ʊɑksas]
nid (m)	lìzdas (v)	['lʲɪzdas]
terrier (m) (~ d'un renard)	olà (m)	[o'lʲa]

tronc (m)	kamíenas (v)	[ka'mʲiɛnas]
racine (f)	šaknìs (m)	[ʃak'nʲɪs]
écorce (f)	žievẽ (m)	[ʒʲɛ'vʲe:]
mousse (f)	sãmana (m)	['saːmana]

déraciner (vt)	ráuti	['rɑʊtʲɪ]
abattre (un arbre)	kìrsti	['kʲɪrstʲɪ]
déboiser (vt)	iškìrsti	[ɪʃ'kʲɪrstʲɪ]
souche (f)	kélmas (v)	['kʲɛlʲmas]

| feu (m) de bois | láužas (v) | ['lʲɑʊʒas] |
| incendie (m) | gaîsras (v) | ['gʌɪsras] |

éteindre (feu)	gesìnti	[gʲɛ'sʲɪntʲɪ]
garde (m) forestier	mìškininkas (v)	['mʲɪʃkʲɪnʲɪŋkas]
protection (f)	apsaugà (m)	[apsɑʊ'ga]
protéger (vt)	sáugoti	['sɑʊgotʲɪ]
braconnier (m)	brakoniẽrius (v)	[brako'nʲɛrʲʊs]
piège (m) à mâchoires	spą́stai (v dgs)	['spa:stʌɪ]

cueillir (champignons)	grybáuti	[grʲi:'bɑʊtʲɪ]
cueillir (baies)	uogáuti	[ʊɑ'gɑʊtʲɪ]
s'égarer (vp)	pasiklýsti	[pasʲɪ'klʲi:stʲɪ]

84. Les ressources naturelles

ressources (f pl) naturelles	gamtìniai ištekliai (v dgs)	[gam'tʲɪnʲɛɪ 'ɪʃtʲɛklʲɛɪ]
minéraux (m pl)	naudìngos iškasenos (m dgs)	[nɑʊ'dʲɪngos 'ɪʃkasʲɛnos]
gisement (m)	telkiniaĩ (v dgs)	[tʲɛlʲkʲɪ'nʲɛɪ]
champ (m) (~ pétrolifère)	telkinỹs (v)	[tʲɛlʲkʲɪ'nʲi:s]

extraire (vt)	iškàsti	[ɪʃ'kastʲɪ]
extraction (f)	laimìkis (v)	[lʲʌɪ'mʲɪkʲɪs]
minerai (m)	rūdà (m)	[ru:'da]
mine (f) (site)	rūdýnas (v)	[ru:'dʲi:nas]
puits (m) de mine	šachtà (m)	[ʃax'ta]
mineur (m)	šáchtininkas (v)	['ʃa:xtʲɪnʲɪŋkas]

| gaz (m) | dùjos (m dgs) | ['dʊjɔs] |
| gazoduc (m) | dujótiekis (v) | [dʊ'jotʲɪɛkʲɪs] |

pétrole (m)	naftà (m)	[naf'ta]
pipeline (m)	naftótiekis (v)	[naf'totʲɪɛkʲɪs]
tour (f) de forage	nãftos bókštas (v)	['na:ftos 'bokʃtas]
derrick (m)	grę̃žimo bókštas (v)	['grʲɛ:ʒʲɪmɔ 'bokʃtas]
pétrolier (m)	tánklaivis (v)	['taŋklʲʌɪvʲɪs]

sable (m)	smẽlis (v)	['smʲe:lʲɪs]
calcaire (m)	kálkinis akmuõ (v)	['kalʲkʲɪnʲɪs ak'mʊɑ]
gravier (m)	žvýras (v)	['ʒvʲi:ras]
tourbe (f)	dùrpės (m dgs)	['dʊrpʲe:s]
argile (f)	mólis (v)	['molʲɪs]
charbon (m)	anglìs (m)	[ang'lʲɪs]

fer (m)	geležìs (v)	[gʲɛlʲɛ'ʒʲɪs]
or (m)	áuksas (v)	['ɑʊksas]
argent (m)	sidãbras (v)	[sʲɪ'da:bras]
nickel (m)	nìkelis (v)	['nʲɪkʲɛlʲɪs]
cuivre (m)	vãris (v)	['va:rʲɪs]

| zinc (m) | cìnkas (v) | ['tsʲɪŋkas] |
| manganèse (m) | mangãnas (v) | [man'ga:nas] |

mercure (m)	gývsidabris (v)	['gʲi:vsʲɪdabrʲɪs]
plomb (m)	švìnas (v)	['ʃvʲɪnas]
minéral (m)	minerãlas (v)	[mʲɪnʲɛ'ra:lʲas]
cristal (m)	kristãlas (v)	[krʲɪs'ta:lʲas]
marbre (m)	mármuras (v)	['marmuras]
uranium (m)	urãnas (v)	[ʊ'ra:nas]

85. Le temps

temps (m)	óras (v)	['oras]
météo (f)	óro prognòzė (m)	['orɔ prog'nozʲe:]
température (f)	temperatūrà (m)	[tʲɛmpʲɛratu:'ra]
thermomètre (m)	termomètras (v)	[tʲɛrmo'mʲɛtras]
baromètre (m)	baromètras (v)	[baro'mʲɛtras]
humide (adj)	drégnas	['drʲe:gnas]
humidité (f)	drėgmė̃ (m)	[drʲe:g'mʲe:]
chaleur (f) (canicule)	kar̃štis (v)	['karʃtʲɪs]
torride (adj)	kárštas	['karʃtas]
il fait très chaud	kar̃šta	['karʃta]
il fait chaud	šìlta	['ʃʲɪlʲta]
chaud (modérément)	šìltas	['ʃʲɪlʲtas]
il fait froid	šálta	['ʃalʲta]
froid (adj)	šáltas	['ʃalʲtas]
soleil (m)	sáulė (m)	['saulʲe:]
briller (soleil)	šviẽsti	['ʃvʲɛstʲɪ]
ensoleillé (jour ~)	sauléta	[sɑu'lʲe:ta]
se lever (vp)	pakìlti	[pa'kʲɪlʲtʲɪ]
se coucher (vp)	léistis	['lʲɛɪstʲɪs]
nuage (m)	debesìs (v)	[dʲɛbʲɛ'sʲɪs]
nuageux (adj)	debesúota	[dʲɛbʲɛ'suɑta]
nuée (f)	debesìs (v)	[dʲɛbʲɛ'sʲɪs]
sombre (adj)	apsiniáukę	[apsʲɪ'nʲæukʲɛ:]
pluie (f)	lietùs (v)	[lʲɪɛ'tus]
il pleut	lỹja	['lʲi:ja]
pluvieux (adj)	lietìngas	[lʲɪɛ'tʲɪngas]
bruiner (v imp)	lynóti	[lʲi:'notʲɪ]
pluie (f) torrentielle	liũtis (m)	['lʲu:tʲɪs]
averse (f)	liũtis (m)	['lʲu:tʲɪs]
forte (la pluie ~)	stiprùs	[stʲɪp'rus]
flaque (f)	balà (m)	[ba'lʲa]
se faire mouiller	šlàpti	['ʃlʲaptʲɪ]
brouillard (m)	rū̃kas (v)	['ru:kas]

brumeux (adj)	miglótas	[mʲɪgˈlʲotas]
neige (f)	sniẽgas (v)	[ˈsnʲɛgas]
il neige	sniñga	[ˈsnʲɪŋga]

86. Les intempéries. Les catastrophes naturelles

orage (m)	perkū́nija (m)	[pʲɛrˈkuːnʲɪjɛ]
éclair (m)	žaĩbas (v)	[ˈʒʌɪbas]
éclater (foudre)	žaibúoti	[ʒʌɪˈbuɑtʲɪ]

tonnerre (m)	griaustìnis (v)	[grʲɛusˈtʲɪnʲɪs]
gronder (tonnerre)	griáudėti	[ˈgrʲæudʲeːtʲɪ]
le tonnerre gronde	griáudėja griaustìnis	[ˈgrʲæudʲeːja grʲɛusˈtʲɪnʲɪs]

grêle (f)	krušà (m)	[kruˈʃa]
il grêle	kriñta krušà	[ˈkrʲɪnta kruˈʃa]

inonder (vt)	užlíeti	[uʒˈlʲiɛtʲɪ]
inondation (f)	pótvynis (v)	[ˈpotvʲiːnʲɪs]

tremblement (m) de terre	žẽmės drebéjimas (v)	[ˈʒʲæmʲeːs dreˈbʲɛjɪmas]
secousse (f)	smū̃gis (m)	[ˈsmuːgʲɪs]
épicentre (m)	epiceñtras (v)	[ɛpʲɪˈtsʲɛntras]

éruption (f)	išsiveržìmas (v)	[ɪʃʲɪvʲɛrˈʒʲɪmas]
lave (f)	lavà (m)	[lʲaˈva]

tourbillon (m)	víesulas (v)	[ˈvʲiɛsulʲas]
tornade (f)	tornã̃do (v)	[torˈnaːdɔ]
typhon (m)	taifū̃nas (v)	[tʌɪˈfuːnas]

ouragan (m)	uragã̃nas (v)	[uraˈgaːnas]
tempête (f)	audrà (m)	[ɑudˈra]
tsunami (m)	cunã̃mis (v)	[tsuˈnaːmʲɪs]

cyclone (m)	ciklònas (v)	[tsʲɪkˈlʲonas]
intempéries (f pl)	dárgana (m)	[ˈdargana]
incendie (m)	gaĩsras (v)	[ˈgʌɪsras]
catastrophe (f)	katastrofà (m)	[katastroˈfa]
météorite (m)	meteorìtas (v)	[mʲɛtʲɛoˈrʲɪtas]

avalanche (f)	lavinà (m)	[lʲavʲɪˈna]
éboulement (m)	griū́tìs (m)	[grʲuːˈtʲɪs]
blizzard (m)	pūgà (m)	[puːˈga]
tempête (f) de neige	pūgà (m)	[puːˈga]

T&P BOOKS

LA FAUNE

T&P Books Publishing

prédateur (m)	plėšrūnas (v)	[plʲeːʃˈruːnas]
tigre (m)	tigras (v)	[ˈtʲɪgras]
lion (m)	liūtas (v)	[ˈlʲuːtas]
loup (m)	vilkas (v)	[ˈvʲɪlʲkas]
renard (m)	lāpė (m)	[ˈlʲaːpʲeː]

jaguar (m)	jaguāras (v)	[jagʊˈaːras]
léopard (m)	leopárdas (v)	[lʲɛoˈpardas]
guépard (m)	gepárdas (v)	[gʲɛˈpardas]

panthère (f)	panterà (m)	[pantʲɛˈra]
puma (m)	pumà (m)	[pʊˈma]
léopard (m) de neiges	snieginis leopárdas (v)	[snʲiɛˈgʲɪnʲɪs lʲɛoˈpardas]
lynx (m)	lūšis (m)	[ˈlʲuːʃɪs]

coyote (m)	kojòtas (v)	[kɔˈjɔ tas]
chacal (m)	šakãlas (v)	[ʃaˈkaːlʲas]
hyène (f)	hienà (m)	[ɣʲiɛˈna]

animal (m)	gyvūnas (v)	[gʲiːˈvuːnas]
bête (f)	žvéris (v)	[ʒvʲeːˈrʲɪs]

écureuil (m)	voverě (m)	[voveˈrʲe:]
hérisson (m)	ežỹs (v)	[ɛʒʲiːs]
lièvre (m)	kiškis, zuĩkis (v)	[ˈkʲɪʃkʲɪs], [ˈzʊɪkʲɪs]
lapin (m)	triùšis (v)	[ˈtrʲʊʃɪs]

blaireau (m)	barsùkas (v)	[barˈsʊkas]
raton (m)	meškénas (v)	[mʲɛʃˈkʲe:nas]
hamster (m)	žiurkénas (v)	[ʒʲʊrˈkʲe:nas]
marmotte (f)	švilpìkas (v)	[ʃvʲɪlʲʲˈpʲɪkas]

taupe (f)	kùrmis (v)	[ˈkʊrmʲɪs]
souris (f)	pelė̃ (m)	[pʲɛˈlʲe:]
rat (m)	žiùrkė (m)	[ˈʒʲʊrkʲe:]
chauve-souris (f)	šikšnósparnis (v)	[ʃʲɪkʃˈnosparnʲɪs]

hermine (f)	šermuonėlis (v)	[ʃermʊɑˈnʲe:lʲɪs]
zibeline (f)	sābalas (v)	[ˈsa:balʲas]
martre (f)	kiáunė (m)	[ˈkʲæʊnʲe:]

belette (f)	**žebenkštis** (m)	[ʒʲɛbʲɛŋkʃʲtʲɪs]
vison (m)	**audìnė** (m)	[ɑʊ'dʲɪnʲe:]
castor (m)	**bẽbras** (v)	['bʲæbras]
loutre (f)	**ū̃dra** (m)	['u:dra]
cheval (m)	**arklỹs** (v)	[ark'lʲi:s]
élan (m)	**bríedis** (v)	['brʲiɛdʲɪs]
cerf (m)	**élnias** (v)	['ɛlʲnʲæs]
chameau (m)	**kupranugãris** (v)	[kʊpranʊ'ga:rʲɪs]
bison (m)	**bizònas** (v)	[bʲɪ'zonas]
aurochs (m)	**stum̃bras** (v)	['stʊmbras]
buffle (m)	**buìvolas** (v)	['bʊivolʲas]
zèbre (m)	**zèbras** (v)	['zʲɛbras]
antilope (f)	**antilòpė** (m)	[antʲɪ'lʲopʲe:]
chevreuil (m)	**stìrna** (m)	['stʲɪrna]
biche (f)	**daniẽlius** (v)	[da'nʲɛlʲʊs]
chamois (m)	**gemzė̃** (m)	['gʲɛmzʲe:]
sanglier (m)	**šérnas** (v)	['ʃɛrnas]
baleine (f)	**bangìnis** (v)	[ban'gʲɪnʲɪs]
phoque (m)	**rúonis** (v)	['rʊɑnʲɪs]
morse (m)	**vėplỹs** (v)	[vʲe:p'lʲi:s]
ours (m) de mer	**kòtikas** (v)	['kotʲɪkas]
dauphin (m)	**delfìnas** (v)	[dʲɛlʲ'fʲɪnas]
ours (m)	**lokỹs** (v), **meška** (m)	[lʲo'kʲi:s], [mʲɛʃʲka]
ours (m) blanc	**baltàsis lokỹs** (v)	[balʲ'tasʲɪs lʲo'kʲi:s]
panda (m)	**pánda** (m)	['panda]
singe (m)	**beždžiõnė** (m)	[bʲɛʒ'dʑʲo:nʲe:]
chimpanzé (m)	**šimpánzė** (m)	[ʃʲɪm'panzʲe:]
orang-outang (m)	**orangutángas** (v)	[orangʊ'tangas]
gorille (m)	**gorilà** (m)	[gorʲɪ'lʲa]
macaque (m)	**makakà** (m)	[maka'ka]
gibbon (m)	**gibònas** (v)	[gʲɪ'bonas]
éléphant (m)	**dramblỹs** (v)	[dram'blʲi:s]
rhinocéros (m)	**raganòsis** (v)	[raga'no:sʲɪs]
girafe (f)	**žirafà** (m)	[ʒʲɪra'fa]
hippopotame (m)	**begemòtas** (v)	[bʲɛgʲɛ'motas]
kangourou (m)	**kengūrà** (m)	[kʲɛn'gu:'ra]
koala (m)	**koalà** (m)	[kɔa'lʲa]
mangouste (f)	**mangustà** (m)	[mangʊs'ta]
chinchilla (m)	**šinšilà** (m)	[ʃʲɪnʃʲɪ'lʲa]
mouffette (f)	**skùnkas** (v)	['skʊŋkas]
porc-épic (m)	**dygliuotis** (v)	[dʲi:g'lʲʊotʲɪs]

89. Les animaux domestiques

chat (m) (femelle)	**katė** (m)	[ka'tʲe:]
chat (m) (mâle)	**kãtinas** (v)	['ka:tʲɪnas]
chien (m)	**šuõ** (v)	['ʃʊa]
cheval (m)	**arklỹs** (v)	[ark'lʲi:s]
étalon (m)	**er̃žilas** (v)	['ɛrʒʲɪlʲas]
jument (f)	**kumẽlė** (m)	[kʊ'mʲælʲe:]
vache (f)	**kárvė** (m)	['karvʲe:]
taureau (m)	**bùlius** (v)	['bʊlʲʊs]
bœuf (m)	**jáutis** (v)	['jɑʊtʲɪs]
brebis (f)	**avìs** (m)	[a'vʲɪs]
mouton (m)	**ãvinas** (v)	['a:vʲɪnas]
chèvre (f)	**ožkà** (m)	[oʒ'ka]
bouc (m)	**ožỹs** (v)	[o'ʒʲi:s]
âne (m)	**ãsilas** (v)	['a:sʲɪlʲas]
mulet (m)	**mùlas** (v)	['mʊlʲas]
cochon (m)	**kiaũlė** (m)	['kʲɛʊlʲe:]
pourceau (m)	**paršẽlis** (v)	[par'ʃælʲɪs]
lapin (m)	**triùšis** (v)	['trʲʊʃɪs]
poule (f)	**vištà** (m)	[vʲɪʃ'ta]
coq (m)	**gaidỹs** (v)	[gʌɪ'dʲi:s]
canard (m)	**ántis** (m)	['antʲɪs]
canard (m) mâle	**ãntinas** (v)	['antɪnas]
oie (f)	**žąsinas** (v)	['ʒa:sʲɪnas]
dindon (m)	**kalakùtas** (v)	[kalʲa'kʊtas]
dinde (f)	**kalakùtė** (m)	[kalʲa'kʊtʲe:]
animaux (m pl) domestiques	**namìniai gyvūnai** (v dgs)	[na'mʲɪnʲɛɪ gʲi:'vu:nʌɪ]
apprivoisé (adj)	**prijaukìntas**	[prʲɪ'jɛʊ'kʲɪntas]
apprivoiser (vt)	**prijaukìnti**	[prʲɪ'jɛʊ'kʲɪntʲɪ]
élever (vt)	**augìnti**	[ɑʊ'gʲɪntʲɪ]
ferme (f)	**fèrma** (m)	['fʲɛrma]
volaille (f)	**namìnis paũkštis** (v)	[na'mʲɪnʲɪs 'pɑʊkʃtʲɪs]
bétail (m)	**galvìjas** (v)	[gal'vʲɪjɛs]
troupeau (m)	**bandà** (m)	[ban'da]
écurie (f)	**arklìdė** (m)	[ark'lʲɪdʲe:]
porcherie (f)	**kiaulìdė** (m)	[kʲɛʊ'lʲɪdʲe:]
vacherie (f)	**karvìdė** (m)	[kar'vʲɪdʲe:]
cabane (f) à lapins	**triušìdė** (m)	[trʲʊ'ʃɪdʲe:]
poulailler (m)	**vištìdė** (m)	[vʲɪʃ'tʲɪdʲe:]

90. Les oiseaux

oiseau (m)	**paūkštis** (v)	['pɑʊkʃtʲɪs]
pigeon (m)	**balañdis** (v)	[ba'lʲandʲɪs]
moineau (m)	**žvìrblis** (v)	['ʒvʲɪrblʲɪs]
mésange (f)	**zýlė** (m)	['zʲiːlʲeː]
pie (f)	**šárka** (m)	['ʃarka]
corbeau (m)	**vãrnas** (v)	['varnas]
corneille (f)	**várna** (m)	['varna]
choucas (m)	**kúosa** (m)	['kuɑsa]
freux (m)	**kovàs** (v)	[kɔ'vas]
canard (m)	**ántis** (m)	['antʲɪs]
oie (f)	**žąsinas** (v)	['ʒaːsʲɪnas]
faisan (m)	**fazãnas** (v)	[fa'zaːnas]
aigle (m)	**erẽlis** (v)	[ɛ'rʲælʲɪs]
épervier (m)	**vãnagas** (v)	['vaːnagas]
faucon (m)	**sãkalas** (v)	['saːkalʲas]
vautour (m)	**grìfas** (v)	['grʲɪfas]
condor (m)	**kondòras** (v)	[kɔn'doras]
cygne (m)	**gulbė** (m)	['gʊlʲbʲeː]
grue (f)	**gérvė** (m)	['gʲɛrvʲeː]
cigogne (f)	**gañdras** (v)	['gandras]
perroquet (m)	**papūgà** (m)	[papuː'ga]
colibri (m)	**kolìbris** (v)	[kɔ'lʲɪbrʲɪs]
paon (m)	**póvas** (v)	['povas]
autruche (f)	**strùtis** (v)	['strʊtʲɪs]
héron (m)	**garnỹs** (v)	[gar'nʲiːs]
flamant (m)	**flamìngas** (v)	[flʲa'mʲɪngas]
pélican (m)	**pelikãnas** (v)	[pʲɛlʲɪ'kaːnas]
rossignol (m)	**lakštiñgala** (m)	[lʲakʃtʲɪngalʲa]
hirondelle (f)	**kregždė̃** (m)	[krʲɛgʒ'dʲeː]
merle (m)	**strãzdas** (v)	['straːzdas]
grive (f)	**strãzdas giesminiñkas** (v)	['straːzdas gʲɪɛsmʲɪ'nʲɪnkas]
merle (m) noir	**juodàsis strãzdas** (v)	[jʊɑ'dasʲɪs s'traːzdas]
martinet (m)	**čiurlỹs** (v)	[tʃʲʊr'lʲiːs]
alouette (f) des champs	**vyturỹs, vieversỹs** (v)	[vʲiːtʊ'rʲiːs], [vʲɪɛvɛr'sʲiːs]
caille (f)	**pùtpelė** (m)	['pʊtpelʲeː]
pivert (m)	**genỹs** (v)	[gʲɛ'nʲiːs]
coucou (m)	**gegùtė** (m)	[gʲɛ'gʊtʲeː]
chouette (f)	**pelėdà** (m)	[pʲɛ'lʲeːda]

hibou (m)	apúokas (v)	[a'puɑkas]
tétras (m)	kurtinỹs (v)	[kʊrtʲɪ'nʲiːs]
tétras-lyre (m)	tétervinas (v)	['tʲætʲɛrvʲɪnas]
perdrix (f)	kurapkà (m)	[kʊrap'ka]

étourneau (m)	varnénas (v)	[var'nʲeːnas]
canari (m)	kanarélé (m)	[kana'rʲeːlʲeː]
gélinotte (f) des bois	jerubé (m)	[jerʊ'bʲeː]
pinson (m)	kikìlis (v)	[kʲɪ'kʲɪlʲɪs]
bouvreuil (m)	sniégena (m)	['snʲɛɡʲɛna]

mouette (f)	žuvédra (m)	[ʒʊ'vʲeːdra]
albatros (m)	albatròsas (v)	[alʲba't'rosas]
pingouin (m)	pingvìnas (v)	[pʲɪnɡ'vʲɪnas]

91. Les poissons. Les animaux marins

brème (f)	karšis (v)	['karʃɪs]
carpe (f)	kárpis (v)	['karpʲɪs]
perche (f)	ešerỹs (v)	[ɛʃɛ'rʲiːs]
silure (m)	šãmas (v)	['ʃaːmas]
brochet (m)	lydekà (m)	[lʲiːdʲɛ'ka]

| saumon (m) | lašišà (m) | [lʲaʃɪ'ʃa] |
| esturgeon (m) | erškétas (v) | [erʃ'kʲeːtas] |

hareng (m)	sìlké (m)	['sʲɪlʲkʲeː]
saumon (m) atlantique	lašišà (m)	[lʲaʃɪ'ʃa]
maquereau (m)	skùmbré (m)	['skʊmbrʲeː]
flet (m)	plékšné (m)	['plʲækʃnʲeː]

sandre (f)	starkis (v)	['starkʲɪs]
morue (f)	ménké (m)	['mʲɛŋkʲeː]
thon (m)	tùnas (v)	['tʊnas]
truite (f)	upétakis (v)	[ʊ'pʲeːtakʲɪs]

anguille (f)	ungurỹs (v)	[ʊngʊ'rʲiːs]
torpille (f)	elektriné rajà (m)	[ɛlʲɛk'trʲɪnʲeː ra'ja]
murène (f)	murénà (m)	[mʊrʲɛ'na]
piranha (m)	pirãnija (m)	[pʲɪ'raːnʲɪjɛ]

requin (m)	ryklỹs (v)	[rʲɪk'lʲiːs]
dauphin (m)	delfìnas (v)	[dʲɛlʲ'fɪnas]
baleine (f)	bangìnis (v)	[ban'ɡʲɪnʲɪs]

crabe (m)	krãbas (v)	['kraːbas]
méduse (f)	medūzà (m)	[mʲɛdu:'za]
pieuvre (f), poulpe (m)	aštuonkõjis (v)	[aʃtʊɑŋ'ko:jis]
étoile (f) de mer	júros žvaigždé (m)	['ju:ros ʒvʌɪɡʒ'dʲeː]
oursin (m)	júros ežỹs (v)	['ju:ros ɛ'ʒʲiːs]

hippocampe (m)	jū́ros arkliùkas (v)	['juːros ark'lʲʊkas]
huître (f)	áustrė (m)	['ɑustrʲeː]
crevette (f)	krevètė (m)	[krʲɛ'vʲɛtʲe:]
homard (m)	omãras (v)	[o'maːras]
langoustine (f)	langùstas (v)	[lʲan'gʊstas]

92. Les amphibiens. Les reptiles

serpent (m)	gyvãtė (m)	[gʲiː'vaːtʲe:]
venimeux (adj)	nuodìngas	[nʊɑ'dʲɪngas]
vipère (f)	angìs (v)	[an'gʲɪs]
cobra (m)	kobrà (m)	[kɔb'ra]
python (m)	pitònas (v)	[pʲɪ'tonas]
boa (m)	smauglỹs (v)	[smɑʊg'lʲiːs]
couleuvre (f)	žaltỹs (v)	[ʒalʲ'tʲiːs]
serpent (m) à sonnettes	barškuõlė (m)	[barʃ'kʊɑlʲe:]
anaconda (m)	anakònda (m)	[ana'konda]
lézard (m)	drĩezas (v)	['drʲiɛʒas]
iguane (m)	iguanà (m)	[ɪgʊa'na]
varan (m)	varãnas (v)	[va'raːnas]
salamandre (f)	salamándra (m)	[salʲa'mandra]
caméléon (m)	chameleònas (v)	[xamʲɛlʲɛ'onas]
scorpion (m)	skorpiònas (v)	[skorpʲɪ'ɔnas]
tortue (f)	vėžlỹs (v)	[vʲeʒ'lʲiːs]
grenouille (f)	varlė̃ (m)	[var'lʲe:]
crapaud (m)	rùpūžė (m)	['rʊpuːʒʲe:]
crocodile (m)	krokodìlas (v)	[kroko'dʲɪlʲas]

93. Les insectes

insecte (m)	vabzdỹs (v)	[vabz'dʲiːs]
papillon (m)	drugẽlis (v)	[drʊ'gʲælʲɪs]
fourmi (f)	skruzdė̃lė (m)	[skrʊz'dʲælʲe:]
mouche (f)	mùsė (m)	['mʊsʲe:]
moustique (m)	úodas (v)	['ʊɑdas]
scarabée (m)	vãbalas (v)	['va:balʲas]
guêpe (f)	vapsvà (m)	[vaps'va]
abeille (f)	bìtė (m)	['bʲɪtʲe:]
bourdon (m)	kamãnė (m)	[ka'maːnʲe:]
œstre (m)	gylỹs (v)	[gʲiː'lʲiːs]
araignée (f)	vóras (v)	['voras]
toile (f) d'araignée	vorãtinklis (v)	[vo'raːtʲɪŋklʲɪs]

libellule (f)	**laũmžirgis** (v)	['lʲɑʊmӡʲɪrgʲɪs]
sauterelle (f)	**žiógas** (v)	['ӡʲogas]
papillon (m)	**petelìškė** (m)	[pʲɛtʲɛ'lʲɪʃkʲeː]

cafard (m)	**tarakõnas** (v)	[tara'koːnas]
tique (f)	**érkė** (m)	[ˈærkʲeː]
puce (f)	**blusà** (m)	[blʲʊ'sa]
moucheron (m)	**mãšalas** (v)	['maːʃalʲas]

criquet (m)	**skėrỹs** (v)	[skʲeː'rʲiːs]
escargot (m)	**sráigė** (m)	['srʌɪgʲeː]
grillon (m)	**svirplỹs** (v)	[svʲɪrp'lʲiːs]
luciole (f)	**jõnvabalis** (v)	['jɔːnvabalʲɪs]
coccinelle (f)	**borùžė** (m)	[bo'rʊӡʲeː]
hanneton (m)	**grambuolỹs** (v)	[grambʊɑ'lʲiːs]

sangsue (f)	**dėlė̃** (m)	[dʲeː'lʲeː]
chenille (f)	**vìkšras** (v)	['vʲɪkʃras]
ver (m)	**slíekas** (v)	['slʲiɛkas]
larve (f)	**kirmelė** (m)	[kʲɪrme'lʲeː]

T&P BOOKS

LA FLORE

T&P Books Publishing

arbre (m)	mẽdis (v)	['mʲædʲɪs]
à feuilles caduques	lapuõtis	[lʲapʊ'atʲɪs]
conifère (adj)	spygliuõtis	[spʲi:g'lʲʊo:tʲɪs]
à feuilles persistantes	vìsžalis	['vʲɪsʒalʲɪs]
pommier (m)	obelìs (m)	[obʲɛ'lʲɪs]
poirier (m)	kriáušé (m)	['krʲæʊʃe:]
merisier (m)	trẽšné (m)	['trʲæʃnʲe:]
cerisier (m)	vyšnià (m)	[vʲi:ʃnʲæ]
prunier (m)	slyvà (m)	[slʲi:'va]
bouleau (m)	béržas (v)	['bʲɛrʒas]
chêne (m)	ážuolas (v)	['a:ʒʊalʲas]
tilleul (m)	líepa (m)	['lʲiɛpa]
tremble (m)	drebulẽ (m)	[drebʊ'lʲe:]
érable (m)	klẽvas (v)	['klʲævas]
épicéa (m)	ẽglé (m)	['ʲæglʲe:]
pin (m)	pušìs (m)	[pʊ'ʃɪs]
mélèze (m)	maũmedis (v)	['maʊmʲɛdʲɪs]
sapin (m)	kénis (v)	['kʲe:nʲɪs]
cèdre (m)	kédras (v)	['kʲɛdras]
peuplier (m)	túopa (m)	['tʊapa]
sorbier (m)	šermùkšnis (v)	[ʃʲɛr'mʊkʃnʲɪs]
saule (m)	glúosnis (v)	['glʲʊasnʲɪs]
aune (m)	alksnis (v)	['alʲksnʲɪs]
hêtre (m)	bùkas (v)	['bʊkas]
orme (m)	gúoba (m)	['gʊaba]
frêne (m)	úosis (v)	['ʊasʲɪs]
marronnier (m)	kaštõnas (v)	[kaʃ'to:nas]
magnolia (m)	magnòlija (m)	[mag'nolʲɪjɛ]
palmier (m)	pálmé (m)	['palʲmʲe:]
cyprès (m)	kiparìsas (v)	[kʲɪpa'rʲɪsas]
palétuvier (m)	mañgro mẽdis (v)	['mañgrɔ 'mʲædʲɪs]
baobab (m)	baobãbas (v)	[bao'ba:bas]
eucalyptus (m)	eukalìptas (v)	[ɛʊka'lʲɪptas]
séquoia (m)	sekvojà (m)	[sʲɛkvo:'jɛ]

95. Les arbustes

buisson (m)	krū̃mas (v)	['kru:mas]
arbrisseau (m)	krūmýnas (v)	[kru:'mʲi:nas]
vigne (f)	vynuogýnas (v)	[vʲi:nʊɑ'gʲi:nas]
vigne (f) (vignoble)	vynuogýnas (v)	[vʲi:nʊɑ'gʲi:nas]
framboise (f)	aviẽtė (m)	[a'vʲɛtʲe:]
groseille (f) rouge	raudonãsis serbeñtas (v)	[rɑʊdo'nasʲɪs sʲɛr'bʲɛntas]
groseille (f) verte	agrãstas (v)	[ag'ra:stas]
acacia (m)	akãcija (m)	[a'ka:tsʲɪjɛ]
berbéris (m)	raugeřškis (m)	[rɑʊ'gʲɛrʃkʲɪs]
jasmin (m)	jazmìnas (v)	[jaz'mʲɪnas]
genévrier (m)	kadagŷs (v)	[kada'gʲi:s]
rosier (m)	rõžių krū̃mas (v)	['ro:ʒʲu: 'kru:mas]
églantier (m)	erškė́tis (v)	[erʃ'kʲe:tʲɪs]

96. Les fruits. Les baies

fruit (m)	vaĩsius (v)	['vʌɪsʲʊs]
fruits (m pl)	vaĩsiai (v dgs)	['vʌɪsʲɛɪ]
pomme (f)	obuolŷs (v)	[obʊɑ'lʲi:s]
poire (f)	kriáušė (m)	['krʲæʊʃʲe:]
prune (f)	slyvà (m)	[slʲi:'va]
fraise (f)	brãškė (m)	['bra:ʃkʲe:]
cerise (f)	vyšnià (m)	[vʲi:ʃnʲæ]
merise (f)	trẽšnė (m)	['trʲæʃnʲe:]
raisin (m)	vỹnuogės (m dgs)	['vʲi:nʊɑgʲe:s]
framboise (f)	aviẽtė (m)	[a'vʲɛtʲe:]
cassis (m)	juodíeji serbeñtai (v dgs)	[jʊɑ'dʲɪɛjɪ sʲɛr'bʲɛntʌɪ]
groseille (f) rouge	raudoníeji serbeñtai (v dgs)	[rɑʊdo'nʲɛjɪ sʲɛr'bʲɛntʌɪ]
groseille (f) verte	agrãstas (v)	[ag'ra:stas]
canneberge (f)	spañguolė (m)	['spaŋgʊɑlʲe:]
orange (f)	apelsìnas (v)	[apʲɛlʲ'sʲɪnas]
mandarine (f)	mandarìnas (v)	[manda'rʲɪnas]
ananas (m)	ananãsas (v)	[ana'na:sas]
banane (f)	banãnas (v)	[ba'na:nas]
datte (f)	datùlė (m)	[da'tʊlʲe:]
citron (m)	citrinà (m)	[tsʲɪtrʲɪ'na]
abricot (m)	abrikòsas (v)	[abrʲɪ'kosas]
pêche (f)	pèrsikas (v)	['pʲɛrsʲɪkas]
kiwi (m)	kìvis (v)	['kʲɪvʲɪs]

pamplemousse (m)	greĩpfrutas (v)	['grʲɛɪpfrʊtas]
baie (f)	úoga (m)	['ʊɑga]
baies (f pl)	úogos (m dgs)	['ʊɑgos]
airelle (f) rouge	brùknės (m dgs)	['brʊknʲe:s]
fraise (f) des bois	žémuogės (m dgs)	['ʒʲæmʊɑgʲe:s]
myrtille (f)	mėlynės (m dgs)	[mʲe:'lʲi:nʲe:s]

97. Les fleurs. Les plantes

fleur (f)	gėlė̃ (m)	[gʲe:'lʲe:]
bouquet (m)	púokštė (m)	['pʊɑkʃtʲe:]

rose (f)	rõžė (m)	['ro:ʒʲe:]
tulipe (f)	tùlpė (m)	['tʊlʲpʲe:]
oeillet (m)	gvazdìkas (v)	[gvaz'dʲɪkas]
glaïeul (m)	kardẽlis (v)	[kar'dʲælʲɪs]

bleuet (m)	rùgiagėlė (m)	['rʊgʲægʲe:lʲe:]
campanule (f)	varpẽlis (v)	[var'pʲælʲɪs]
dent-de-lion (f)	piẽnė (m)	['pʲɛnʲe:]
marguerite (f)	ramùnė (m)	[ra'mʊnʲe:]

aloès (m)	alijõšius (v)	[alʲɪ'jo:ʃʊs]
cactus (m)	kãktusas (v)	['ka:ktusas]
ficus (m)	fìkusas (v)	['fʲɪkusas]

lis (m)	lelijà (m)	[lʲɛlʲɪ'ja]
géranium (m)	pelargònija (m)	[pʲɛlʲar'gonʲɪjɛ]
jacinthe (f)	hiacìntas (v)	[ɣʲɪja'tsʲɪntas]

mimosa (m)	mimozà (m)	[mʲɪmo'za]
jonquille (f)	narcìzas (v)	[nar'tsʲɪzas]
capucine (f)	nastùrta (m)	[nas'tʊrta]

orchidée (f)	orchidėja (m)	[orxʲɪ'dʲe:ja]
pivoine (f)	bijūnas (v)	[bʲɪ'ju:nas]
violette (f)	našlaitė (m)	[naʃ'lʲʌɪtʲe:]

pensée (f)	daržẽlinė našláitė (m)	[dar'ʒʲælʲɪnʲe: naʃ'lʌɪtʲe:]
myosotis (m)	neužmìrštuõlė (m)	[nʲɛʊʒmʲɪrʃ'tʊalʲe:]
pâquerette (f)	saulùtė (m)	[sɑʊ'lʲʊtʲe:]

coquelicot (m)	aguonà (m)	[agʊɑ'na]
chanvre (m)	kanãpė (m)	[ka'na:pʲe:]
menthe (f)	mėtà (m)	[mʲe:'ta]

muguet (m)	pakalnùtė (m)	[pakalʲ'nʊtʲe:]
perce-neige (f)	snìegena (m)	['snʲɛgʲɛna]
ortie (f)	dilgėlė (m)	[dʲɪlʲ'gʲælʲe:]
oseille (f)	rūgštynė (m)	[ru:gʃ'tʲi:nʲe:]

nénuphar (m)	vandeñs lelijà (m)	[van'dʲɛns lʲɛlʲɪ'ja]
fougère (f)	papártis (v)	[pa'partʲɪs]
lichen (m)	kérpė (m)	['kʲɛrpʲe:]

serre (f) tropicale	oranžèrija (m)	[oran'ʒʲɛrʲɪjɛ]
gazon (m)	gazònas (v)	[ga'zonas]
parterre (m) de fleurs	klòmba (m)	['klʲomba]

plante (f)	áugalas (v)	['ɑugalʲas]
herbe (f)	žolė̃ (m)	[ʒo'lʲe:]
brin (m) d'herbe	žolė̃lė (m)	[ʒo'lʲælʲe:]

feuille (f)	lãpas (v)	['lʲa:pas]
pétale (m)	žíedlapis (v)	['ʒʲiɛdlʲapʲɪs]
tige (f)	stíebas (v)	['stʲiɛbas]
tubercule (m)	gum̃bas (v)	['gumbas]

| pousse (f) | želmuõ (v) | [ʒʲɛlʲ'muɑ] |
| épine (f) | spyglỹs (v) | [spʲiː'gʲlʲiːs] |

fleurir (vi)	žydéti	[ʒʲiː'dʲeːtʲɪ]
se faner (vp)	výsti	['vʲiːstʲɪ]
odeur (f)	kvãpas (v)	['kva:pas]
couper (vt)	nupjáuti	[nʊ'pjɑutʲɪ]
cueillir (fleurs)	nuskìnti	[nʊ'skʲɪntʲɪ]

98. Les céréales

grains (m pl)	grū́das (v)	['gruːdas]
céréales (f pl) (plantes)	grūdìnės kultūros (m dgs)	[gruː'dʲɪnʲeːs kʊlʲ'tuːros]
épi (m)	várpa (m)	['varpa]

blé (m)	kviečiaĩ (v dgs)	[kvʲiɛ'tʂʲɛɪ]
seigle (m)	rugiaĩ (v dgs)	[rʊ'gʲɛɪ]
avoine (f)	ãvižos (m dgs)	['a:vʲɪʒos]
millet (m)	sóra (m)	['sora]
orge (f)	miẽžiai (v dgs)	['mʲɛʒʲɛɪ]

maïs (m)	kukurū́zas (v)	[kʊkʊ'ruːzas]
riz (m)	rýžiai (v)	['rʲiːʒʲɛɪ]
sarrasin (m)	grìkiai (v dgs)	['grʲɪkʲɛɪ]

pois (m)	žìrniai (v dgs)	['ʒʲɪrnʲɛɪ]
haricot (m)	pupẽlės (m dgs)	[pʊ'pʲælʲeːs]
soja (m)	sojà (m)	[so:'jɛ]
lentille (f)	lę̃šiai (v dgs)	['lʲɛ:ʃɛɪ]
fèves (f pl)	pùpos (m dgs)	['pʊpos]

LES PAYS DU MONDE

T&P Books Publishing

Afghanistan (m)	Afganistānas (v)	[afganᴵɪ'sta:nas]
Albanie (f)	Albānija (m)	[alᴵ'ba:nᴵɪjɛ]
Allemagne (f)	Vokietija (m)	[vokᴵiɛ'tᴵɪja]
Angleterre (f)	Ánglija (m)	['anglᴵɪjɛ]
Arabie (f) Saoudite	Saũdo Arãbija (m)	[sa'ʊdɔ a'ra:bᴵɪjɛ]
Argentine (f)	Argentina (m)	[argᴵɛntᴵɪ'na]
Arménie (f)	Arménija (m)	[ar'mᴵe:nᴵɪjɛ]
Australie (f)	Austrālija (m)	[aʊs'tra:lᴵɪjɛ]
Autriche (f)	Áustrija (m)	['aʊstrᴵɪjɛ]
Azerbaïdjan (m)	Azerbaidžãnas (v)	[azᴵɛrbʌɪ'dʒa:nas]
Bahamas (f pl)	Bahāmų salõs (m dgs)	[ba'ɣamu: 'salᴵo:s]
Bangladesh (m)	Bangladèšas (v)	[banglᴵa'dᴵɛʃas]
Belgique (f)	Belgija (m)	['bᴵɛlᴵgᴵɪjɛ]
Biélorussie (f)	Baltarùsija (m)	[balᴵta'rʊsᴵɪjɛ]
Bolivie (f)	Bolìvija (m)	[bo'lᴵɪvᴵɪjɛ]
Bosnie (f)	Bosnija ìr Hercegovina (m)	['bosnᴵɪja ir ɣᴵɛrtsᴵɛgov'ɪ'na]
Brésil (m)	Brazìlija (m)	[bra'zᴵɪlᴵɪjɛ]
Bulgarie (f)	Bulgārija (m)	[bʊlᴵ'ga:rᴵɪjɛ]
Cambodge (m)	Kambodžà (m)	[kambo'dʒa]
Canada (m)	Kanadà (m)	[kana'da]
Chili (m)	Čìlè (m)	['tʂᴵɪlᴵe:]
Chine (f)	Kìnija (m)	['kᴵɪnᴵɪjɛ]
Chypre (m)	Kìpras (v)	['kᴵɪpras]
Colombie (f)	Kolùmbija (m)	[kɔ'lᴵʊmbᴵɪjɛ]
Corée (f) du Nord	Šiáurés Koréja (m)	['ʃæʊrᴵe:s ko'rᴵe:ja]
Corée (f) du Sud	Pietų Koréja (m)	[pᴵiɛ'tu: ko'rᴵe:ja]
Croatie (f)	Kroãtija (m)	[kro'a:tᴵɪjɛ]
Cuba (f)	Kubà (m)	[kʊ'ba]
Danemark (m)	Dānija (m)	['da:nᴵɪjɛ]
Écosse (f)	Škòtija (m)	['ʃkotᴵɪjɛ]
Égypte (f)	Egìptas (v)	[ɛ'gᴵɪptas]
Équateur (m)	Ekvadòras (v)	[ɛkva'doras]
Espagne (f)	Ispãnija (m)	[ɪs'pa:nᴵɪjɛ]
Estonie (f)	Èstija (m)	['ɛstᴵɪjɛ]
Les États Unis	Jungtìnés Amèrikos Valstijos (m dgs)	[jʊŋk'tᴵɪnᴵe:s a'mᴵɛrᴵɪkos valᴵs'tᴵɪjos]
Fédération (f) des Émirats Arabes Unis	Jungtìniai Arãbų Emiratai (v dgs)	[jʊŋk'tᴵɪnᴵɛɪ a'ra:bu: ɛmᴵɪratʌɪ]
Finlande (f)	Súomija (m)	['sʊɑmᴵɪjɛ]

France (f)	Prancūzija (m)	[prantsu:z'r'ja]
Géorgie (f)	Grùzija (m)	['grʊz'ɪjɛ]
Ghana (m)	Ganà (m)	[ga'na]
Grande-Bretagne (f)	Didžiòji Britãnija (m)	[d'ɪ'dʒ'o:jɪ br'ɪ'ta:n'ɪjɛ]
Grèce (f)	Graĩkija (m)	['grʌɪk'ɪjɛ]

100. Les pays du monde. Partie 2

Haïti (m)	Haìtis (v)	[ɣʌ'ɪt'ɪs]
Hongrie (f)	Veñgrija (m)	['v'ɛŋgr'ɪjɛ]
Inde (f)	Ìndija (m)	['ɪnd'ɪjɛ]
Indonésie (f)	Indonezijà (m)	[ɪndon'ɛz'ɪ'ja]
Iran (m)	Irãnas (v)	[ɪ'ra:nas]
Iraq (m)	Irãkas (v)	[ɪ'ra:kas]
Irlande (f)	Aìrija (m)	['ʌɪr'ɪjɛ]
Islande (f)	Islándija (m)	[ɪs'l'and'ɪjɛ]
Israël (m)	Izraèlis (v)	[ɪzra'ʲɛl'ɪs]
Italie (f)	Itãlija (m)	[ɪ'ta:l'ɪjɛ]
Jamaïque (f)	Jamaìka (m)	[ja'mʌɪka]
Japon (m)	Japònija (m)	[ja'pon'ɪjɛ]
Jordanie (f)	Jordãnija (m)	[jɔr'da:n'ɪjɛ]
Kazakhstan (m)	Kazãchija (m)	[ka'za:x'ɪjɛ]
Kenya (m)	Kènija (m)	['k'ɛn'ɪjɛ]
Kirghizistan (m)	Kirgìzija (m)	[k'ɪr'g'ɪz'ɪjɛ]
Koweït (m)	Kuveìtas (v)	[kʊ'v'ɛɪtas]
Laos (m)	Laòsas (v)	[lʲa'osas]
Lettonie (f)	Lãtvija (m)	['lʲa:tv'ɪjɛ]
Liban (m)	Libãnas (v)	[lʲɪ'banas]
Libye (f)	Lìbija (m)	['lʲɪb'ɪjɛ]
Liechtenstein (m)	Lìchtenšteinas (v)	['lʲɪxt'ɛnʃt'ɛɪnas]
Lituanie (f)	Lietuvà (m)	[lʲɪɛtʊ'va]
Luxembourg (m)	Liùksemburgas (v)	['lʲʊks'ɛmbʊrgas]
Macédoine (f)	Makedònija (m)	[mak'ɛ'don'ɪjɛ]
Madagascar (f)	Madagaskãras (v)	[madagas'ka:ras]
Malaisie (f)	Maláizija (m)	[ma'lʲʌɪz'ɪjɛ]
Malte (f)	Málta (m)	['malʲta]
Maroc (m)	Maròkas (v)	[ma'rokas]
Mexique (m)	Mèksika (m)	['m'ɛks'ɪka]
Moldavie (f)	Moldãvija (m)	[molʲ'da:v'ɪjɛ]
Monaco (m)	Mònakas (v)	['monakas]
Mongolie (f)	Mongòlija (m)	[mon'golʲ'ɪjɛ]
Monténégro (m)	Juodkalnijà (m)	[jʊɔdkalʲn'ɪ'ja]
Myanmar (m)	Mianmãras (v)	[mʲæn'ma:ras]
Namibie (f)	Namìbija (m)	[na'm'ɪb'ɪjɛ]
Népal (m)	Nepãlas (v)	[n'ɛ'pa:lʲas]

Norvège (f)	Norvègija (m)	[nor'vʲɛgʲɪjɛ]
Nouvelle Zélande (f)	Naujoji Zelándija (m)	[nɑʊ'jɔːjɪ zʲɛ'lʲandʲɪjɛ]
Ouzbékistan (m)	Uzbėkija (m)	[ʊz'bʲɛkʲɪjɛ]

101. Les pays du monde. Partie 3

Pakistan (m)	Pakistãnas (v)	[pakʲɪ'staːnas]
Palestine (f)	Palestìna (m)	[palʲɛs'tʲɪna]
Panamá (m)	Panamà (m)	[pana'ma]
Paraguay (m)	Paragvãjus (v)	[parag'vaːjʊs]
Pays-Bas (m)	Nýderlandai (v dgs)	['nʲiːdʲɛrlʲandʌɪ]

Pérou (m)	Perù (v)	[pʲɛ'rʊ]
Pologne (f)	Lénkija (m)	['lʲɛŋkʲɪjɛ]
Polynésie (f) Française	Prancūzìjos Polinėzija (m)	[prantsuː'zʲɪjɔs polʲɪ'nʲɛzʲɪjɛ]
Portugal (m)	Portugãlija (m)	[portʊ'gaːlʲɪjɛ]

République (f) Dominicaine	Dominìkos Respùblika (m)	[domʲɪ'nʲɪkos rʲɛs'pʊblʲɪka]
République (f) Sud-africaine	Pietų̃ ãfrikos respùblika (m)	[pʲiɛ'tu: 'a:frʲɪkos rʲɛs'pʊblʲɪka]
République (f) Tchèque	Čèkija (m)	['tʂɛkʲɪjɛ]
Roumanie (f)	Rumùnija (m)	[rʊ'mʊnʲɪjɛ]
Russie (f)	Rùsija (m)	['rʊsʲɪjɛ]

Sénégal (m)	Senegãlas (v)	[sʲɛnʲɛ'gaːlʲas]
Serbie (f)	Serbija (m)	['sʲɛrbʲɪjɛ]
Slovaquie (f)	Slovãkija (m)	[slʲo'vaːkʲɪjɛ]
Slovénie (f)	Slovėnija (m)	[slʲo'vʲeːnʲɪjɛ]
Suède (f)	Švèdija (m)	['ʃvʲɛdʲɪjɛ]
Suisse (f)	Šveicãrija (m)	[ʃvʲɛɪ'tsaːrʲɪjɛ]
Surinam (m)	Surinãmis (v)	[sʊrʲɪ'namʲɪs]
Syrie (f)	Sìrija (m)	['sʲɪrʲɪjɛ]

Tadjikistan (m)	Tadžìkija (m)	[tad'ʒʲɪkʲɪjɛ]
Taïwan (m)	Taivãnis (v)	[tʌɪ'vanʲɪs]
Tanzanie (f)	Tanzãnija (m)	[tan'zaːnʲɪjɛ]
Tasmanie (f)	Tasmãnija (m)	[tas'maːnʲɪjɛ]
Thaïlande (f)	Tailándas (v)	[tʌɪ'lʲandas]
Tunisie (f)	Tunìsas (v)	[tʊ'nʲɪsas]

| Turkménistan (m) | Turkménija (m) | [tʊrk'mʲeːnʲɪjɛ] |
| Turquie (f) | Tur̃kija (m) | ['tʊrkʲɪjɛ] |

Ukraine (f)	Ukrainà (m)	[ʊkrʌɪ'na]
Uruguay (m)	Urugvãjus (v)	[ʊrʊg'vaːjʊs]
Vatican (m)	Vatikãnas (v)	[vatʲɪka:nas]
Venezuela (f)	Venesuelà (m)	[vʲɛnʲɛsʊʲɛ'lʲa]
Vietnam (m)	Vietnãmas (v)	[vjɛt'na:mas]
Zanzibar (m)	Zanzibãras (v)	[zanzʲɪ'baːras]

T&P BOOKS

GLOSSAIRE
GASTRONOMIQUE

Cette section contient
beaucoup de mots associés
à la nourriture. Ce dictionnaire
vous facilitera la tâche
de comprendre le menu
et de commander le bon plat
au restaurant

T&P Books Publishing

épi (m)	várpa (m)	['varpa]
épice (f)	príeskonis (v)	['prʲiɛskonʲɪs]
épinard (m)	špinãtas (v)	[ʃpʲɪ'na:tas]
œuf (m)	kiaušĭnis (v)	[kʲɛʊ'ʃʲɪnʲɪs]
abricot (m)	abrikòsas (v)	[abrʲɪ'kosas]
addition (f)	sąskaita (m)	['sa:skʌɪta]
ail (m)	česnãkas (v)	[tʂʲɛs'na:kas]
airelle (f) rouge	brùknės (m dgs)	['brʊknʲe:s]
amande (f)	migdõlas (v)	[mʲɪg'do:lʲas]
amanite (f) tue-mouches	mùsmirė (m)	['mʊsmʲɪrʲe:]
amer (adj)	kartùs	[kar'tʊs]
ananas (m)	ananãsas (v)	[ana'na:sas]
anguille (f)	ungurỹs (v)	[ʊngʊ'rʲi:s]
anis (m)	anyžius (v)	[a'nʲi:ʒʲʊs]
apéritif (m)	aperityvas (v)	[apʲɛrʲɪ'tʲi:vas]
appétit (m)	apetĭtas (v)	[apʲɛ'tʲɪtas]
arrière-goût (m)	príeskonis (v)	['prʲiɛskonʲɪs]
artichaut (m)	artišòkas (v)	[artʲɪ'ʃokas]
asperge (f)	smĭdras (v)	['smʲɪdras]
assiette (f)	lėkštė̃ (m)	[lʲe:kʃʲtʲe:]
aubergine (f)	baklažãnas (v)	[baklʲa'ʒa:nas]
avec de la glace	sù ledaĩs	['sʊ lʲɛ'dʌɪs]
avocat (m)	avokàdas (v)	[avo'kadas]
avoine (f)	ãvižos (m dgs)	['a:vʲɪʒos]
bacon (m)	bekònas (v)	[bʲɛ'konas]
baie (f)	úoga (m)	['ʊaga]
baies (f pl)	úogos (m dgs)	['ʊagos]
banane (f)	banãnas (v)	[ba'na:nas]
bar (m)	bãras (v)	['ba:ras]
barman (m)	bármenas (v)	['barmʲɛnas]
basilic (m)	bazĭlikas (v)	[ba'zʲɪlʲɪkas]
betterave (f)	ruñkelis, burõkas (v)	['rʊŋkʲɛlʲɪs], [bʊ'ro:kas]
beurre (m)	svíestas (v)	['svʲiɛstas]
bière (f)	alùs (v)	[a'lʲʊs]
bière (f) blonde	šviesùs alùs (v)	[ʃvʲiɛ'sʊs a'lʲʊs]
bière (f) brune	tamsùs alùs (v)	[tam'sʊs a'lʲʊs]
biscuit (m)	sausaĩniai (v)	[sɑʊ'sʌɪnʲɛɪ]
blé (m)	kviečiaĩ (v dgs)	[kvʲiɛ'tʂʲɛɪ]
blanc (m) d'œuf	báltymas (v)	['balʲtʲi:mas]
boisson (f) non alcoolisée	nealkohòlonis gérimas (v)	[nʲɛalʲko'ɣolonʲɪs 'gʲe:rʲɪmas]
boissons (f pl) alcoolisées	alkohòliniai gérimai (v dgs)	[alʲko'ɣolʲɪnʲɛɪ 'gʲe:rʲɪmʌɪ]
bolet (m) bai	lėpšis (v)	['lʲæpʃʲɪs]

bolet (m) orangé	raudonvìršis (v)	[rɑʊdon'vʲɪrʃʲɪs]
bon (adj)	skanùs	[ska'nʊs]
Bon appétit!	Gẽro apetìto!	['gʲæro apʲɛ'tʲɪtɔ!]
bonbon (m)	saldaĩnis (v)	[salʲ'dʌɪnʲɪs]
bouillie (f)	kõšė (m)	['ko:ʃe:]
bouillon (m)	sultinỹs (v)	[sʊlʲ'tʲɪ'nʲiːs]
brème (f)	karšis (v)	['karʃɪs]
brochet (m)	lydekà (m)	[lʲi:dʲɛ'ka]
brocoli (m)	bròkolių kopū̃stas (v)	['brokolʲu: ko'pu:stas]
cèpe (m)	baravỹkas (v)	[bara'vʲi:kas]
céleri (m)	saliẽras (v)	[sa'lʲɛras]
céréales (f pl)	grūdìnės kultū̃ros (m dgs)	[gru:'dʲɪnʲe:s kʊlʲ'tu:ros]
cacahuète (f)	žẽmės riešutaĩ (v)	['ʒʲæmʲe:s rʲiɛʃʊ'tʌɪ]
café (m)	kavà (m)	[ka'va]
café (m) au lait	kavà sù píenu (m)	[ka'va 'sʊ 'pʲiɛnʊ]
café (m) noir	juodà kavà (m)	[jʊɑ'da ka'va]
café (m) soluble	tirpì kavà (m)	[tʲɪr'pʲɪ ka'va]
calamar (m)	kalmãras (v)	[kalʲ'ma:ras]
calorie (f)	kalòrija (m)	[ka'lʲorʲɪjɛ]
canard (m)	ántis (m)	['antʲɪs]
canneberge (f)	spañguolė (m)	['spaŋgʊɑlʲe:]
cannelle (f)	cinamònas (v)	[tsʲɪna'monas]
cappuccino (m)	kapučìno kavà (m)	[kapu'tʂɪnɔ ka'va]
carotte (f)	morkà (m)	[mor'ka]
carpe (f)	kárpis (v)	['karpʲɪs]
carte (f)	meniù (v)	[mʲɛ'nʲʊ]
carte (f) des vins	vỹnų žemėlapis (v)	['vʲi:nu: ʒe'mʲe:lʲapʲɪs]
cassis (m)	juodíeji serbeñtai (v dgs)	[jʊɑ'dʲiɛjɪ sʲɛr'bʲɛntʌɪ]
caviar (m)	ìkrai (v dgs)	['ɪkrʌɪ]
cerise (f)	vyšnià (m)	[vʲi:ʃ'nʲæ]
champagne (m)	šampãnas (v)	[ʃam'pa:nas]
champignon (m)	grỹbas (v)	['grʲi:bas]
champignon (m) comestible	válgomas grỹbas (v)	['valʲgomas 'grʲi:bas]
champignon (m) vénéneux	nuodìngas grỹbas (v)	[nʊɑ'dʲɪngas 'grʲi:bas]
chaud (adj)	kárštas	['karʃtas]
chocolat (m)	šokolãdas (v)	[ʃoko'lʲa:das]
chou (m)	kopū̃stas (v)	[ko'pu:stas]
chou (m) de Bruxelles	briùselio kopū̃stas (v)	['brʲʊsʲɛlʲɔ ko'pu:stas]
chou-fleur (m)	kalafiòras (v)	[kalʲa'fʲoras]
citron (m)	citrinà (m)	[tsʲɪtrʲɪ'na]
clou (m) de girofle	gvazdìkas (v)	[gvaz'dʲɪkas]
cocktail (m)	kokteĩlis (v)	[kok'tʲɛɪlʲɪs]
cocktail (m) au lait	píeniškas kokteĩlis (v)	['pʲiɛnʲɪʃkas kok'tʲɛɪlʲɪs]
cognac (m)	konjãkas (v)	[kon'ja:kas]
concombre (m)	agùrkas (v)	[a'gʊrkas]
condiment (m)	príeskonis (v)	['prʲiɛskonʲɪs]
confiserie (f)	konditèrijos gaminiaĩ (v)	[kondʲɪ'tʲɛrʲɪjos gamʲɪ'nʲɛɪ]
confiture (f)	džèmas (v)	['dʒʲɛmas]
confiture (f)	uogíenė (m)	[ʊɑ'gʲɛnʲe:]
congelé (adj)	šáldytas	['ʃalʲdʲi:tas]

Français	Lituanien	Prononciation
conserves (f pl)	konservai (v dgs)	[kɔn'sʲɛrvʌɪ]
coriandre (m)	kaléndra (m)	[ka'lʲɛndra]
courgette (f)	agurõtis (v)	[agu'ro:tʲɪs]
couteau (m)	peĩlis (v)	['pʲɛɪʲɪs]
crème (f)	grietinẽlé (m)	[grʲɪctʲɪ'nʲe:lʲe:]
crème (f) aigre	grietinė (m)	[grʲɪɛ'tʲɪnʲe:]
crème (f) au beurre	krèmas (v)	['krʲɛmas]
crabe (m)	krãbas (v)	['kra:bas]
crevette (f)	krevetė (m)	[krʲɛ'vʲɛtʲe:]
crustacés (m pl)	vėžiãgyviai (v dgs)	[vʲe:'ʒʲæɡʲi:vʲɛɪ]
cuillère (f)	šáukštas (v)	['ʃaʊkʃtas]
cuillère (f) à soupe	válgomasis šáukštas (v)	['valʲɡomasʲɪs 'ʃaʊkʃtas]
cuisine (f)	virtùvė (m)	[vʲɪr'tʊvʲe:]
cuisse (f)	kum̃pis (v)	['kʊmpʲɪs]
cuit à l'eau (adj)	vìrtas	['vʲɪrtas]
cumin (m)	kmỹnai (v)	['kmʲi:nʌɪ]
cure-dent (m)	dantų̃ krapštùkas (v)	[dan'tu: krapʃ'tʊkas]
déjeuner (m)	piẽtūs (v)	['pʲɛ'tu:s]
dîner (m)	vakariẽnė (m)	[vaka'rʲɛnʲe:]
datte (f)	datùlė (m)	[da'tʊlʲe:]
dessert (m)	desèrtas (v)	[dʲɛ'sʲɛrtas]
dinde (f)	kalakutíena (m)	[kalʲakʊ'tʲiɛna]
du bœuf	jáutiena (m)	['jɑʊtʲɪɛna]
du mouton	avíena (m)	[a'vʲiɛna]
du porc	kiaulíena (m)	[kʲɛʊ'lʲiɛna]
du veau	veršíena (m)	[vʲɛr'ʃiɛna]
eau (f)	vanduõ (v)	[van'dʊɑ]
eau (f) minérale	minerãlinis vanduõ (v)	[mʲɪnʲɛ'ra:lʲɪnʲɪs van'dʊɑ]
eau (f) potable	gėriamas vanduõ (v)	['ɡʲærʲæmas van'dʊɑ]
en chocolat (adj)	šokolãdinis	[ʃoko'lʲa:dʲɪnʲɪs]
esturgeon (m)	eršketíena (m)	[ɛrʃkʲɛ'tʲiɛna]
fèves (f pl)	pùpos (m dgs)	['pʊpos]
farce (f)	fáršas (v)	['farʃas]
farine (f)	mìltai (v dgs)	['mʲɪlʲtʌɪ]
fenouil (m)	krãpas (v)	['kra:pas]
feuille (f) de laurier	láuro lãpas (v)	['lʲɑʊro 'lʲa:pas]
figue (f)	figà (m)	[fʲɪ'ga]
flétan (m)	õtas (v)	['o:tas]
flet (m)	plẽkšnė (m)	['plʲækʃnʲe:]
foie (m)	kẽpenys (m dgs)	[kʲɛpe'nʲi:s]
fourchette (f)	šakùtė (m)	[ʃa'kʊtʲe:]
fraise (f)	brãškė (m)	['bra:ʃkʲe:]
fraise (f) des bois	žẽmuogės (m dgs)	['ʒʲæmʊɑɡʲe:s]
framboise (f)	aviẽtė (m)	[a'vʲɛtʲe:]
frit (adj)	kẽptas	['kʲæptas]
froid (adj)	šáltas	['ʃalʲtas]
fromage (m)	sū̃ris (v)	['su:rʲɪs]
fruit (m)	vaĩsius (v)	['vʌɪsʲʊs]
fruits (m pl)	vaĩsiai (v dgs)	['vʌɪsʲɛɪ]
fruits (m pl) de mer	jū̃ros gėrybės (m dgs)	['ju:ros ɡʲe:'rʲi:bʲe:s]
fumé (adj)	rūkýtas	[ru:'kʲi:tas]
gâteau (m)	pyragáitis (v)	[pʲɪ:ra'gʌɪtʲɪs]

gâteau (m)	pyrãgas (v)	[pʲiˈraːgas]
garniture (f)	įdaras (v)	[ˈiːdaras]
garniture (f)	garnỹras (v)	[garˈnʲiːras]
gaufre (f)	vãfliai (v dgs)	[ˈvaːflʲɛɪ]
gazeuse (adj)	gazúotas	[gaˈzuɑtas]
gibier (m)	žvėríena (m)	[ʒvʲeːˈrʲiɛna]
gin (m)	džìnas (v)	[ˈdʒʲɪnas]
gingembre (m)	im̃bieras (v)	[ˈɪmbʲiɛras]
girolle (f)	voveráitė (m)	[voveˈrʌɪtʲeː]
glace (f)	lẽdas (v)	[ˈlʲædas]
glace (f)	ledaĩ (v dgs)	[lʲɛˈdʌɪ]
glucides (m pl)	angliãvandeniai (v dgs)	[anˈglʲævandʲɛnʲɛɪ]
goût (m)	skõnis (v)	[ˈskoːnʲɪs]
gomme (f) à mâcher	kram̃tomoji gumã (m)	[kramtoˈmojɪ guˈma]
grains (m pl)	grū̃das (v)	[ˈgruːdas]
grenade (f)	granãtas (v)	[graˈnaːtas]
groseille (f) rouge	raudoníeji serbeñtai (v dgs)	[raʊdoˈnʲɛjɪ sʲɛrˈbʲɛntʌɪ]
groseille (f) verte	agrãstas (v)	[agˈraːstas]
gruau (m)	kruõpos (m dgs)	[ˈkruɑpos]
hamburger (m)	mėsaĩnis (v)	[mʲeːˈsʌɪnʲɪs]
hareng (m)	sìlkė (m)	[ˈsʲɪlʲkʲeː]
haricot (m)	pupẽlės (m dgs)	[puˈpʲælʲeːs]
hors-d'œuvre (m)	ùžkandis (v)	[ˈʊʒkandʲɪs]
huître (f)	áustrė (m)	[ˈaʊstrʲeː]
huile (f) d'olive	alỹvuogių alíejus (v)	[aˈlʲiːvuɑgʲu: aˈlʲɛjʊs]
huile (f) de tournesol	saulégrąžų alíejus (v)	[saʊˈlʲeːgraːʒu: aˈlʲɛjʊs]
huile (f) végétale	augalìnis alíejus (v)	[aʊgaˈlʲɪnʲɪs aˈlʲɛjʊs]
jambon (m)	kum̃pis (v)	[ˈkumpʲɪs]
jaune (m) d'œuf	trynỹs (v)	[trʲiːˈnʲiːs]
jus (m)	sùltys (m dgs)	[ˈsʊlʲtʲiːs]
jus (m) d'orange	apelsìnų sùltys (m dgs)	[apʲɛlʲˈsʲɪnu: ˈsʊlʲtʲiːs]
jus (m) de tomate	pomidõrų sùltys (m dgs)	[pomʲɪˈdoru: ˈsʊlʲtʲiːs]
jus (m) pressé	šviežiaĩ spáustos sùltys (m dgs)	[ʃvʲiɛˈʒʲɛɪ ˈspaʊstos ˈsʊlʲtʲiːs]
kiwi (m)	kìvis (v)	[ˈkʲɪvʲɪs]
légumes (m pl)	daržóvės (m dgs)	[darˈʒovʲeːs]
lait (m)	píenas (v)	[ˈpʲiɛnas]
lait (m) condensé	sutírštintas píenas (v)	[sʊˈtʲɪrʃtɪntas ˈpʲiɛnas]
laitue (f), salade (f)	salõta (m)	[saˈlʲoːta]
langoustine (f)	langùstas (v)	[lʲanˈgustas]
langue (f)	liežùvis (v)	[lʲiɛˈʒuvʲɪs]
lapin (m)	triùšis (v)	[ˈtrʲuʃɪs]
lentille (f)	lęšiai (v dgs)	[ˈlʲɛːʃɛɪ]
les œufs	kiaušìniai (v dgs)	[kʲɛʊˈʃʲɪnʲɛɪ]
les œufs brouillés	kiaušiniẽnė (m)	[kʲɛʊʃʲɪˈnʲɛnʲeː]
limonade (f)	limonãdas (v)	[lʲɪmoˈnaːdas]
lipides (m pl)	riebalaĩ (v dgs)	[rʲiɛbaˈlʲʌɪ]
liqueur (f)	lìkeris (v)	[ˈlʲɪkʲɛrʲɪs]
mûre (f)	gérvuogės (m dgs)	[ˈgʲɛrvuɑgʲeːs]
maïs (m)	kukurū̃zas (v)	[kʊkʊˈruːzas]
maïs (m)	kukurū̃zas (v)	[kʊkʊˈruːzas]
mandarine (f)	mandarìnas (v)	[mandaˈrʲɪnas]

mangue (f)	mángo (v)	['mango]
maquereau (m)	skùmbrė (m)	['skumbrʲeː]
margarine (f)	margarìnas (v)	[marga'rʲɪnas]
mariné (adj)	marinúotas	[marʲɪ'nʊɑtas]
marmelade (f)	marmelādas (v)	[marmʲɛ'lʲaːdas]
melon (m)	meliònas (v)	[mʲɛ'lʲonas]
merise (f)	trẽšnė (m)	['trʲæʃnʲeː]
miel (m)	medùs (v)	[mʲɛ'dʊs]
miette (f)	trupinỹs (v)	[trʊpʲɪ'nʲiːs]
millet (m)	sóra (m)	['sora]
morceau (m)	gābalas (v)	['ga:balʲas]
morille (f)	briedžiùkas (v)	[brʲɪɛ'dʒʲʊkas]
morue (f)	ménkė (m)	['mʲɛŋkʲeː]
moutarde (f)	garstýčios (v)	[gar'stʲiːtʂʲos]
myrtille (f)	mėlýnės (m dgs)	[mʲeː'lʲiːnʲeːs]
navet (m)	moliū̃gas (v)	[mo'lʲuːgas]
noisette (f)	ríešutas (v)	['rʲɪɛʃutas]
noix (f)	graĩkinis ríešutas (v)	['grʌɪkʲɪnʲɪs 'rʲɪɛʃutas]
noix (f) de coco	kòkoso ríešutas (v)	['kokoso 'rʲɪɛʃutas]
nouilles (f pl)	lā̃kštiniai (v dgs)	['lʲaːkʃtʲɪnʲɛɪ]
nourriture (f)	válgis (v)	['valʲgʲɪs]
oie (f)	žā̃sinas (v)	['ʒaːsʲɪnas]
oignon (m)	svogū̃nas (v)	[svo'guːnas]
olives (f pl)	alỹvuogės (m dgs)	[a'lʲiːvʊɑgʲeːs]
omelette (f)	omlètas (v)	[om'lʲɛtas]
orange (f)	apelsìnas (v)	[apʲɛlʲ'sʲɪnas]
orge (f)	miẽžiai (v dgs)	['mʲɛʒʲɛɪ]
oronge (f) verte	šùngrybis (v)	['ʃungrʲɪːbʲɪs]
ouvre-boîte (m)	konsèrvų atidarytùvas (v)	[konʲsʲɛrvu: atʲɪdarʲiː'tʊvas]
ouvre-bouteille (m)	atidarytùvas (v)	[atʲɪdarʲiː'tʊvas]
pâté (m)	paštètas (v)	[paʃ'tʲɛtas]
pâtes (m pl)	makarōnai (v dgs)	[maka'ro:nʌɪ]
pétales (m pl) de maïs	kukurū̃zų drìbsniai (v dgs)	[kʊkʊ'ru:zu: 'drʲɪbsnʲɛɪ]
pétillante (adj)	gazúotas	[ga'zʊɑtas]
pêche (f)	pèrsikas (v)	['pʲɛrsʲɪkas]
pain (m)	dúona (m)	['dʊɑna]
pamplemousse (m)	greĩpfrutas (v)	['grʲɛɪpfrutas]
papaye (f)	papája (m)	[pa'pa ja]
paprika (m)	pāprika (m)	['pa:prʲɪka]
pastèque (f)	arbūzas (v)	[ar'bu:zas]
peau (f)	lúoba (m)	['lʲʊɑba]
perche (f)	ešerỹs (v)	[ɛʃɛ'rʲiːs]
persil (m)	petrāžolė (m)	[pʲɛ'tra:ʒolʲeː]
petit déjeuner (m)	pùsryčiai (v dgs)	['pʊsrʲiːtʂʲɛɪ]
petite cuillère (f)	arbātinis šaukštẽlis (v)	[ar'ba:tʲɪnʲɪs ʃaʊkʃ'tʲælʲɪs]
pistaches (f pl)	pistācijos (m dgs)	[pʲɪs'ta:tsʲɪjos]
pizza (f)	picà (m)	[pʲɪ'tsa]
plat (m)	pātiekalas (v)	['pa:tʲɪɛkalʲas]
plate (adj)	bè gāzo	['bʲɛ 'ga:zo]
poire (f)	kriáušė (m)	['krʲæʊʃʲeː]
pois (m)	žìrniai (v dgs)	['ʒʲɪrnʲɛɪ]
poisson (m)	žuvìs (m)	[ʒʊ'vʲɪs]

poivre (m) noir	**juodieji pipirai** (v)	[jʊɑˈdʲiɛjɪ pʲɪˈpʲɪrʌɪ]
poivre (m) rouge	**raudonieji pipirai** (v)	[rɑʊdoˈnʲiɛjɪ pʲɪˈpʲɪrʌɪ]
poivron (m)	**pipiras** (v)	[pʲɪˈpʲɪras]
pomme (f)	**obuolỹs** (v)	[obʊɑˈlʲiːs]
pomme (f) de terre	**bulvė** (m)	[ˈbʊlʲvʲeː]
portion (f)	**porcija** (m)	[ˈportsʲɪjɛ]
potiron (m)	**rópė** (m)	[ˈropʲeː]
poulet (m)	**vištà** (m)	[vʲɪʃˈta]
pourboire (m)	**arbãtpinigiai** (v dgs)	[arˈbaːtpʲɪnʲɪɡʲɛɪ]
protéines (f pl)	**baltymaĩ** (v dgs)	[balʲtʲiːˈmʌɪ]
prune (f)	**slyvà** (m)	[slʲiːˈva]
pudding (m)	**pùdingas** (v)	[ˈpʊdʲɪngas]
purée (f)	**bulvių kõšė** (m)	[ˈbʊlʲvʲu: ˈkoːʃe:]
régime (m)	**dietà** (m)	[dʲiɛˈta]
radis (m)	**ridìkas** (v)	[rʲɪˈdʲɪkas]
rafraîchissement (m)	**gaivùsis gérimas** (v)	[ɡʌɪˈvʊsʲɪs ˈɡʲeːrʲɪmas]
raifort (m)	**krienaĩ** (v dgs)	[krʲiɛˈnʌɪ]
raisin (m)	**vỹnuogės** (m dgs)	[ˈvʲiːnʊɑɡʲeːs]
raisin (m) sec	**razìnos** (m dgs)	[raˈzʲɪnos]
recette (f)	**recèptas** (v)	[rʲɛˈtsʲɛptas]
requin (m)	**ryklỹs** (v)	[rʲɪkˈlʲiːs]
rhum (m)	**ròmas** (v)	[ˈromas]
riz (m)	**rỹžiai** (v)	[ˈrʲiːʒʲɛɪ]
russule (f)	**ūmėdė̃** (m)	[uːmʲeːˈdʲeː]
sésame (m)	**sezãmas** (v)	[sʲɛˈzaːmas]
safran (m)	**šafrãnas** (v)	[ʃafraːnas]
salé (adj)	**sūrùs**	[suːˈrʊs]
salade (f)	**salótos** (m)	[saˈlʲoːtos]
sandre (f)	**starkis** (v)	[ˈstarkʲɪs]
sandwich (m)	**sumuštìnis** (v)	[sʊmʊʃˈtʲɪnʲɪs]
sans alcool	**nealkoholonis**	[nʲɛalʲkoˈɣolonʲɪs]
sardine (f)	**sardìnė** (m)	[sarˈdʲɪnʲeː]
sarrasin (m)	**grìkiai** (v dgs)	[ˈɡrʲɪkʲɛɪ]
sauce (f)	**pãdažas** (v)	[ˈpaːdaʒas]
sauce (f) mayonnaise	**majonèzas** (v)	[majoˈnʲɛzas]
saucisse (f)	**dešrẽlė** (m)	[dʲɛʃrʲælʲeː]
saucisson (m)	**dešrà** (m)	[dʲɛʃra]
saumon (m)	**lašišà** (m)	[lʲaʃɪˈʃa]
saumon (m) atlantique	**lašišà** (m)	[lʲaʃɪˈʃa]
sec (adj)	**džiovìntas**	[dʒʲoˈvʲɪntas]
seigle (m)	**rugiaĩ** (v dgs)	[rʊˈɡʲɛɪ]
sel (m)	**druskà** (m)	[drʊsˈka]
serveur (m)	**padavéjas** (v)	[padaˈvʲeːjas]
serveuse (f)	**padavéja** (m)	[padaˈvʲeːja]
silure (m)	**šãmas** (v)	[ˈʃaːmas]
soja (m)	**sója** (m)	[soːˈjɛ]
soucoupe (f)	**lėkštẽlė** (m)	[lʲeːkʃˈtʲælʲeː]
soupe (f)	**sriubà** (m)	[srʲʊˈba]
spaghettis (m pl)	**spagèčiai** (v dgs)	[spaˈɡʲɛtʃʲɛɪ]
steak (m)	**bifštèksas** (v)	[bʲɪfˈʃtʲɛksas]
sucré (adj)	**saldùs**	[salʲˈdʊs]
sucre (m)	**cùkrus** (v)	[ˈtsʊkrʊs]

tarte (f)	tòrtas (v)	['tortas]
tasse (f)	puodùkas (v)	[pʊɑ'dʊkas]
thé (m)	arbatà (m)	[arba'ta]
thé (m) noir	juodà arbatà (m)	[jʊɑ'da arba'ta]
thé (m) vert	žalià arbatà (m)	[ʒa'lʲæ arba'ta]
thon (m)	tùnas (v)	['tʊnas]
tire-bouchon (m)	kamščiàtraukis (v)	[kamʃ'ts̪ʲætrɑʊkʲɪs]
tomate (f)	pomidòras (v)	[pomʲɪ'doras]
tranche (f)	griežinỹs (v)	[grʲɪɛʒʲɪ'nʲiːs]
truite (f)	upétakis (v)	[ʊ'pʲe:takʲɪs]
végétarien (adj)	vegetãriškas	[vʲɛgʲɛ'ta:rɪʃkas]
végétarien (m)	vegetãras (v)	[vʲɛgʲɛ'ta:ras]
verdure (f)	žalumýnai (v)	[ʒalʲʊ'mʲi:nʌɪ]
vermouth (m)	vèrmutas (v)	['vʲɛrmʊtas]
verre (m)	stìklas (v)	['stʲɪklʲas]
verre (m) à vin	taurė̃ (m)	[tɑʊ'rʲe:]
viande (f)	mėsà (m)	[mʲe:'sa]
vin (m)	vỹnas (v)	['vʲi:nas]
vin (m) blanc	báltas vỹnas (v)	['balʲtas 'vʲi:nas]
vin (m) rouge	raudónas vỹnas (v)	[rɑʊ'donas 'vʲi:nas]
vinaigre (m)	ãctas (v)	['a:tstas]
vitamine (f)	vitamìnas (v)	[vʲɪta'mʲɪnas]
vodka (f)	degtìnė (m)	[dʲɛk'tʲɪnʲe:]
whisky (m)	vìskis (v)	['vʲɪskʲɪs]
yogourt (m)	jogùrtas (v)	[jɔ'gʊrtas]

česnãkas (v)	[tʃⁱɛsʲna:kas]	ail (m)
įdaras (v)	['i:daras]	garniture (f)
šáldytas	['ʃalʲdʲi:tas]	congelé (adj)
šáltas	['ʃalʲtas]	froid (adj)
šáukštas (v)	['ʃɑukʃtas]	cuillère (f)
šãmas (v)	['ʃa:mas]	silure (m)
šafrãnas (v)	[ʃafʹra:nas]	safran (m)
šakùtė (m)	[ʃa'kʊtʲe:]	fourchette (f)
šampãnas (v)	[ʃam'pa:nas]	champagne (m)
šokolãdas (v)	[ʃoko'lʲa:das]	chocolat (m)
šokolãdinis	[ʃoko'lʲa:dʲɪnʲɪs]	en chocolat (adj)
špinãtas (v)	[ʃpʲɪ'na:tas]	épinard (m)
šùngrybis (v)	['ʃʊngrʲi:bʲɪs]	oronge (f) verte
švjẽžiaĩ spáustos sùltys (m dgs)	[ʃvʲiɛ'ʒʲɛɪ 'spɑustos 'sʊlʲtʲi:s]	jus (m) pressé
šviesùs alùs (v)	[ʃvʲiɛ'sʊs a'lʲʊs]	bière (f) blonde
ūmėdė̃ (m)	[u:mʲe:'dʲe:]	russule (f)
žą̃sinas (v)	['ʒa:sʲɪnas]	oie (f)
žalià arbatà (m)	[ʒa'lʲæ arba'ta]	thé (m) vert
žalumýnai (v)	[ʒalʲu'mʲi:nʌɪ]	verdure (f)
žémuogės (m dgs)	['ʒʲæmʊagʲe:s]	fraise (f) des bois
žẽmės riešutaĩ (v)	['ʒʲæmʲe:s rʲiɛʃʊ'tʌɪ]	cacahuète (f)
žìrniai (v dgs)	['ʒʲɪrnʲɛɪ]	pois (m)
žuvìs (m)	[ʒʊ'vʲɪs]	poisson (m)
žvėríena (m)	[ʒvʲe:'rʲiɛna]	gibier (m)
ántis (m)	['antʲɪs]	canard (m)
áustrė (m)	['ɑustrʲe:]	huître (f)
ãctas (v)	['a:tstas]	vinaigre (m)
ãvižos (m dgs)	['a:vʲɪʒos]	avoine (f)
abrikõsas (v)	[abrʲɪ'kosas]	abricot (m)
agrãstas (v)	[ag'ra:stas]	groseille (f) verte
aguřkas (v)	[a'gʊrkas]	concombre (m)
agurõtis (v)	[agu'ro:tʲɪs]	courgette (f)
alkohòliniai gérimai (v dgs)	[alʲko'ɣolʲɪnʲɛɪ 'gʲe:rʲɪmʌɪ]	boissons (f pl) alcoolisées
alùs (v)	[a'lʲʊs]	bière (f)
alỹvuogės (m dgs)	[a'lʲi:vʊagʲe:s]	olives (f pl)
alỹvuogių aliẽjus (v)	[a'lʲi:vʊagʲu: a'lʲiɛjʊs]	huile (f) d'olive
ananãsas (v)	[ana'na:sas]	ananas (m)
angliãvandeniai (v dgs)	[an'glʲævandʲɛnʲɛɪ]	glucides (m pl)
anýžius (v)	[a'nʲi:ʒʲʊs]	anis (m)
apelsìnų sùltys (m dgs)	[apʲɛlʲ'sʲɪnu: 'sʊlʲtʲi:s]	jus (m) d'orange
apelsìnas (v)	[apʲɛlʲ'sʲɪnas]	orange (f)
aperitỹvas (v)	[apʲɛrʲɪ'tʲi:vas]	apéritif (m)

apetìtas (v)	[apⁱɛ'tⁱɪtas]	appétit (m)
arbūzas (v)	[ar'bu:zas]	pastèque (f)
arbātinis šaukštēlis (v)	[ar'ba:tⁱɪnⁱɪs ʃɑʊkʃ'tⁱælⁱɪs]	petite cuillère (f)
arbātpinigiai (v dgs)	[ar'ba:tpⁱɪnⁱɪgⁱɛɪ]	pourboire (m)
arbatà (m)	[arba'ta]	thé (m)
artišòkas (v)	[artⁱɪ'ʃokas]	artichaut (m)
atidarytùvas (v)	[atⁱɪdarⁱɪ:'tuvas]	ouvre-bouteille (m)
augalìnis aliējus (v)	[ɑʊgalⁱɪnⁱɪs a'lⁱɛjʊs]	huile (f) végétale
avíena (m)	[a'vⁱiɛna]	du mouton
aviētē (m)	[a'vⁱɛtⁱe:]	framboise (f)
avokàdas (v)	[avo'kadas]	avocat (m)
báltas vỹnas (v)	['balⁱtas 'vⁱi:nas]	vin (m) blanc
báltymas (v)	['balⁱtⁱi:mas]	blanc (m) d'œuf
bármenas (v)	['barmⁱɛnas]	barman (m)
bāras (v)	['ba:ras]	bar (m)
baklažānas (v)	[baklⁱa'ʒa:nas]	aubergine (f)
baltymaĩ (v dgs)	[balⁱtⁱi:'mʌɪ]	protéines (f pl)
banānas (v)	[ba'na:nas]	banane (f)
baravỹkas (v)	[bara'vⁱi:kas]	cèpe (m)
bazìlikas (v)	[ba'zⁱɪlⁱɪkas]	basilic (m)
bè gāzo	['bⁱɛ 'ga:zɔ]	plate (adj)
bekònas (v)	[bⁱɛ'konas]	bacon (m)
bifštēksas (v)	[bⁱɪfʃtⁱɛksas]	steak (m)
brāškē (m)	['bra:ʃkⁱe:]	fraise (f)
briedžiùkas (v)	[brⁱɛ'dʒⁱukas]	morille (f)
briùselio kopūstas (v)	['brⁱʊsⁱɛlⁱɔ ko'pu:stas]	chou (m) de Bruxelles
bròkolių kopūstas (v)	['brokolⁱu: ko'pu:stas]	brocoli (m)
brùknēs (m dgs)	['brʊknⁱe:s]	airelle (f) rouge
bùlvē (m)	['bʊlⁱvⁱe:]	pomme (f) de terre
bùlvių kōšē (m)	['bʊlⁱvⁱu: 'ko:ʃe:]	purée (f)
cinamònas (v)	[tsⁱɪna'monas]	cannelle (f)
citrinà (m)	[tsⁱɪtrⁱɪ'na]	citron (m)
cùkrus (v)	['tsʊkrʊs]	sucre (m)
džēmas (v)	['dʒⁱɛmas]	confiture (f)
džìnas (v)	['dʒⁱɪnas]	gin (m)
džiovìntas	[dʒⁱo'vⁱɪntas]	sec (adj)
dantų krapštùkas (v)	[dan'tu: krapʃ'tukas]	cure-dent (m)
daržòvēs (m dgs)	[dar'ʒovⁱe:s]	légumes (m pl)
datùlē (m)	[da'tʊlⁱe:]	datte (f)
dešrà (m)	[dⁱɛʃ'ra]	saucisson (m)
dešrēlē (m)	[dⁱɛʃⁱrⁱælⁱe:]	saucisse (f)
degtìnē (m)	[dⁱɛk'tⁱɪnⁱe:]	vodka (f)
desèrtas (v)	[dⁱɛ'sⁱɛrtas]	dessert (m)
dietà (m)	[dⁱiɛ'ta]	régime (m)
druskà (m)	[drʊs'ka]	sel (m)
dúona (m)	['dʊɑna]	pain (m)
ešerỹs (v)	[ɛʃɛ'rⁱi:s]	perche (f)
eršketíena (m)	[ɛrʃkⁱɛ'tⁱiɛna]	esturgeon (m)
fáršas (v)	['farʃas]	farce (f)
figà (m)	[fⁱɪ'ga]	figue (f)
gābalas (v)	['ga:balⁱas]	morceau (m)
gaivùsis gérimas (v)	[gʌɪ'vʊsⁱɪs 'gⁱe:rⁱɪmas]	rafraîchissement (m)

garnῡras (v)	[gar'nʲi:ras]	garniture (f)
garstýčios (v)	[gar'stʲi:tʂʲos]	moutarde (f)
gazúotas	[ga'zʊɑtas]	gazeuse (adj)
gazúotas	[ga'zʊɑtas]	pétillante (adj)
gérvuogės (m dgs)	['gʲɛrvʊɑgʲe:s]	mûre (f)
gėriamas vanduõ (v)	['gʲærʲæmas van'dʊɑ]	eau (f) potable
Gėro apetìto!	['gʲæro apʲɛ'tʲɪto!]	Bon appétit!
grūdas (v)	['gru:das]	grains (m pl)
grūdìnės kultūros (m dgs)	[gru:'dʲɪnʲe:s kʊlʲ'tu:ros]	céréales (f pl)
graĩkinis ríešutas (v)	['grʌɪkʲɪnʲɪs 'rʲiɛʃutas]	noix (f)
granãtas (v)	[gra'na:tas]	grenade (f)
greĩpfrutas (v)	['grʲɛɪpfrutas]	pamplemousse (m)
grìkiai (v dgs)	['grʲɪkʲɛɪ]	sarrasin (m)
griežinῡs (v)	[grʲɛʒʲɪ'rʲnʲi:s]	tranche (f)
grietinė (m)	[grʲiɛ'tʲɪnʲe:]	crème (f) aigre
grietinėlė (m)	[grʲiɛtʲɪ'nʲe:lʲe:]	crème (f)
grỹbas (v)	['grʲi:bas]	champignon (m)
gvazdìkas (v)	[gvaz'dʲɪkas]	clou (m) de girofle
ìkrai (v dgs)	['ɪkrʌɪ]	caviar (m)
imbieras (v)	['ɪmbʲiɛras]	gingembre (m)
jū́ros gėrýbės (m dgs)	['ju:ros gʲe:'rʲi:bʲe:s]	fruits (m pl) de mer
jáutiena (m)	['jɑʊtʲiɛna]	du bœuf
jogùrtas (v)	[jo'gʊrtas]	yogourt (m)
juodà arbatà (m)	[jʊɑ'da arba'ta]	thé (m) noir
juodà kavà (m)	[jʊɑ'da ka'va]	café (m) noir
juodíeji pipìrai (v)	[jʊɑ'dʲiɛjɪ pʲɪ'pʲɪrʌɪ]	poivre (m) noir
juodíeji serbeñtai (v dgs)	[jʊɑ'dʲiɛjɪ sʲɛr'bʲɛntʌɪ]	cassis (m)
kárštas	['karʃtas]	chaud (adj)
kárpis (v)	['karpʲɪs]	carpe (f)
kalafiòras (v)	[kalʲa'fʲoras]	chou-fleur (m)
kalakutíena (m)	[kalʲaku'tʲiɛna]	dinde (f)
kaléndra (m)	[ka'lʲɛndra]	coriandre (m)
kalmãras (v)	[kalʲma:ras]	calamar (m)
kalòrija (m)	[ka'lʲorʲɪjɛ]	calorie (f)
kamščiãtraukis (v)	[kamʃ'tʂʲætrɑʊkʲɪs]	tire-bouchon (m)
kapučìno kavà (m)	[kapu'tʂɪnɔ ka'va]	cappuccino (m)
karšis (v)	['karʃʲɪs]	brème (f)
kartùs	[kar'tʊs]	amer (adj)
kavà (m)	[ka'va]	café (m)
kavà sù píenu (m)	[ka'va 'sʊ 'pʲiɛnʊ]	café (m) au lait
kėpenys (m dgs)	[kʲɛpe'nʲi:s]	foie (m)
kėptas	['kʲæptas]	frit (adj)
kìvis (v)	['kʲɪvʲɪs]	kiwi (m)
kiaušìniai (v dgs)	[kʲɛʊ'ʃʲɪnʲɛɪ]	les œufs
kiaušìnis (v)	[kʲɛʊ'ʃʲɪnʲɪs]	œuf (m)
kiaušiniėnė (m)	[kʲɛʊʃɪ'nʲe:]	les œufs brouillés
kiaulíena (m)	[kʲɛʊ'lʲiɛna]	du porc
kmῡnai (v)	['kmʲi:nʌɪ]	cumin (m)
kòkoso ríešutas (v)	['kokosɔ 'rʲiɛʃutas]	noix (f) de coco
kõšė (m)	['ko:ʃe:]	bouillie (f)
kokteĩlis (v)	[kɔk'tʲɛɪlʲɪs]	cocktail (m)
konditèrijos gaminiaĩ (v)	[kɔndʲɪ'tʲɛrʲɪjos gamʲɪ'nʲɪɛɪ]	confiserie (f)

konjakas (v)	[kɔn'ja:kas]	cognac (m)
konservų atidarytuvas (v)	[kɔn'sʲɛrvu: atʲɪdarʲi:'tʊvas]	ouvre-boîte (m)
konservai (v dgs)	[kɔn'sʲɛrvʌɪ]	conserves (f pl)
kopūstas (v)	[kɔ'pu:stas]	chou (m)
krabas (v)	['kra:bas]	crabe (m)
krapas (v)	['kra:pas]	fenouil (m)
kramtomoji guma (m)	[kramto'mojɪ gʊ'ma]	gomme (f) à mâcher
kremas (v)	['krʲɛmas]	crème (f) au beurre
krevetė (m)	[krʲɛ'vʲɛtʲe:]	crevette (f)
kriaušė (m)	['krʲæʊʃe:]	poire (f)
krienai (v dgs)	[krʲiɛ'nʌɪ]	raifort (m)
kruopos (m dgs)	['krʊapos]	gruau (m)
kukurūzų dribsniai (v dgs)	[kʊkʊ'ru:zu: 'drʲɪbsnʲɛɪ]	pétales (m pl) de maïs
kukurūzas (v)	[kʊkʊ'ru:zas]	maïs (m)
kukurūzas (v)	[kʊkʊ'ru:zas]	maïs (m)
kumpis (v)	['kʊmpʲɪs]	jambon (m)
kumpis (v)	['kʊmpʲɪs]	cuisse (f)
kviečiai (v dgs)	[kvʲiɛ'tsʲɛɪ]	blé (m)
lėkštė (m)	[lʲe:kʃ'tʲe:]	assiette (f)
lėkštelė (m)	[lʲe:kʃ'tʲælʲe:]	soucoupe (f)
lęšiai (v dgs)	['lʲɛ:ʃɛɪ]	lentille (f)
lašiša (m)	[lʲaʃɪ'ʃa]	saumon (m)
lašiša (m)	[lʲaʃɪ'ʃa]	saumon (m) atlantique
lauro lapas (v)	['lʲaʊrʊ 'lʲa:pas]	feuille (f) de laurier
lakštiniai (v dgs)	['lʲa:kʃtʲɪnʲɛɪ]	nouilles (f pl)
langustas (v)	[lʲan'gʊstas]	langoustine (f)
ledas (v)	['lʲædas]	glace (f)
lepšis (v)	['lʲæpʃɪs]	bolet (m) bai
ledai (v dgs)	[lʲɛ'dʌɪ]	glace (f)
likeris (v)	['lʲɪkʲɛrʲɪs]	liqueur (f)
liežuvis (v)	[lʲiɛ'ʒʊvʲɪs]	langue (f)
limonadas (v)	[lʲɪmo'na:das]	limonade (f)
luoba (m)	['lʲʊaba]	peau (f)
lydeka (m)	[lʲi:dʲɛ'ka]	brochet (m)
mėlynės (m dgs)	[mʲe:'lʲi:nʲe:s]	myrtille (f)
mėsa (m)	[mʲe:'sa]	viande (f)
mėsainis (v)	[mʲe:'sʌɪnʲɪs]	hamburger (m)
mango (v)	['mango]	mangue (f)
majonezas (v)	[majo'nʲɛzas]	sauce (f) mayonnaise
makaronai (v dgs)	[maka'ro:nʌɪ]	pâtes (m pl)
mandarinas (v)	[manda'rʲɪnas]	mandarine (f)
margarinas (v)	[marga'rʲɪnas]	margarine (f)
marinuotas	[marʲɪ'nʊatas]	mariné (adj)
marmeladas (v)	[marmʲɛ'lʲa:das]	marmelade (f)
menkė (m)	['mʲɛŋkʲe:]	morue (f)
medus (v)	[mʲɛ'dʊs]	miel (m)
melionas (v)	[mʲɛ'lʲonas]	melon (m)
meniu (v)	[mʲɛ'nʲʊ]	carte (f)
miltai (v dgs)	['mʲɪlʲtʌɪ]	farine (f)
miežiai (v dgs)	['mʲɛʒʲɛɪ]	orge (f)
migdolas (v)	[mʲɪg'do:lʲas]	amande (f)
mineralinis vanduo (v)	[mʲɪnʲɛ'ra:lʲɪnʲɪs van'dʊa]	eau (f) minérale

moliū̃gas (v)	[mo'lʲu:gas]	navet (m)
morkà (m)	[mor'ka]	carotte (f)
mùsmirė (m)	['musmʲɪrʲe:]	amanite (f) tue-mouches
nealkohòlonis	[nʲɛalʲko'ɣolonʲɪs]	sans alcool
nealkohòlonis gérimas (v)	[nʲɛalʲko'ɣolonʲɪs 'gʲe:rʲɪmas]	boisson (f) non alcoolisée
nuodìngas grỹbas (v)	[nua'dʲɪngas 'grʲi:bas]	champignon (m) vénéneux
õtas (v)	['o:tas]	flétan (m)
obuolỹs (v)	[obua'lʲi:s]	pomme (f)
omlètas (v)	[om'lʲɛtas]	omelette (f)
paštètas (v)	[paʃtʲɛtas]	pâté (m)
pãdažas (v)	['pa:daʒas]	sauce (f)
pãprika (m)	['pa:prʲɪka]	paprika (m)
pãtiekalas (v)	['pa:tʲickalʲas]	plat (m)
padavéja (m)	[pada'vʲe:ja]	serveuse (f)
padavéjas (v)	[pada'vʲe:jas]	serveur (m)
papája (m)	[pa'pa ja]	papaye (f)
pèrsikas (v)	['pʲɛrsʲɪkas]	pêche (f)
peĩlis (v)	['pʲɛɪlʲɪs]	couteau (m)
petrãžolė (m)	[pʲɛ'tra:ʒolʲe:]	persil (m)
píenas (v)	['pʲɪɛnas]	lait (m)
píeniškas kokteĩlis (v)	['pʲɪɛnʲɪʃkas kok'tʲɛɪlʲɪs]	cocktail (m) au lait
pìca (m)	[pʲɪ'tsa]	pizza (f)
piẽtūs (v)	['pʲɛ'tu:s]	déjeuner (m)
pipìras (v)	[pʲɪ'pʲɪras]	poivron (m)
pistãcijos (m dgs)	[pʲɪs'ta:tsʲɪjɔs]	pistaches (f pl)
plė̃kšnė (m)	['plʲækʃnʲe:]	flet (m)
pòrcija (m)	['portsʲɪjɛ]	portion (f)
pomidòrų sùltys (m dgs)	[pomʲɪ'doru: 'sulʲtʲi:s]	jus (m) de tomate
pomidòras (v)	[pomʲɪ'doras]	tomate (f)
príeskonis (v)	['prʲɪɛskonʲɪs]	condiment (m)
príeskonis (v)	['prʲɪɛskonʲɪs]	épice (f)
príeskonis (v)	['prʲɪɛskonʲɪs]	arrière-goût (m)
pùdingas (v)	['pudʲɪngas]	pudding (m)
pùpos (m dgs)	['pupos]	fèves (f pl)
pusryčiai (v dgs)	['pusrʲi:tʃʲɛɪ]	petit déjeuner (m)
puodùkas (v)	[pua'dukas]	tasse (f)
pupė̃lės (m dgs)	[pu'pʲæ.lʲe:s]	haricot (m)
pyrãgas (v)	[pʲi:'ra:gas]	gâteau (m)
pyragáitis (v)	[pʲi:ra'gʌɪtʲɪs]	gâteau (m)
rūkýtas	[ru:'kʲi:tas]	fumé (adj)
raudónas vỹnas (v)	[rau'donas 'vʲi:nas]	vin (m) rouge
raudoníeji pipìrai (v)	[raudo'nʲɪɛjɪ pʲɪ'pʲɪrʌɪ]	poivre (m) rouge
raudoníeji serbeñtai (v dgs)	[raudo'nʲɪɛjɪ sʲɛr'bʲɛntʌɪ]	groseille (f) rouge
raudonvìršis (v)	[raudon'vʲɪrʃʲɪs]	bolet (m) orangé
razìnos (m dgs)	[ra'zʲɪnos]	raisin (m) sec
recèptas (v)	[rʲɛ'tsʲɛptas]	recette (f)
ríešutas (v)	['rʲɪɛʃutas]	noisette (f)
ridìkas (v)	[rʲɪ'dʲɪkas]	radis (m)
riebalaĩ (v dgs)	[rʲɪɛba'lʲʌɪ]	lipides (m pl)
ròmas (v)	['romas]	rhum (m)

rópė (m)	['ropʲe:]	potiron (m)
rugiaĩ (v dgs)	[rʊ'gʲɛɪ]	seigle (m)
runkelis, burõkas (v)	['rʊŋkʲɛlʲɪs], [bʊ'ro:kas]	betterave (f)
rỹžiai (v)	['rʲi:ʒʲɛɪ]	riz (m)
ryklỹs (v)	[rɪkʲ'lʲi:s]	requin (m)
sáskaita (m)	['sa:skʌɪta]	addition (f)
sũris (v)	['su:rʲɪs]	fromage (m)
sūrùs	[su:'rʊs]	salé (adj)
saldaĩnis (v)	[salʲ'dʌɪnʲɪs]	bonbon (m)
saldùs	[salʲ'dʊs]	sucré (adj)
saliẽras (v)	[sa'lʲɛras]	céleri (m)
salõta (m)	[sa'lʲo:ta]	laitue (f), salade (f)
salõtos (m)	[sa'lʲo:tos]	salade (f)
sardìnė (m)	[sar'dʲɪnʲe:]	sardine (f)
saulégrąžų aliẽjus (v)	[sɑʊ'lʲe:gra:ʒu: a'lʲɛjʊs]	huile (f) de tournesol
sausaĩniai (v)	[sɑʊ'sʌɪnʲɛɪ]	biscuit (m)
sezãmas (v)	[sʲɛ'za:mas]	sésame (m)
sĩlkė (m)	['sʲɪlʲkʲe:]	hareng (m)
skanùs	[ska'nʊs]	bon (adj)
skõnis (v)	['sko:nʲɪs]	goût (m)
skùmbrė (m)	['skʊmbrʲe:]	maquereau (m)
slyvà (m)	[slʲi:'va]	prune (f)
smìdras (v)	['smʲɪdras]	asperge (f)
sóra (m)	['sora]	millet (m)
sojà (m)	[so:'jɛ]	soja (m)
spagečiai (v dgs)	[spa'gʲɛtʂʲɛɪ]	spaghettis (m pl)
spanguolė (m)	['spaŋgualʲe:]	canneberge (f)
sriubà (m)	[srʲʊ'ba]	soupe (f)
starkis (v)	['starkʲɪs]	sandre (f)
stìklas (v)	['stʲɪklʲas]	verre (m)
sù ledaìs	['sʊ lʲɛ'dʌɪs]	avec de la glace
sùltys (m dgs)	['sʊlʲtʲi:s]	jus (m)
sultinỹs (v)	[sʊlʲtʲɪ'nʲi:s]	bouillon (m)
sumuštìnis (v)	[sʊmʊʃ'tʲɪnʲɪs]	sandwich (m)
sutĩrštintas píenas (v)	[sʊ'tʲɪrʃtʲɪntas 'pʲiɛnas]	lait (m) condensé
svíestas (v)	['svʲiɛstas]	beurre (m)
svogūnas (v)	[svo'gu:nas]	oignon (m)
tamsùs alùs (v)	[tam'sʊs a'lʲʊs]	bière (f) brune
taurė̃ (m)	[tɑʊ'rʲe:]	verre (m) à vin
tirpì kavà (m)	[tʲɪr'pʲɪ ka'va]	café (m) soluble
tòrtas (v)	['tortas]	tarte (f)
trẽšnė (m)	['trʲæʃnʲe:]	merise (f)
triùšis (v)	['trʲʊʃɪs]	lapin (m)
trupinỹs (v)	[trʊpʲɪ'nʲi:s]	miette (f)
trynỹs (v)	[trʲi:'rynʲi:s]	jaune (m) d'œuf
tùnas (v)	['tʊnas]	thon (m)
ùžkandis (v)	['ʊʒkandʲɪs]	hors-d'œuvre (m)
úoga (m)	['ʊaga]	baie (f)
úogos (m dgs)	['ʊagos]	baies (f pl)
ungurỹs (v)	[ʊŋgʊ'rʲi:s]	anguille (f)
uogiẽnė (m)	[ʊɑ'gʲɛnʲe:]	confiture (f)
upétakis (v)	[ʊ'pʲe:takʲɪs]	truite (f)

vėžiãgyviai (v dgs)	[vʲeːˈʒʲægʲiːvʲɛɪ]	crustacés (m pl)
válgomas grỹbas (v)	[ˈvalʲgomas ˈgrʲiːbas]	champignon (m) comestible
válgomasis šáukštas (v)	[ˈvalʲgomasʲɪs ˈʃɑʊkʃtas]	cuillère (f) à soupe
várpa (m)	[ˈvarpa]	épi (m)
vãfliai (v dgs)	[ˈvaːflʲɛɪ]	gaufre (f)
vaĩsiai (v dgs)	[ˈvʌɪsʲɛɪ]	fruits (m pl)
vaĩsius (v)	[ˈvʌɪsʲʊs]	fruit (m)
vakariẽnė (m)	[vakaˈrʲɛnʲeː]	dîner (m)
vaĺgis (v)	[ˈvalʲgʲɪs]	nourriture (f)
vanduõ (v)	[vanˈdʊɑ]	eau (f)
vẽrmutas (v)	[ˈvʲɛrmʊtas]	vermouth (m)
vegetãras (v)	[vʲɛgʲɛˈtaːras]	végétarien (m)
vegetãriškas	[vʲɛgʲɛˈtaːrʲɪʃkas]	végétarien (adj)
veršíena (m)	[vʲɛrˈʃʲiɛna]	du veau
vištà (m)	[vʲɪʃˈta]	poulet (m)
vìrtas	[ˈvʲɪrtas]	cuit à l'eau (adj)
vìskis (v)	[ˈvʲɪskʲɪs]	whisky (m)
virtùvė (m)	[vʲɪrˈtʊvʲeː]	cuisine (f)
vitamìnas (v)	[vʲɪtaˈmʲɪnas]	vitamine (f)
voveráitė (m)	[voveˈrʌɪtʲeː]	girolle (f)
vyšnià (m)	[vʲiˈʃnʲæ]	cerise (f)
vỹnų žemélapis (v)	[ˈvʲiːnu: ʒeˈmʲeːlʲapʲɪs]	carte (f) des vins
vỹnas (v)	[ˈvʲiːnas]	vin (m)
vỹnuogės (m dgs)	[ˈvʲiːnʊagʲeːs]	raisin (m)